알파의 시대

Tweendom

10Pocket

Kidpreneur

AI Native

알파의 시대

마크 매크린들·애슐리 펠·샘 버커필드 지음

허선영 옮김

VIB(very important baby)

Kidfluencer

UpAger

DigitalOnly

TechKids

Virtual

옮긴이 허선영

전남대를 졸업하고 학원강사로 일하고 있다. 글밥아카데미를 수료한 후 바른번역 소속 번역가로 활동 중이다. 저자의 진심을 오롯이 담아내는 번역가가 되겠다는 포부로 글을 옮기며 배우고 있다. 역서로는 《시리, 나는 누구지?》, 《남편이 떠나면 고맙다고 말하세요》, 《카인드》, 《겟 스마트》, 《나는 시크릿으로 인생을 바꿨다》, 《난센스 노벨》, 《수선화 살인사건》, 《오톨린과 보랏빛 여우》 등과 전자책 《각성》, 《미들 템플 살인사건》이 있다.

알파의 시대

초판 발행·2023년 4월 5일

지은이·마크 매크린들·애슐리 펠·샘 버커필드
옮긴이·허선영
발행인·이종원
발행처·(주)도서출판 길벗
브랜드·더퀘스트
주소·서울시 마포구 월드컵로 10길 56(서교동)
대표전화·02)332-0931 | **팩스**·02)322-0586
출판사 등록일·1990년 12월 24일
홈페이지·www.gilbut.co.kr | **이메일**·gilbut@gilbut.co.kr

책임편집·송은경(eun3850@gilbut.co.kr), 김세원, 유예진, 정아영, 오수영 | **제작**·이준호, 손일순, 이진혁
마케팅·정경원, 김진영, 최명주, 김도현, 이승기 | **영업관리**·김명자 | **독자지원**·윤정아, 최희창

디자인·이연휘 | **조판**·이시은 | **교정교열**·공순례
CTP 출력 및 인쇄·예림인쇄 | **제본**·예림바인딩

ISBN 979-11-4070-366-1 (03320)
(길벗 도서번호 090235)

정가 19,800원

독자의 1초까지 아껴주는 길벗출판사
(주)도서출판 길벗 | IT교육서, IT단행본, 경제경영서, 어학&실용서, 인문교양서, 자녀교육서 www.gilbut.co.kr
길벗스쿨 | 국어학습, 수학학습, 어린이교양, 주니어 어학학습, 학습단행본 www.gilbutschool.co.kr

육자에게는 커다란 도전이 될 수 있습니다. 특히 알파 세대 사이에 갈수록 널리 퍼지는 정신건강 문제는 무척 어려운 과제일 것입니다. 그러나 부모와 리더에게는 실질적인 책임이 있습니다. 어떤 상황일 때 전문가의 도움이 필요한지 알아야 하고, 소소하면서도 지속적인 조치를 취해 정신건강을 유지할 수 있게 해줘야 합니다.

Q5: 이 책의 많은 부분을 할애해 알파 세대에게 적합한 교육과 양육을 설명하셨는데, 그 이유는 무엇인가요? 예를 들어, 알파 세대가 만들어낼 세상을 준비할 때 가장 중요한 요소가 그들에게 맞춰 교육하는 것이기 때문인가요?

A5: 알파 세대를 이끄는 일이 가족 내에서 시작되기 때문입니다. 가족은 사회를 구성하는 데 기본적인 요소이지만, 밀레니얼 세대 부모들은 세상에 넘쳐나는 기술을 약간 버겁다고 느낍니다. 알파 세대는 유년기부터 인스타그램Instagram과 틱톡의 세상에서 살아가니까요. 그래서 부모와 교사들에게 지침을 주고 싶었습니다. 알파 세대는 이전 어느 세대보다 오랫동안 교육을 받을 것이므로 교육은 커다란 영향력을 지니고 있습니다. 이들을 교육하는 주체들도 세대의 변화와 챗지피티ChatGPT 같은 새로운 기술에 적응하려고 노력하고 있죠. 또한 우리는 교사들이 새로운 학생들을 이해하도록 돕고 싶었습니다. 알파 세대는 과거에 학교에 다니던 세대와는 다르니까요.

Q6: 교육, 금융, 연예계에 종사하는 많은 독자가 '키즈 테크 마켓'의 전망을 궁금해합니다. 알파 세대를 타깃으로 하는 테크 마켓에

관해 어떤 기업이 어떤 서비스를 준비하고 있는지, 그리고 전망은 어떤지를 말씀해주세요.

A6: 알파 세대는 단순히 업계의 영향을 받는 소비자가 아니라 공동 크리에이터라고 봐야 합니다. 실제로 업계 종사자들은 알파 세대의 욕구를 충족시키기 위해 그들의 목소리를 구하고, 그들을 이해하려고 노력하고 있죠. 우리는 그들이 어려서부터 소셜 미디어에 영향력을 미친다는 사실뿐 아니라 어떻게 그 힘을 지니게 됐는지도 알고 있습니다. 답은 그들을 위해 무엇인가를 만들어낸 기술 세계가 아니라, 기술 세계의 형성을 돕는 알파 세대에 있습니다. 이를 포트나이트에서 확인할 수 있는데, 이 플랫폼은 알파 세대의 행동에 맞춰 적응하고 있습니다. 메타버스의 일부로서 이벤트를 개최하면서 꾸준히 발전하고 있잖아요. 또 다른 예인 로블록스는 교육용으로 사용되면서 교육에 게임의 요소를 적용하고 있습니다. 이런 예에서 이 세대가 기술을 단지 소비하는 것이 아니라 기술을 형성하고 있음을 볼 수 있습니다.

Q7: 마지막으로, 한국 독자들에게 한 말씀 해주시겠습니까?

A7: 힘의 균형을 이룬 이 시대에는 어린 세대가 나이 든 세대에게 영향력을 행사할 수 있고, 동양과 같은 신흥 세력이 확실히 자리 잡은 서양 문화에 영향을 미칠 수 있습니다. 단적인 예가 한국으로, 자국의 인구 규모를 넘어 전 세계에 영향력을 행사하고 있잖아요. 알파 세대는 세계적으로 연결된 세대이므로, 한국의 알파 세대에게도

믿을 수 없는 기회들이 다가올 것입니다. 한국의 알파 세대는 자기가 속한 지역에 영향을 미치고, 전 세계 사람들과 유대감을 쌓을 것입니다. 또한 국경 너머 외국에서도 고등교육을 받고 학위를 취득할 겁니다. 이때 기술이 조력자가 되어 부모들이 상상할 수 없었던 기회를 알파 세대에게 제공하고, 한국뿐만 아니라 세계적으로 더 큰 영향력을 발휘하게 할 것입니다. 이 책이 그런 한국의 알파 세대와 직간접적으로 관계를 맺고 있는 모든 독자들에게 지혜와 영감을 제공하기를 바랍니다.

table of contents

Part 1

Part 2

Part 3

알파, 그들은 누구인가

알파 소비자를 상대하는 비즈니스를 위하여

알파 세대를 자녀로 둔 밀레니얼 학부모를 위하여

프롤로그

내 직업은 세상 최고의 직업 중 하나다. 우리가 사는 동안 영원히 궁금해할 주제, 인간 행동을 연구하기 때문이다. 내 업무는 다양한 트렌드를 관찰하면서 사람들이 일하고 쇼핑하고 소통하는 방식에 무엇이 어떻게 영향을 미치는지 파악하는 것이다. 구체적으로는 인공지능과 로봇공학 같은 기술적 트렌드, 노령화를 비롯해 문화적으로 점점 더 다양해지는 인구분포 같은 인구통계학적 변화가 우리 삶에 어떤 모습으로 영향을 미치는지 살핀다. 특히 나는 그러한 인간 행동과 이에 영향을 미치는 다양한 트렌드를, 우리 사회를 구성하는 각 세대별로 이해하고 연구하는 것을 좋아한다.

2020년은 엄청난 변화의 해로 역사에 기록될 것이다. 코로나19가 사회적 트렌드의 흐름을 가속하여 변화의 양상이 더욱 두드러졌기 때문이다. 이전에도 세상은 차세대 집단에게 큰 관심이 있었지만, 지금처럼 '미스터리한 존재'처럼 여겨진 적은 없었다. 그래서일까. 사회가 자녀에게 어떤 영향을 미치는지 알고 싶어 하는 부모들, 학생을 더 잘 이해하고 싶어 하는 교사와 교육자들, 미래 세대와 함께 비즈니스를 이끌어가야 하는 기업의 리더들로부터 강연 요청이 쇄도했다. 그들은 특히 지금 이 순간의 변화로부터 가장 극명하게 영향을 받아 자신의 정체성을 형성하고 있는 알파 세대에 관해 궁금해했다. 수백, 수

천의 사람들이 우리의 이야기에 귀 기울이는 모습을 보면서 나는 새로운 시대가 오고 있을 뿐 아니라 이미 여기에 와 있음을 실감했다. 이것이 내가 이 책을 쓰기로 마음먹은 이유다.

이 책은 내가 '알파 세대'라고 이름 붙인 집단, 즉 2010년에서 2024년 사이에 태어난(그리고 태어날) 아이들이 살아갈 세상에 관해 이야기한다. 디지털화와 세계화가 급속히 이뤄지는 세상에서 형성되고 커가는 이 인구 집단이 이전 세대와 얼마나 다른지를 통계와 비율로 확인할 수 있다. 또한 부모, 교사, 알파 세대를 대상으로 한 비즈니스를 강구하는 조직 등 현장에서 알파 세대에게 지식을 전하고 능력을 향상시키거나 그들을 이끌어야 하는 사람들의 이야기도 전한다.

그러한 이야기를 전하기 위해 내가 운영하는 리서치 및 컨설팅 회사 매크린들연구소에서 자문 이사를 맡고 있는 애슐리 펠과 함께했다. 우리는 거의 30년 동안 사회를 연구해왔다. 둘 다 사람과 세대 연구에 열렬한 관심이 있고, 그에 관한 논평과 자문 활동을 지속적으로 해왔다. 우리 연구는 대개 설문조사의 형태로 이뤄지며 특히 포커스 그룹과 심층 면접에 초점을 둔다. 이 책 역시 그런 연구를 바탕으로 하되, 우리가 매일 전 세계 사람들에게 컨설팅 및 강연을 하면서 수집한 다양한 조직들의 의견과 전문지식을 더했다. 보다 원활하고 매끄러운 집필을 위해 스토리텔링에 대단히 열정을 가진 작가 샘 버커필드의 도움을 받았다. 그 덕에 우리 이야기가 훨씬 풍성해졌다.

수천 번의 강연과 발표를 하면서 나는 '세대'라는 주제에 사람들이 큰 관심을 보인다는 점을 알게 됐다. 누구나 그중 하나에 속하므로 쉽게 공감할 수 있어서가 아닐까 생각한다. 과거 세대가 어땠고 앞으로는 어떨지 궁금해하지 않는 사람이 있을까? 그리하여 우리는 '세대'라는 관점을 통해 사람들이 세상의 변화를 이해하고 더 잘 대처할 수 있도록 돕는 것을 집필의 목표로 두었다. 예컨대 OK부머 OK Boomer(연장자가 구시대적인 이야기를 할 때 '알았으니 이제 그만해' 정도의 의미로 쓰는 표현)나 키퍼스KIPPERS('Kids In Parents' Pockets Eroding Retirement Saving'의 줄임말로 성인이 돼서도 부모 집에 얹혀사는 자녀를 일컫는 말) 같은 세대별 꼬리표가 왜 생겨났는지를 파고들면 대단히 흥미로운 사회적 트렌드를 발견할 수 있다.

사실 나는 세대별 꼬리표라는 주제를 너무나 좋아해서 전작 《XYZ세대의 ABCthe ABC of XYZ》라는 책을 쓸 때 키워드로 삼았다. 그 책을 쓰려고 연구하는 동안 약간 당황스러운 사실을 알게 됐는데, 계속해서 형성되는 '새로운 세대'를 부를 이름이 없었다는 것이다. 당시는 Z세대에 모든 관심이 쏠려 있었다. 그다음 세대가 막 시작되려는 참인데도, 라틴어 알파벳이 Z로 끝나기 때문에 그들에게 부여할 다음 글자가 없었다. 나는 우선 새로운 이름으로 무엇이 좋을지 설문조사부터 했는데, 많은 이들이 'A'를 제안했다. 하지만 나는 구성원 전부가 21세기에 태어나는 첫 번째 세대이므로 이전 알파벳으로 돌아가기보다는 새로운 시작의 의미를 담을 수 있길 바랐다. 그래서 그리스어 알파벳에 눈을 돌려 그 세대에 '알파Alpha'라는 이름을 지어줬다.

이 책에서는 가정, 커뮤니티, 교육, 직장, 건강, 웰빙을 포함해 알파 세대가 헤쳐나갈 다양한 삶의 단계를 분석한다. 부디 당신이 이 책을 다 읽고 나면 알파 세대가 자라날 세상을 더 잘 이해할 수 있었으면 좋겠다. 또한 정보를 얻는 데 그치지 않고 끊임없이 변화하는 오늘날의 힘든 세상에서 알파 세대가, 나아가 우리 모두가 잘 살아나가도록 도울 수 있기를 바란다.

마크 매크린들

Part 1

Part 2

Part 3

Talking About Your Generation

알파, 그들은 누구인가

1

Talking About
Your Generation

당신은 어느 세대인가

사람들은 부모보다 시대를 더 많이 닮는다.

- 아랍 속담

다양한 세대에 관한 연구에 접근할 때 우리는《성공하는 사람들의 7가지 습관》으로 유명한 스티븐 코비Stephen Covey의 인용구를 자주 떠올린다. 그는 "먼저 이해하려 노력하고, 그다음에 이해받으려 노력해라"라고 했다. 이 장에서는 각 세대가 어떻게 구성되는지를 살펴보고, 세대가 형성돼온 사회적 맥락과 각 세대의 양육 스타일을 들여다보고자 한다. 그러면 이 책의 핵심 주제인 알파 세대를 이해하는 데 기초를 다지게 될 것이다.

다음 세대의 아이들을 떠올릴 때 당신은 어떤 생각이 드는가? 아마도 전자기기에서 눈을 떼지 않고, 성급하고, 약간 특권의식이 있는 듯한 아이의 이미지를 떠올릴 것이다. 아니면 회복력이 있고, 낙천적이며, 변화에 대응하고 위험을 무릅쓰는 데 능하다고 여길 수도 있다. 어쩌면 둘 다 조금씩 해당할지도 모른다.

세대에 관한 고정관념이 존재하는 건 어제오늘의 일이 아니다. 1980년에서 1994년 사이에 태어났고, 알파 세대의 부모 세대이며 밀레니얼 세대라고도 불리는 Y세대에게는 게으르고 특권의식이 있다는 꼬리표가 붙었다. 베이비붐 세대처럼 훨씬 나이 든 세대도 자랄 때는 비슷한 꼬리표를 달고 있었다. 부분적으로 이런 고정관념은 단지 어리다는 이유로 생겨난다. 하지만 오늘날의 어린 세대는 나이 든 세대가 그 나이대에 보였던 행동 방식과 달라 보인다.

인생의 중요한 사건, 사회적 지표, 영향을 미친 제반 기술을 살펴보면 각 세대를 더 정확하게 이해할 수 있다. 이런 맥락을 천천히 따라가면서 특정 세대의 특징을 일반화한 후, 세대별 분석으로 나아가고자 한다. 공동으로 겪은 경험이 어떤 영향을 미쳤고, 사회적으로는 어떤 기대가 존재했으며, 어떤 발명품들이 등장했는지를 살펴보면 그 세대를 더 잘 이해할 수 있기에 고정관념을 덜어낼 수 있다. 그러면 부모와 교사와 리더들은 더 지혜롭게 대처할 수 있을 것이다.

세대 간 분열에 집중하기보다는 나와 다른 세대를 이해하고자 노력하는 것이 중요하다고 생각한다. 이것이 다양한 세대가 섞여 있는 곳, 특히 가족, 학교, 직장에서 참여와 연대를 촉진하는 첫 단계다. 다양한 세대를 이해하는 것은 오늘날 우리가 만들어가는 사회의 토대를 다진 분들을 존경하게 해준다는 점에서도 중요하다.

부모·교사·리더들을 비롯해 알파 세대와 관련된 사람이라면 누구든 이 책을 통해 알파 세대가 형성된 맥락이 무엇이고, 따라서 그들이 누구인지에 관해 더 폭넓은 시야를 가질 수 있기를 바란다. 부모·교사·리더들이 알파 세대를 더 잘 이해할수록 그들이 잠재력을 펼치는 데 더 큰 도움을 줄 수 있다.

세대 변천사

변화가 유독 오늘날에만 일어난 것은 아니지만, 현시대만큼 빠르고 광범위했던 적은 일찍이 없었다(우리 연구에 따르면, 2020년에 사람들이 가장 많이 쓴 단어가 '변화'였다). 세대를 통해 우리는 변화를 가장 잘 이해하고, 트렌드를 분석해서 그 시대를 알 수 있다.

우리는 또한 세계 인구의 중위연령이 막 30세 아래로 내려간, 중요한 세대 변천을 경험하고 있다. 흥미롭게도 알파 세대가 태어나기 시작한 해(2010)는 Y세대와 Z세대가 세계 인구의 절반 이상을 차지한 첫해였다. 즉, 1980년 이후에 태어난 사람이 그해 이전에 태어난 사람들보다 더 많아졌다. Y세대와 Z세대는 이제 처음으로 X세대와 베이비붐 세대보다 숫자가 많아져 노동인구의 대다수를 이루고 있다. 이는 인구학적·경제적 힘이 새로 떠오르는 세대(Y와 Z세대)로 이동했고, 이들이 주요한 근로자이자 소비자이자 가장으로서 새로운 역할을 맡게 됐다는 의미다. 이 세대는 리더십 선호도, 소비자 기대, 양육 방식에서 이전 세대와 다르다.

최신 기술에 능하고 디지털에 익숙한 알파 세대를 이해하려면, 먼저 여러 세대 중 그들이 어디에 있는지부터 봐야 한다. 그들의 부모일 확률이 높은 사람들(X와 Y세대), 언니·오빠뻘(Z세대), 조부모뻘(베이비붐 세대), 증조부모뻘(설립자 세대) 사람들을 이해하는 것이 중요하다. 그러려면 알파 세대가 살아갈 세상을 만들어왔고 현재 만들고 있는 사람들을 개인적 차원과 사회적 차원에서 크게 그려보는 것이 유익하다.

현재까지의 세대

설립자 세대(출생 연도 1925~1945)
베이비붐 세대(출생 연도 1946~1964)
X세대(출생 연도 1965~1979)
Y세대 또는 밀레니얼 세대(출생 연도 1980~1994)
Z세대(출생 연도 1995~2009)
알파 세대(출생 연도 2010~2024)

당신의 세대를 소개합니다

우리가 가장 일관성 있게 발견한 결과는 사람들이 다른 세대에 관해 말하기를 좋아한다는 점이다. '세대'는 비슷한 시대에 태어난 모든 사람을 의미하는데, 우리는 가장 타당한 세대 범위가 15년이라는 사실을 알아냈다. 비슷한 시대에 태어난 사람들은 같은 사회적 사건과 사회적 지표와 신생 기술에 영향을 받는다. 특히 성격이 형성되는 시기에 공유한 경험은 세대 내부에 유대감과 집단 정체성을 부여한다. 같은 세대는 비슷한 조건과 제도의 영향을 받으며, 같은 삶의 단계를 공유해간다. 이 코호트 경험cohort experience은 공통된 관점·기대·유대감을 만들고, 또 한편으로는 다른 세대와의 차이를 만든다.

세대별로 공유한 경험과 세대 간의 차이가 작동하는 모습을 보겠다고 멀리 갈 필요는 없다. Z세대(일명 스크린 세대screenager)인 10대가 가족이 모인 바비큐 파티에서 전자기기에 빠져 있는 모습을 보고 베이비붐 세대가 이렇게 말한다. "내가 어릴 적에는 저런 기술이 없었어. 우리는 컴퓨터도 없었고, 누군가랑 통화하려면 다이얼이 있는 전화기를 사용해야 했지!" 비슷한 연령대의 사람들은 격렬하게 고개를 끄덕이지만, 오늘날의 아이들은 이해할 수 없다는 표정을 짓는다. 아이들은 그런 시대를 겪어본 적이 없기에 나이 든 세대가 삶을 바라보는 관점을 이해하지 못한다.

설립자 세대

1925~1945년에 태어난 세대를 '설립자 세대'라고 부른다. 이들이 우

리가 아는 도시들과 커뮤니티, 라이프스타일을 설립했기 때문이다. 이들은 오늘날 세계에서 가장 연장자 세대에 속한다. 경제 대공황과 제2차 세계대전을 포함한 위기의 시대에 태어났고, 이 사건들로 삶에 묵직한 영향을 받았다. 제2차 세계대전 기간에 연합군과 함께 싸운 7,000만 명 중 거의 100만 명이 호주 출신이었다. 90만 명 이상이 군 복무를 마치고 집으로 돌아왔지만, 10만 명 가까운 호주인이 전투에서 죽었다. 전 세계에서 다양한 기념일을 통해 참전용사들을 기리는 것은 당연한 일이다.

설립자들은 삶의 역경을 굳세게 극복해왔다는 점에서 '가장 위대한' 세대라고 불린다. 휴 매카이Hugh Mackay는 《세대Generations》에서 제2차 세계대전 이후 비교적 안락한 삶을 누렸다는 점에서 '행운의 세대'라고 부르기도 했다. 이들은 대공황 이후 경제를 되살리고 사회 기반 시설을 구축했다. 이 세대는 어릴 적에 거리에서 자전거나 롤러스케이트를 타고 놀았다. 이들의 부모는 포드 모델T를 타고 다녔고, 레코드플레이어나 라디오로 음악을 들었다. 이 세대에게 스크린 타임은 극장에 가서 영화를 보는 것을 의미했다. 전후 호황기에 젊은 성인이었던 설립자들은 가족을 일궜고, 가정에서도 권위주의적인 양육 방식으로 질서를 유지하는 데 집중했다.

사회가 꾸준히 발전하는 동안 설립자들이 목격한 변화는 정말로 경이로웠다. 이들 생애에 전기오븐, 냉장고, 세탁기, TV가 등장했고 오늘날 모두가 당연하게 여기는 대부분 기술이 발명되고 채택됐다.

설립자들과 알파 세대가 자라면서 접한 경험의 어마어마한 차이를 다음 인터뷰 내용에서 확인할 수 있다.

"내가 일곱 살 때 엄마가 빨래를 맡기셨어. 당시에는 전기가 없어서 세탁은 시간이 오래 걸리는 일이었지. 옷을 밤새 물에 담가놓았다가 다음 날 비누칠을 해서 삶아야 했어. 그런 다음 헹궈서 비틀어 짜고, 수동 탈수기에 넣어 물기를 빼고, 빨랫줄에 널어서 말렸지. 옷이 특히 더럽다면 이 과정을 세 번이나 반복해야 했어. 살다 보니 기술이 크게 발전하더군. 나는 젊은이들이 점점 더 몸을 움직이지 않아서 걱정이야. 그렇긴 해도 나는 손녀 데이지랑 영상통화를 할 수 있어서 너무 좋아. 데이지는 차로 14시간이나 걸릴 만큼 먼 곳에 살지만, 어린 시절 함께 자란 남동생보다 더 가깝게 느껴져." - 셜리(82세)

나이 든 세대가 일상적인 집안일을 하느라 견뎌낸 신체적 역경을 생각하면 놀랍기 그지없다. 오늘날 버튼 하나로 작동하는 온갖 가전제품과 위탁 서비스, 배달 서비스를 생각하면 더더욱 그렇다.

베이비붐 세대

베이비붐 세대는 설립자 세대의 자녀들로, 1946년에서 1964년 사이에 태어났다. 설립자 세대처럼 출생 범위가 15년보다 긴데, 사회적 사건(제2차 세계대전 이후 인구 성장과 경제 호황)을 따서 이름 지어진 마지막 세대다. 이때는 전쟁이 끝나고 사람들이 가족과 지역 공동체로 돌아가는 시기였다. 1946년 출생률이 급격히 상승하기 시작하더니 1961년에 정점을 찍었다. 흥미롭게도 1965년에 이르자 출생률이 전쟁 당시와 비슷하게 낮아지면서 베이비붐은 끝이 났다. 호주의 인구는 제2차 세계대전이 끝난 후 740만 명에서 절반 이상이 증가하여 1965년에는 1,140만 명에 달했다. 출생자 수에서 사망자 수를 뺀 자연 증가가 주요했지만, 세계대전이 끝난 후 호주에 도착해서 정착한 수백만 명의 이민자도 한몫했다. 이 시기에 세계적 연결은 물론이고, 기회의 땅이라는 호주의 현재 모습이 만들어졌다.

베이비붐 세대를 정의하는 사건은 미국 NASA가 달에 인간을 착륙시킨 것이었다. 닐 암스트롱은 달에 첫발을 내디딘 후 명언을 남겼다. "한 사람에게는 작은 발걸음이지만, 인류에게는 커다란 도약이다." 이 문화적 사건은 인류에게 가능성과 할 수 있다는 정신을 심어줬으며, 특히 베이비붐 세대 사이에서는 20세기의 위대한 업적으로 꼽힌다.

베이비붐 세대는 거리에서 이웃들과 프리스비를 던지며 놀았고, 초기에는 레코드로, 나중에는 카세트테이프로 음악을 들었다. 집에서는 흑백 TV를 시청했으며 1970년대 중반에는 컬러 TV가 널리 보급됐다.

베이비붐 세대는 근심 없는 어린 시절을 보냈다. 이 세대 사람들과 인터뷰를 해보면 종종 이런 이야기를 듣게 된다. "우리가 어렸을 적에는 온종일 밖에서 지냈어. 자전거를 타고 동네를 돌아다니곤 했는데, 해가 질 때까지만 집에 돌아오면 됐지." 당시는 커뮤니티에 대한 신뢰도가 높아서 부모들은 자녀가 동네에 있으면 안전하다고 여겼다. 동네 뒷산을 탐험하는 것부터 공원에서 몇 시간이고 노는 것까지, 베이비붐 세대는 유년 시절에 오늘날의 아이들보다 훨씬 자유롭게 뛰어놀았다.

X세대

X세대는 호주 인구의 5명 중 1명을 차지하는 대규모 인구 집단이다. 1965~1979년에 태어나 현재 40대 초반에서 50대 중반이 됐으며, 가족 내에서의 위치와 직장 경력, 개인의 삶에서도 모두 중간 정도에 와 있다. 1980~1990년대에 10대 시절을 보냈고, 학교와 집에서 컴퓨터를 처음으로 접한 세대다. 맞벌이 가정이 흔했고, 부모의 이혼율이 이전 세대보다 높았다. 이들은 '열쇠를 가지고 다니는 아이들' 또는 '집에 혼자 있는 세대'라고 불렸으며, 더 또래 지향적이고 독립적이고 융통성이 있었다. 1991년에 캐나다 작가 더글러스 코플랜드Douglas Coupland는 이 새로운 세대가 베이비붐 세대와 다르긴 하지만, 거창한 이름이 필요하지는 않다고 말했다. 그는 소설 《X세대Generation X》에서 "우리를 X라고 불러주세요"라고 썼다. 역설적으로, 이름이 필요치 않다는 이 발상이 다음 30년간 세대에 이름을 붙이는 흐름의 출발점이 됐다.

오늘날 X세대는 종종 '샌드위치 세대'라고 불린다. 많은 이들이 봉양해야 하는 나이 든 부모와 부양해야 하는 어린 자녀들 사이에 끼어 있기 때문이다. 부모는 제2차 세계대전 이후에 형성된 베이비붐 세대이고, 자녀는 스마트폰과 소셜 미디어, 긱 이코노미gig economy(기업이 임시적이고 독립적인 직원을 단기 계약으로 고용하는 경제 형태) 시대에 형성된 Z세대다.

이 책을 쓰고 있는 지금, 오랜 기다림 끝에 X세대가 자신과 같은 세대의 총리를 갖게 됐다. 스콧 모리슨Scott Morrison(1968년생)은 최초의 X세대 호주 총리로, 전임자는 4명 연속 베이비붐 세대였다. 호주는 캐나다(쥐스탱 트뤼도Justin Trudeau)와 프랑스(에마뉘엘 마크롱Emmanuel Macron)처럼 X세대가 리더인 나라들에 합류했다. 뉴질랜드 역시 2017년에 1980년생으로 Y세대인 저신다 아던Jacinda Ardern을 총리로 뽑아 세대교체를 이뤘다.

호주에서 X세대는 투표권자의 4분의 1 이상과 노동인구의 약 3분의 1을 차지한다. 이들은 맬컴 프레이저Malcolm Fraser와 밥 호크Bob Hawke 총리 시기에 자라났다. 미국 백악관에는 로널드 레이건 대통령이 있었고, 영국 총리로는 마거릿 대처가 있었다. X세대는 원조 컴퓨터 세대로 오디오카세트테이프 시대를 형성했고, 최초로 비디오카세트리코더VCR를 사용했다. 또한 〈헤이 헤이 잇츠 새러데이〉라는 TV 쇼와 초창기 MTV를 시청했고, 탈색한 청바지와 강렬한 색깔의 티셔츠를 입었으며, 가끔은 터틀넥 니트를 입기도 했다. 핼리혜성에 열광했고, 1987년 주식시장 붕괴와 그 여파에 따른 세계적 불황에 타격을 받았다. 게다가 1989년에는 베를린 장벽과 함께 유럽의 공산주의가 몰락하는 장면을 실시간으로 목격했다. 이들은 맞벌이 부부의 증가를 경험한 세대로, 부동산 대출을 갚고 자기 부모들보다 더 성공한 삶을 이루기 위해 대부분이 맞벌이를 했다.

20세기에 청소년기를 지나서 21세기에 성년기 대부분을 보낸 X세대는 전통적이고 조직적이며 아날로그식 태도가 몸에 뱄으면서도 오늘날의 적응력 있고 협업하는 디지털 사고방식이 독특하게 혼재된 사람들이다. 이 인구 집단은 위계질서가 강하던 시기에 형성됐지만, 참여형 리더십을 발휘한다. 이들은 자랄 때 펜과 종이를 사용하는 교육을 받고 책을 덮고 보는 시험을 치렀다. 그런데 지금은 터치스크린 장치로 소통하는 팀을 이끌고, '오픈 북' 세상에서 가르치며, 세계의 어떤 정보라도 클릭 몇 번으로 불러온다. 이들의 세계는 호주가 여전히 영국에 의존하고 있을 때 시작됐는데, 몇십 년에 걸쳐 문화적 변화와 이민 인구의 증가를 겪으면서 이제는 아시아와 강한 인연을 맺고 세계적 시야를 갖게 됐다. 문화적으로는 코모도어 64Commodore64, 록밴드 너바나Nirvana, 고3 악동이 주인공으로 나오는 영화 〈페리스의 해방〉, 퍼즐 게임 루빅큐브Rubik's Cube의 세대이기도 하다. 이후의 모든 세대처럼 이들도 음악을 휴대할 수 있었다. 비록 디지털이 아닌 아날로그 방식의 워크맨을 들고 다녔지만 말이다.

X세대는 말썽 부리지 말고 그저 조용히 있으라는 훈계를 들으며 어린 시절을 보냈다. 그래서 어른들과 아이들이 각자 자신들의 세계에서 사는 세상에서 성장했다. 부모들은 아이들을 돌보고 이끌면서도 그들 세계에 함께할 필요를 느끼지 못했다. 결과적으로 아이들은 더 많은 자유를 누렸고 독립적이라고 느꼈다.

X세대는 중요한 몇 가지 변화를 불러왔다. 가치관이 미묘하게 변화하면서 새로운 사회적 행동 양식을 세웠다. 이들은 결혼을 20대 중반에서 20대 후반으로 미룬 세대다(이런 현상은 Y세대에서도 두드러진다). X세대는 어린 시절 물질적으로 더 많은 것을 받았지만, 엄마·아빠와 함께 보내는 시간처럼 더 중요한 것들이 부족하다고 느끼는 사람들도 있었다. 그래서 부모가 된 이후 이 세대는 가정생활과 일의 균형을 맞추고, 가족 간 유대감을 높이려고 열심히 노력하고 있다. 이혼율의 통계가 이를 보여준다. 현재 호주의 이혼율은 X세대가 어린 시절이었던 1970년대 중반과 비교하면 절반 이하로 낮아졌다.

Y세대

Y세대는 1980~1994년에 태어난 사람들을 가리킨다. 새천년 전후로 성년이 됐기 때문에 '밀레니얼 세대'라고 불리기도 하며, 이제 가족을 이루는 삶의 단계에 이르러 있다.

Y세대는 종종 최신 기술에 능한 세대로 불리며 직업, 가정생활, 라이프스타일에 관해 이전 세대와 다른 기대를 지니고 있다. 동네 카페에서 질 좋은 아보카도를 즐기기도 하지만, 대부분은 아직 주택시장에 뛰어들지 못한 이들로 내 집 마련의 꿈을 이루기 위해 애쓰고 있다. 알파 세대의 부모일 확률이 높고, 이 떠오르는 세대의 이모나 삼촌, 선생님, 리더이기도 하다.

Y세대는 세계 최고의 경제 호황기에 자랐다. 세계 금융위기도 위기라기보다는 일시적인 문제일 뿐이었다. 2020년에 호주는 30년 만에 처음으로 불경기를 만났는데, Y세대 중 가장 나이가 많은 이들이 마흔 살이 되는 해였다. 이는 자라는 시기 내내 Y세대 대부분이 경제적 역경이나 높은 실업률, 인플레이션을 겪어보지 않았다는 의미다. 이들은 가구당 2대 이상의 자동차, 외식, 넓은 주택 같은 일상적 사치에 익숙하다. 그 결과 낙천적인 성향을 띠게 됐으며, 값비싼 해외여행은 물론이고 주말의 브런치나 고급 에스프레소 커피 같은 소소한 사치도 즐긴다. 라이프스타일에서의 이런 우선순위는 내 집을 마련하고자 애쓰는 이 세대에게 대표적인 위험 요소로 꼽힌다. 부모들은 말년에 이르러서야 돈을 여유롭게 썼는데, 이들은 경제적 삶을 시작하는 단계에서 소비를 많이 한다는 비난도 받는다. 하지만 현재 평균 주택 가격이 평균 연봉보다 10배 이상 높다

는 사실을 고려해야 한다. 부모 세대에는 약 5배였다. 주택시장에 진입하는 일이 최근 몇 년 안에는 도저히 불가능하다고 여겨지니, 이 세대가 삶에서 더 소소한 소비를 선택하는 것도 어찌 보면 당연한 일 아니겠는가.

Y세대가 직장 생활을 시작하는 시기와 우연히 일치했던 세계 금융위기 때문에 이들은 경제적 전망에 관한 자신감에 처음으로 타격을 입었다. 경력을 시작하자마자 좌절을 맛봤기 때문이다. 그리고 코로나19 유행기에 두 번째로 타격을 받았는데, 공교롭게도 많은 Y세대가 가족을 막 이뤘을 때였다.

Y세대에게 영향을 미친 사건 중 가장 중요한 것은 2001년에 발생한 9·11테러다. 각 세대에는 세계관과 기대에 영향을 미치는 사회적 지표가 있는데, 9·11테러는 모두 알다시피 세상을 바꿔놓았다. 특히 공항 보안이 강화됐고, 아프가니스탄에서 전쟁이 발발했으며, 대테러 활동에 세계적인 관심이 쏠렸다. 호주에서는 테러 당시 존 앤더슨John Anderson 총리대행이 안전가옥으로 안내받아 그곳에서 대국민 연설을 했다. 연설과 함께 그는 호주를 포함한 몇몇 나라를 목표로 하는 일련의 공격이 있을지도 모른다는 정보 브리핑도 했다. 존 하워드John Howard 총리는 앤저스 조약ANZUS treaty(호주·뉴질랜드·미국의 공동 방위조약)을 적용해서 한 나라에 대한 공격은 다른 모든 나라에 대한 공격을 의미한다고 선언했다. 그리고 호주는 전시 편성에 돌입했다.

다른 세대도 이 사건을 겪었지만, Y세대만큼 집단의 성격이 형성되는 시기에 발생하지는 않았다. Y세대는 성년이 됐을 때 이 역사적 순간을 맞이해 천진난만함을 상실하고 말았다. 현재 스물일곱 살이 된 브렛은 이렇게 말했다. "세상이 더 어두운 곳이라는 걸 처음

으로 알게 됐어요. 9·11테러로 세상에 약간 눈을 뜨면서 바깥세상
은 꽤 험할 수도 있다는 걸 처음으로 생각해보게 됐죠.” ‘테러와의 전
쟁’은 성년이 된 Y세대를 전 세계 또래들과 연결해 진정한 글로벌 세
대로 만들었다.

　　9·11테러가 발생했을 때 많은 Y세대가 10대였는데, 쌍둥
이 빌딩으로 날아가는 비행기의 참혹한 영상이 그들의 뇌리에 뚜
렷이 새겨졌다. Y세대인 소피는 이렇게 말했다. “어느 날 아침, 일
어나자마자 TV에서 비행기들이 쌍둥이 빌딩으로 날아가는 모습
을 봤어요. 그 기억은 절대 잊지 못할 거예요. 처음에는 진짜가 아
닌 줄 알았는데, 몇 번이고 방송되더라고요. 자세한 내용은 생생하
게 기억나지 않지만, 불안감이 엄습하면서 정말로 큰일이 벌어졌다
는 건 알 수 있었어요.”

　　Y세대를 정의하는 또 다른 특징은 ‘기술 중심’이라는 키워드
다. 이들은 서너 가지 주요 프로젝트를 동시에 침착하게 작업할 수 있
는 영리한 멀티태스커다. 이 세대는 디지털 기술, 노트북 컴퓨터, 인
터넷과 공유경제가 출현한 시기에 자라났는데 모두 노동시장에 큰 영
향을 미친 요소다. 마크 저커버그Mark Zuckerberg(페이스북Facebook 설
립자), 에번 스피걸Evan Spiegel(스냅챗Snapchat 설립자), 멜라니 퍼킨스
Melanie Perkins(그래픽 디자인 플랫폼 캔바Canva 공동창업자), 대니얼 에
크Daniel Ek(스트리밍 서비스 기업 스포티파이Spotify 설립자), 드루 휴스
턴Drew Houston(웹 기반 파일 공유 서비스 기업 드롭박스Dropbox 설립자)
이 모두 Y세대다. 이들은 업무 유연성, 기업가 정신, 무엇이든 가능하
다는 신념을 세상에 보여줬다.

　　Y세대는 교육에 많은 투자를 해왔고, 경력을 개발하는 데 헌

신적이다. 심리적 압박에 취약하다는 의미에서 '눈송이 세대 snowflake generation'라는 경멸 섞인 별칭도 얻었지만, 오히려 이들은 회복력이 강하고 이제는 정착해서 부동산을 구매하고 가족을 꾸리고 있다. 이런 중요한 일들을 계속 미루기 때문에 삶에서 조금 늦은 시기에 이뤄지긴 하지만 말이다. 일테면 Y세대가 태어났을 때 부모들의 첫아이 출산 연령은 대개 20대 후반이었지만, 오늘날 첫아이 출산 중위연령은 30대 초반이다.

Z세대

Z세대는 1995~2009년에 태어난 사람들이다. 이들은 21세기에 성년이 되어 증가하는 문화적 다양성, 세계적 브랜드, 소셜 미디어, 디지털 세계에 영향을 받고 있다.

이들은 로봇공학, 자동화, 빅데이터와 머신 러닝이 주류를 이루는 디지털 경제의 직업 세계에 들어서는 첫 번째 세대다. 우리가 구글에서 무엇인가를 검색할 때 입력을 채 끝내기도 전에 검색어가 자동으로 완성된다면, 인공지능이 작동하는 것이다. 스포티파이에서 자동으로 플레이 리스트가 뜨는 것도 자동 완성 기능 알고리즘이 작용하는 예다. 이전 세대는 학교에 다니는 동안 미래 계획을 세우고 결정을 내려 그 길을 따라갈 수 있었지만, 요즘은 미래가 점점 빠른 속도로, 종종 알 수 없는 방향에서 다가온다. 이전보다 체계적이지 않고, 인과관계가 명확하지 않으며, 상당히 예측 불가능한 이 시대에 Z세대가 세계적 변화와 기술 트렌드, 디지털 파괴를 잘 인식하고 있다는 것은 좋은 일이다. 이는 이 세대가 변화의 시대에 번성하기 위해서만이 아니라 직장과 커뮤니티에 긍정적인 변화를 가져다줄 준비가 돼 있다는 뜻이다.

이들은 거의 20년 안팎의 평생에 걸쳐 이전의 세대가 그 나이에 겪었을 변화보다 훨씬 더 많은 변화를 경험했다. 인터넷 시대에 삶을 시작했지만, 모바일 기기와 소셜 미디어의 세계에서 살아가고 있다. 10대에 들어선 가장 어린 Z세대가 사용하는 어휘는 그들이 태어날 때는 존재하지도 않았던 용어들로 가득하다. 앱, 트윗, 밈, 태블릿, 스마트폰, 클라우드 컴퓨팅 등이 그 예다. 'Before Anyone Else'의 약어로 '1순위'를 의미하는 'bae'와 감탄과 칭찬의 뜻으로 사용하는 'yass queen!' 같은 구어체 속어는 말할 것도 없다. 이런 트렌드가 사회를 크게 변형시켜서 Z세대의 사회는 부모 세대가 자라던 시절과 근본적으로 다르며, 조부모들이 처음 알던 세상과는 알아볼 수 없을 정도로 바뀌었다.

Z세대는 성격이 형성되는 시기의 사회화가 온라인 앱과 플랫폼에서 이뤄졌으며, 소셜 미디어의 핵심 주체로 자리 잡았다. 이 세대는 유튜브로 동영상을 보고, 스냅챗 메시지를 주고받으며, 대개 소셜 미디어 플랫폼으로 소통하면서 자랐다. 이런 기술들 덕분에 서로 유대감을 쌓고, 자기만의 콘텐츠로 스스로를 표현하며, 전 세계에서 생각이 비슷한 사람들을 많이 접할 수 있었다. 그러나 기술은 부정적인 면도 제기했다. 유튜브 블로거들은 가끔 도전적이고 부정적인 댓글에 대처해야 하는 데다, 이런 플랫폼에서 성장하다 보니 포모 FOMO(소외되는 것에 대한 두려움)를 경험하기도 한다. 친구들이 올린 휴가나 파티 때 찍은 동영상이나 사진을 꾸준히 보다 보면 자기만 소외되고 보잘것없다고 느껴질 수 있다.

Z세대는 디지털 기기가 지배하고 연결성이 증가한 시대에 영향을 받은 글로벌한 세대다. 이 인구 집단이 형성되는 시기에 발생한 세계적 사건으로는 2016년 미국의 대통령 선거가 있다. 불리한 판세를 딛고 도널드 트럼프가 당선된 사건 말이다. 그뿐만이 아니라, 2020년 조 바이든이 당선되는 과정에 유명인들과 소셜 미디어 인플루언서들이 한 역할도 빼놓을 수 없다. 브렉시트Brexit와 세계 금융위기도 큰 영향을 미쳤다. 그러나 가장 큰 사회적 사건은 코로나19 팬데믹이다. 또한 환경운동가인 그레타 툰베리Greta Thunberg(그녀도 Z세대다)가 불러일으킨 기후변화에 대한 경각심은 이 세대에게 발언권이 있음을, 목소리를 높여 자기 생각을 알릴 수 있음을 깨닫게 했다.

리더십에 관해서라면, Z세대는 조직과 위계보다는 합의와 협력 스타일을 선호한다. 이들의 관점은 글로벌하다. 이들에게는 전문가의 조언뿐만 아니라 사회적 영향력도 힘을 발휘한다. 이 세대는 사회적 활동에는 적극적으로 참여하지만, 전통적인 정치에는 무관심하다. 이런 현상은 과거에 정치인들이 경험했던 것과는 매우 다르다. Z세대 중에서도 더 어린 구성원들의 관점에 공감하기는 더 어렵겠지만, 시간을 투자해 친해지려고 노력한다면 이들을 이해할 수 있을 것이다.

Z세대는 이전 세대보다 출산 연령이 더 늦은 부모들에게서 태어났으며, 어떤 세대보다도 형제자매가 적고, 자유시간이 거의 없이 매우 체계적인 생활을 했다. 세계적으로 경쟁해야 하는 환경에서 교육의 중요성이 강조됐고, 표준화된 시험에 집중하는 교육 시스템, 성적으로 나뉘는 우열반, 성적으로 학생을 뽑는 일부 학교들 때문에 Z세대는 주로 실내에서 공부만 해야 했다. Z세대 부모들 역시 아

이가 근심 없이 뛰놀게 하기보다 과제, 코칭, 방과 후 활동에 먼저 우선순위를 둬야 했다. 게다가 어린이를 노리는 범죄자들이 두려워서 자녀가 동네 거리나 공원에서 친구들과 노는 것을 쉽사리 허락하지 못했다. Z세대 부모의 스타일은 합의와 협력 중 하나다. 구매할 물건이나 휴가 목적지를 정할 때 자녀를 참여시킨다.

Z세대와 코로나19

코로나19는 한 세대만의 사회적 지표가 아니라 한 세기를 대표할 만큼 커다란 사회적 변화다. 코로나19와 견줄 만한 전염병은 거의 100년 전인 1918년에 발생했던 스페인 독감이라고 할 수 있다.

코로나19는 빠르게 확산했고, 대단히 파괴적인 영향을 미쳤다. 전 인구가 사실상 집 안에 격리됐으며, 식료품 구매나 병원 진료처럼 꼭 필요한 외출만 허용됐다. 어떤 나라에서는 집을 떠나려면 무조건 통행증을 받아야 했고, 많은 나라에서 경찰이 거리를 감시했으며, 권한을 부여받은 군인들이 격리 의무를 위반한 이들을 체포하기도 했다. 비록 극단적이긴 하지만 바이러스의 확산을 억제하고 국가의 요양 시설들에 미치는 영향을 완화하기 위해 필요한 조치였다. 두 차례의 세계대전과 주식시장 붕괴, 9·11테러가 이전 세대에 영향을 미쳤던 것과 마찬가지로 Z세대와 알파 세대를 정의할 사회적 지표가 발생한 셈이다.

Z세대에게 코로나19는 10대와 20대 초반이라는, 삶에서 중요한 단계에 직접 영향을 미쳤다. 이 삶의 단계는 보통 교육과 학습을 하는 시기로, 학생들은 방과 후나 휴식 시간에 친구들과 어울리기도 한다. 주말은 대개 스포츠나 쇼핑, 외출, 친구 집에서 노는 일과로 채워진다. 코로나19가 발발하기 전에 Z세대의 목표와 꿈은 시험을 잘 보고, 친구들과 즐겁게 노는 것, 나중에 떠날 여행 경비를 마련하기 위해 아르바이트를 하는 것이었다. 그러나 코로나19가 이 목표를 많이 바꿔놓았다.

다양한 폐쇄 조치가 이어지면서 학교는 폐쇄됐고, 학습은 온라인으로 옮겨졌다. 스포츠 활동이 금지되는 등 사회적 삶은 거의 중지됐다. Z세대 다수는 선배들이 학생 때 경험했던 통과의례들을 포기해야만 했다. 학교 무도회와 졸업식이 취소됐고, 졸업 여행 역시 꿈도 꾸지 못할 일이 됐다. 1,002명의 호주인을 조사한 매크린들 연구에서 Z세대는 다른 세대보다도 코로나19 상황에 더 많이 불안하고, 좌절하고, 당황스럽고, 혼란스럽고, 준비되지 않은 기분을 느꼈다고 답했다. 바람직하다고는 볼 수 없는 온라인 교육과 사회적 상황에 Z세대가 힘들어한 것은 분명하지만, 한편으로 코로나19는 이들에게 독특한 회복력을 불어넣기도 했다.

코로나19의 경제적 영향은 노동시장에 발을 들인 젊은 세대도 절감했다. 팬데믹 기간에 실시한 우리의 전국 설문조사에 따르면, Y세대와 Z세대가 재정적으로 부정적인 영향을 가장 크게 느끼는 것으로 나타났다. X세대가 28%, 베이비부머 세대가 20%, 설립자 세대가 12%인 데 비해 Z세대는 33%, Y세대는 37%였다.

코로나19가 확산했던 처음 몇 달간 호주 고용시장은 경제 대공황 이래 유례없는 타격을 받았다. 호주 통계청은 2020년 3월과 4월 사이에 실업자의 숫자가 62만 명 이상 증가해 180만 명이라고 발표했다. 실업률은 20세 미만 층에서 가장 높았는데, 5명 중 거의 1명꼴(19%)로 직장을 잃었다. 20~29세 중에는 10명 중 1명 이상(12%)이 직장을 잃은 한편, 30~69세 중에 직장을 잃은 사람은 5%에 그쳤다. 즉 20세 미만의 실업률이 30세 이상보다 4배 더 높았다는 얘기다.

불확실한 전망에도 Z세대는 코로나19가 유행하는 동안 멀리에서도 연락을 유지하기에 아주 유리한 입장에 있었다. 틱톡^{TikTok} 동영상에서부터 줌^{Zoom}과 하우스 파티$^{House\ Party}$ 앱까지, 온라인 플랫폼을 통해 연결하는 그들의 기술은 코로나19에 유용한 능력으로 증명됐다. 코로나19는 많은 이들의 교육적 경험을 바꿔놓았다. 대학생들의 캠퍼스 경험은 코로나19 때문에 사뭇 달라졌다. Z세대인 해나는 이렇게 말했다. "대면 수업에서 온라인으로 전환하기까지 1주일도 채 걸리지 않았어요. 교수님들이 최선을 다한다는 건 알고 있지만, 전면 온라인 수업에 들어가면서 수업의 질은 분명히 떨어졌죠. 그런데도 등록금은 여전히 똑같고요. 지도교수님과 접촉할 시간이 전반적으로 줄어들었고, 다른 학생들과 공동으로 연구할 기회도 거의 없어졌어요. 그런 것들이 제 학위에는 중요한 부분인데 말이죠."

Z세대는 BC$^{Before\ COVID-19}$(코로나19 이전)에서 DC$^{During\ COVID-19}$(코로나19 유행기)로의 변화를 뚜렷이 느꼈다. 코로나19의 전면적인 영향, 특히 세계적·경제적 반응은 AC$^{After\ COVID-19}$(코로나19가 끝난 후)에도 몇 년간 계속 나타날 것이다. 알파 세대라는 인구 집단 역시 코로나19에 상당한 영향을 받으면서 형성될 테지만, Z세대가 경험한 것만큼 극적인 방식이 아니라 새로운 현실에서 삶에 계속 적응하는 방식으로 형성될 것이다.

알파 세대라는 이름 짓기

베이비붐 세대 이후로 모든 세대가 사건이나 상황과 관계없이 15년의 주기로 구성됐다. 이들은 글자를 사용한 더 체계적인 분류법(X, Y, Z와 이제는 알파)으로 이름 붙여졌다. 또 다른 작명법도 있었는데, '밀레니얼 세대'가 그 예다. 그런데 이 이름의 문제는 단 하나의 사건(새천년의 시작)을 둘러싸고 정의한 것이기에 출생 범위가 모호하다는 점이다. 밀레니얼 세대는 1980년대 중반에서 2000년까지 태어난 사람인가, 아니면 새천년이 시작되고 나서 태어난 사람인가?

코로나19 팬데믹이 15년 주기의 중간에 발생했기 때문에 알파 세대를 '코로니얼Coronial 세대'라고 부르자는 논의도 있었다. 그러나 이는 근시안적인 생각이다. 이들은 다음 30년, 50년, 아니면 100년의 세월에 영향을 줄 것이고, 그 세월에 영향을 받을 것이다. 바이러스는 이들을 정의할 수 없다. 출생 연도의 세트를 정해놓고, 특징을 드러내지 않는 이름을 사용해야 각 세대를 객관적으로 분석할 수 있다. 예를 들어 '밀레니얼 세대'라는 표현은 종종 경멸적으로 쓰이곤 했다. 새로 떠오르는 세대는 이와 비슷한 경험을 하지 않기를 바랐고, 그래서 '알파 세대'라고 명명했다. 이 이름은 한 세대가 자기만의 정체성을 만들어낼 수 있는 텅 빈 캔버스 같은 느낌을 준다. 이것이 세대의 일부만 또는 일정한 시기만 설명하는 방식의 이름보다 훨씬 더 낫다. 사실 베이비붐 세대는 '제2차 세계대전 이후의 베이비붐'이라는 외부의 사건으로 정의되고 이름 붙여진 마지막 세대다.

이 새로운 세대에 관한 초기 연구에서 우리는 Z세대 다음 세대를 어떻게 불러야 좋을지 설문조사를 했다. 많은 이들이 적절하다고 생각한 답은 처음으로 돌아가라는 것으로, 응답자의 4분의 1이 'A 세대'를 제안했다. 이들은 그 이름이 우리가 이 세대와 이들의 시대에 기대하는 바를 의미한다고 말했다. 지구 온난화와 테러가 통제되는, 새롭고 긍정적인 시작 말이다. 그 밖의 응답자들은 '재생 세대, 희망 세대, 새 시대 세대, 줌 세대, 테크 세대, 온라이너Onliner, 글로벌 세대'라는 이름들을 제시하면서 비슷한 말을 했다. 다가오는 세대가 자신들이 환경과 경제에 미칠 영향을 잘 인식하면서 자랄 것이라며 '신보존주의 세대'를 제안한 응답자도 있었다.

우리 설문조사는 2005년 북대서양 허리케인이 몇 차례 지나간 후에 실시됐다. 그때까지 지나간 많은 폭풍의 이름으로 보통의 알파벳 이름을 다 써버린 탓에 폭풍 이름에 처음으로 그리스어 알파벳이 도입됐다. X, Y, Z세대를 거쳐 연구를 계속해온 우리는 여기서 착안하여 다음 집단에 알파 세대라는 이름을 붙였다. 낡은 것으로 돌아가지 않고, 새로운 것의 시작으로서 이들이 형성할 새로운 세계를 의미하기 위해서였다. 예컨대 '알파메일alpha male(우두머리 수컷)' 같은 어구에서처럼 지배적이고 특권의식이 있는 함축적 의미와 대조적으로, 이 새로운 세대는 포용력 있고 서로 협력하며 글로벌한 관점을 가지고 있으며 학구열이 강하다.

<뉴욕 타임스>, <허핑턴포스트>, 세계경제포럼 같은 간행물과 플랫폼들이 알파 세대라는 이름을 인정하면서 그리스어 알파벳 접근법이 인정받을 것으로 보인다. 이 명명법에 따르면, 베타 세대는 2025년에서 2039년에 태어날 것이며, 이후 감마 세대(2040~2054), 델타 세대(2055~2069)가 이어질 것이다. 인류는 21세기 후반이 되어서야 거기까지 도달할 것이므로, 다음 세대의 이름을 생각해볼 시간은 많다!

알파 세대

2010년부터 세계는 모든 구성원이 21세기에 태어난 첫 세대인 알파 세대의 시작을 봤다. 알파 세대는 기록적인 출산의 시대에 태어났다. 이 세대가 끝나는 2024년 12월이면 알파 세대의 출생자 수는 세계적으로 거의 20억에 달해서 세계 역사상 가장 큰 인구 집단을 이룰 것으로 보인다. 알파 세대는 21세기에 태어나고 21세기에 온전히 형성된 최초의 세대다. 그리고 이들 대부분이 살아남아 22세기를 볼 것이다.

알파 세대는 교류와 소통을 위해 모니터와 스크린처럼 '창'으로 연결된 세상에서 살아간다. 기술과 개별 주문 서비스가 이들의 어린 시절에 영향을 줬다. Z세대가 주문 제작의 증가를 경험했다면, 알파 세대는 개별 주문 서비스를 경험하고 있다. 개별 주문 서비스에서는 누텔라 병과 콜라 캔, 동화책까지 모든 것에 이름을 새겨 주문할 수 있다.

지금까지 이들의 삶에서 가장 큰 사회적·문화적 사건은 코로나19 팬데믹이었다. 앞서 살펴봤듯 코로나19는 Z세대에게도 상당한 영향을 미쳤지만, 사람들은 코로나19가 기술·교육·직장·대인관계·정신건강·회복력에 접근하는 알파 세대의 방식을 바꿀 것으로 생각한다.

알파 세대 중 가장 나이가 많은 이들은 현재 8~12세로, 아동기와 청소년기의 중간인 트윈덤tweendom에 접어들었다. '트윈덤'이라는 비교적 새로운 세계는 오늘날 떠오르는 세대의 특징인 '업에이징up-aging'을 보여준다. 트윈은 고유한 인구학적 계층으로 등장하여 각 가정의 구매 패턴에 영향을 주고 있다. 아이들이 자기 소유의 스마트폰을 받고, 온라인에서의 행동을 바꾸고, 자기만의 정체성을 띠고 책임감을 느끼는 시기도 이 연령대다. 이들은 이전 세대보다 더 어린 나이에 더 많은 기술과 정보와 외부 영향력에 접근할 수 있다. 그중에서도 브랜드 인플루언서로서의 트윈은 독특하게 다뤄야 할 대상이다. 소셜 미디어는 이들의 발달에 필수적이었다. 이들은 웹사이트에 적극적으로 참여하고, 틱톡에서 창의성을 발휘하며, 직접 만든 유튜브 영상을 업로드하고, 인스타그램과 페이스북에서 친구들과 교류한다. 또한 가상의 반려동물을 만들고, 온라인에서 또래 친구를 쉽게 사귀어 게임을 하고 소통한다. 그래서 많은 웹사이트가 이들을 타깃으로 삼는다.

알파 세대는 많은 면에서 업에이저다. 이전 세대보다 신체적으로 일찍 성숙해 청소년기가 더 일찍 시작될 것이다. 동시에 어느 세대보다 긴 청소년기를 보낼 것이다. 생애 중 결혼과 출산, 담보대출, 직장 등으로 특징지어지는 성인의 단계가 점차 미뤄지고 있기 때문이다. 이 세대는 더 오래 교육받느라 돈도 늦게 벌기 시작하므로, 이전 세대보다 오래 부모님 집에 머무를 것이다. 그러므로 부모의 역할도 더 넓은 연령대까지 확장돼 성년이 된 아이들에게 여전히 주거를 (게다가 자금까지도!) 제공할 것이다. 호주에서는 부모님 집에 머무는 20대를 '부모 주머니에서 노후 자금을 갉아먹는 아이들'이라는 의미의 '키퍼스KIPPERS'라고 부른다.

진부한 어구와 상투적 표현을 그다지 좋아하진 않지만, 그런 표현은 진실에 근거하고 있을 때가 많다. 연구와 관찰을 바탕으로 우리는 알파 세대의 장래가 밝다고 자신 있게 말할 수 있다.《나니아 연대기》시리즈의 저자인 C. S. 루이스C. S. Lewis는 이렇게 말했다. "우리 앞에는 우리가 뒤에 남긴 것보다 훨씬 더 좋은 것들이 놓여 있다." 이는 과거를 깎아내리려는 것이 아니라 미래를 옹호하려는 의미다. 과거의 날들이 그랬듯이 미래의 날들에도 복잡함과 어려움이 있겠지만, 미래에는 혁신과 기회도 가득할 것이다. 그리고 비범한 시대가 막 열리는 이 순간에 알파 세대가 살아가고 있다.

알파 세대에 관한 잘못된 통념 부수기

알파 세대는 이전 세대만큼 오래 살지 못할 것이다? 어떤 사람들은 알파 세대가 부모만큼 오래 살지 못하는 최초의 세대가 될 것으로 생각한다. 좌식 생활을 많이 하고, 비만율이 갈수록 높아지며, 인스턴트식품을 더 자주 접하기 때문이다. 하지만 사실은 그 반대다. 의학의 발달과 개선된 공중보건 조치, 약학의 비약적인 발전, 줄어드는 흡연율, 직장 및 공공장소의 안전 조치들 덕분에 알파 세대는 이전 세대보다 더 오래 살 것이다. 오늘날 호주에서 태어난 알파 세대의 기대수명은 80대 중반에 달한다.

알파 세대는 이전 세대만큼 늦은 나이까지 일하지 않을 것이다? 사람들은 알파 세대가 노동력을 줄여주는 기기들, 느긋한 라이프스타일, 보편적인 기본소득 덕분에 평생 많이 일할 필요가 없으리라고 종종 말한다. 그 덕에 평생 더 적게 일하고 일찍 은퇴할 수 있으리라고 생각하기도 한다. 이런 통념은 사실이 아닐 확률이 높다. 알파 세대는 이전 세대보다 더 늦은 나이까지 일할 것이다. 왜일까? 수명이 더 길어져서 이 길어진 삶을 메울 직장이 필요하기 때문이다. 육체

노동의 부담을 덜어줄 기계들이 있으니 육체적으로는 덜 일할 수 있겠지만, 직장을 다니는 이유가 꼭 월급 때문만은 아니다. 사회적 교류와 삶의 목적, 자극과 평생교육을 위해서도 직장 생활을 유지하려는 사람이 많아질 것이다.

알파 세대의 미래는 전적으로 가상 세계일 것이다? 알파 세대는 점점 더 기술적으로 통합된 시대에 양육되고 있어서 그들의 미래가 완전히 가상 세계가 될 것으로 생각하는 사람이 많다. 기술과 로봇으로 가득 찬 가정에서 재택근무를 하는 미래에는 알파 세대가 다른 사람과 소통할 필요가 전혀 없을 것으로 생각하기도 한다. 하지만 관계를 맺고 사회적 소통을 하려는 인간의 욕구는 시간이 흘러도 변치 않는다. 코로나19 때문에 재택근무를 하고 온라인 학습을 하는 우리 모두 실감하지 않았던가. 디지털로 연결된다는 게 편리하긴 하지만 인간의 경험에서 핵심인 물리적 소통을 영구적으로 대체할 수단은 없다는 것을 말이다. 기계의 도움을 더 많이 받는 미래에서 번성하기 위해 알파 세대에게는 의사소통과 리더십 같은 대인관계 기술이 더 많이 필요할 것이다.

개인의 성장에 집중하는 알파 세대

알파 세대는 스스로 목표를 세우고, 학교에서든 집에서든 기술을 통해 자료를 제공받으며, 교실에서의 지도를 뛰어넘어 발전하고 분석하도록 장려하는 시스템에서 교육받고 있다. 이들에게는 개인적으로 성찰할 시간이 주어지며, '읽기reading·쓰기writing·연산능력arithmetic'을 뜻하는 3R에 초점을 두었던 과거의 교육을 넘어 복합적인 지능 발달을 중시하는 교육을 받는다.

우리는 연구 과정에서 알파 세대가 민첩하면서도 기술에 익숙하다는 사실을 발견했다. 교사들은 알파 세대의 사고방식이 Z세대와는 다르다고 말했으며, 어려움에 직면하더라도 포기하지 않고 Z세대보다 더 끈질기게 해낼 것으로 생각했다. 또한 Z세대가 조용히 고군분투하는 데 비해 알파 세대는 도움을 요청할 확률이 높다고 봤다. Z세대는 실패를 개인적인 결함으로 여기지만, 알파 세대는 실패를 배움의 기회로 여길 것이다. 이런 사고방식의 영향으로, 성장하는 동안 알파 세대가 삶에 어떻게 접근하는지 살펴보면 흥미로울 것이다.

성장형 사고방식을 지녔는지, 고정형 사고방식을 지녔는지는 교육과 성취와 성공에 큰 영향을 미친다. 고정형 사고방식은 지능이나 재능이 고정된 특징이라는 생각으로, 이런 사고방식을 가진 사람들은 어려움에 부딪히면 포기하는 경향이 있다. 반면 성장형 사고방식을 지닌 사람들은 자기 능력이 노력으로 개선될 수 있다고 믿으며, 이는 성장과 성공, 그리고 학습의 즐거움과 더 큰 회복력으로 이어진다.

성장형 사고방식을 발달시키기 위한 조언

그렇다면 부모는 어떻게 자녀의 성장형 사고방식을 발달시키고 장려할 수 있을까? 다음의 조언을 기억하길 바란다.

- **지금 기울이는 노력에 가치를 두어라**: 아이들의 노력을 칭찬하고 어려움에 접근

하는 방식을 칭찬하는 것은 지능이나 능력또는 얼마나 잘했는지를 칭찬하는 것보다 더 유익하다. 노력을 칭찬하면 아이들은 다른 상황에서도 더 많이 노력하고, 힘을 받아 더 열심히 한다. 《마인드셋》의 저자 캐럴 드웩Carol Dweck은 이렇게 말했다. "자녀에게 선물을 주고 싶은가? 최고의 선물은 도전을 사랑하고, 실수에 더 자극받고, 노력을 즐기며 계속 배우라고 가르치는 것이다. 그렇게 하면 아이들은 칭찬의 노예가 될 필요가 없다. 아이들은 평생 스스로 자신감을 쌓고 실수를 바로잡는 방법을 찾게 될 것이다."

• **'아직'의 힘을 사용해라**: '아직'은 사소한 단어지만 어려움에 대한 아이들의 세계관과 접근법을 바꾸는 데 어마어마한 영향을 미친다. 아이가 "저는 글을 몰라요"라고 말하는 대신 "저는 아직 글을 몰라요"라고 말한다면 훨씬 더 자신감을 가질 수 있다. 연구 과정 중 학교에서 이미 이런 방식으로 가르치고 있다는 말을 듣고 상당히 기뻤다. 초등학교 교사 헬레나는 매주 금요일이면 자기 반 아이들이 〈세서미 스트리트〉에 나오는 '아직의 힘'이라는 노래를 함께 부른다고 말했다. "6학년인데도 모두 그 노래를 좋아해요. 아이들은 금요일마다 교실을 나서면서 그 노래를 부르고 주말 내내 떠올립니다. '이건 너무 어려워. 난 해내지 못할 거야'가 아니라 '일단 해볼 거야'라는 사고방식이 저절로 키워지죠."

• **아이들에게 꼬리표를 붙이지 마라**: 긍정적이든 부정적이든,아이들에게 꼬리표를 붙이는 행위는 고정형 사고방식에서 나온다. 또한 부모와 교사와 리더들이 학생들에게 발전하고 성장하기 위해 열심히 노력하라고 격려하는 데 걸림돌이 될 수 있다. 신경과학 연구에 따르면 인간의 뇌는 성격이 형성되는 시기뿐만 아니라 일생에 걸쳐 계속 배우고 적응한다고 한다.

• **실패를 부정적인 결과가 아니라 정상적인 과정으로 받아들여라**: 아이들이 회복력을 갖추게 하려면 실패 때문에 개선하려는 노력을 멈추지 않게 해야 한다. 아이에게 "수학을 별로 잘하지 못해도 괜찮아. 걱정하지 마"라고 말하는 것은 자연스럽게 들리지만, 이런 말은 아이들이 새로운 것을 인내심 있게 해서 성공을 맛보지 못하게 할 수 있다. 그보다는 아이들에게 잘 못하는 것에서 무엇을 배웠는지, 다음 단계는 무엇일지, 다음번엔 어떻게 다르게 시도할지를 생각하도록 격려하는 것이 좋다.

• **성장형 사고방식의 롤모델이 되고 당신의 삶에서 예를 찾아 공유해라**: 아이들은 주위에서 볼 수 있는 어른들, 특히 부모의 행동과 태도를 흡수하는 스펀지와 같다. 부모는 성장형 태도와 학습 능력의 모범을 보임으로써 자녀에게 긍정적인 롤모델이 될 수 있다. 부모가 자녀에게 성장의 이야기와 어려움을 극복한 사례를 공유하는 것은 실수를 저지르거나 장애에 맞닥뜨렸을 때 특정한 방식으로 접근하는 사람이 그들만은 아님을 보여주는 효과적인 방법이다.

연구를 통해 알파 세대가 이전 세대보다 더 잘 배운다는 사실을 알게 됐다. 이는 실패를 학습 기회로 여기는 정도, 자기 능력을 넘어서는 힘든 일을 떠맡는 것을 두려워하지 않는 정도, 건설적인 피드백을 더 솔직하게 받아들이는 정도를 평가하여 측정한 결과다. 더욱이 그들은 물질적인 지원을 가장 많이 받고, 정규교육을 가장 많이 받으며, 가장 오래 사는 세대가 될 것이다.

그런데 그들은 사회에 어떤 기여를 할까? 많이 받은 이들에게는 많은 것이 요구된다. 영화 〈스파이더맨〉의 주인공 피터 파커가 "큰 힘에는 큰 책임이 따른다"라고 말하지 않았던가. 알파 세대의 삶에는 미래로 나아가는 데 도움이 될 훌륭한 기회들이 준비돼 있다. 이런 특권 있는 지위에는 그들이 사회 전체에 기여하리라는 기대가 함께하기 마련이다. 꼭 엄청난 성공만을 의미하는 것이 아니라, 기부를 하거나 목표를 성취함으로써 모범이 되는 삶 역시 그 기대에 부응하는 방법이다. 알파 세대에게 다가올 미래를 상상하는 것은 신나는 일이다.

환경 의식

우리의 연구에서 알파 세대가 환경을 의식하는 세대라는 주제가 여러 번 나왔다. 알파 세대의 언니·오빠 격인 Z세대 역시 환경이 주요 관심사였다. 2018년, 스웨덴의 열다섯 살 소녀 그레타 툰베리가 학교에 가지 않고 스웨덴 의회 밖에서 시위를 벌이면서 많은 이들이 주의를 끌었다. 신념을 보여주는 그녀의 작은 시위가 파급효과를 불러와 세계 청소년 기후 운동에 불을 붙였다. 2019년에 그녀는 〈타임스〉가 선정한 올해의 인물이 됐고, 같은 해에 국제 아동 평화상도 받았다.

18~25세 1만 명 이상을 대상으로 한 국제앰네스티의 설문조사에 따르면, Z세대는 기후변화를 우리 시대의 가장 중요한 문제로 꼽았고 오염과 테러가 그 뒤를 이었다. Z세대는 알파 세대가 우러러보는 세대이고, 사람들이 실천하도록 격려하는 운동과 단체를 조직한 것도 그들이다. 이 아이들은 진심으로 걱정한다. 왜 어린 세대가 그런 영향력을 갖게 됐는지 묻자, 스물두 살의 스테프는 이렇게 말했다. "우리 세대는 전보다 더 연결된 세상에서 살고 있잖아요. 온라인 커뮤니티로 집에서 먼 외국에서 일어나는 기후변화의 실상을 볼 수 있어요. 이런 현실을 보고 공유하면서 미래를 위해 더 나은 지구를 만들려면 무엇을 할 수 있을지 생각하도록 격려 받고 동기를 부여하죠. 손가락만 클릭해도 쉽게 얻을 수 있는 자료와 교육 덕분에 우리는 활동가 세대로서 목소리를 낼 수 있어요. 그래서 캠페인과 계획을 개발하고, 더 많은 일을 하라고 정부를 압박할 수 있죠."

알파 세대는 환경을 의식하는 Z세대 언니·오빠들에게 영향을 받으며, 이 두 세대는 집에서도 더 다양한 사회문제에 관해 목소리를 높이고 있다. 부모들을 상대로 실시한 설문조사에서 80%의 부모가 행동이나 소비 결정에 자녀들의 영향을 받았고, 아이들 덕분에 환경을 더 많이 인식하게 됐다고 답했다.

Z세대 외에도 알파 세대와 관련된 제품, 장난감, 드라마, 연예 사업이 점점 더 환경문제에 초점을 맞춤으로써 이들 또한 알파 세대에게 영향을 미친다. 세계의 선도적인 장난감 및 아동 오락물 제조 업체인 마텔Mattel의 글로벌 소비자권리 담당 부사장 모니카 드레거Monica Dreger는 알파 세대의 큰 장점 중 하나가 변화를 일으킬 신념과 행동이 있다는 것이라고 이야기했다. 그녀는 일고여덟 살짜리 어린아이들이 환경문제를 주제로 개인이 무엇을 할 수 있는지 토론하는 모습을 종종 보는데, 이전 세대에서는 이런 모습을 볼 수 없었다고 말하며 이렇게 덧붙였다. "그 아이들이 이렇게 엉망인 상황을 만든 건 아니지만, 과거와 달리 이런 문제들을 자기 일로 받아들이고 있어요. 활동주의는 작은 일일지라도 목표를 위해 뭔가 할 수 있다는 그들만의 사고방식이죠. 우리 아이들은 채소 위주로 먹어요. 환경을 위해 자기 역할을 하고 싶어 하니까요. 만약 내가 재생 불가능한 스타벅스 컵을 들고 있는 모습을 아이들이 본다면 몹시 실망할 거예요! 우리 집에서는 이제 그런 행동이 용납되지 않아요. 환경 운동은 진정 알파 세대가 이끌어가는 운동인 것 같아요." 코로나19 이후에 알파 세대가 직면한 난관은 환경을 걱정하며 재사용하고 싶지만, 한 번만 사용하고 처분하도록 되어 있는 위생 프로토콜을 지켜야 한다는 것이다.

우리는 각 세대가 형성되는 데 영향을 준 독특한 사회적 지표, 상징적 장난감, 음악 재생 기기, 리더십 스타일, 스크린 콘텐츠에 대해 다음과 같은 인포그래픽을 만들었다.

세대	상징적 장난감	음악 재생기기	리더십 스타일	스크린 콘텐츠
설립자 세대 1925~1945	롤러스케이트	레코드플레이어 1948	통제형	영화
베이비부머 세대 1946~1964	프리스비	오디오 카세트 1962	지시형	TV
X세대 1965~1979	루빅큐브	워크맨 1979	조직형	VCR
Y세대 1980~1994	BMX 자전거	아이팟 2001	선도형	인터넷
Z세대 1995~2009	접이식 스쿠터	스포티파이 2008	권한 부여형	전자 기기
알파 세대 2010~2024	피짓 스피너	스마트 스피커 현재	격려형	스트리밍

양육 스타일

세대별로 양육 스타일이 어떻게 바뀌었는지를 살펴보자. 아이의 삶에 영향을 주는 중요한 사람들, 즉 부모와 조부모, 이모와 삼촌들, 선생님들은 알파 세대와 분명히 다른 세대다. 따라서 육아 스타일이 어떻게 변화해왔는지를 살펴보면 알파 세대를 더 잘 이해할 수 있다.

현재 아이들을 양육하는 사람들은 X세대와 Y세대일 확률이 높다. 그들은 자녀(Z세대와 알파 세대)를 자신이 양육받은 방식과 다르게 양육한다. 이전의 부모들은 대체로 육아를 시작할 때 일률적인 방법으로 접근했다. 그런데 성 역할이 변화함에 따라 부모로서 엄마·아빠에게 기대하는 역할도 변화해왔다. 베이비붐 세대 대부분은 일하는 엄마가 거의 없는 환경에서 자랐지만, 오늘날 알파 세대의 부모 대다수는 맞벌이를 한다. 풀타임으로 근무하는 엄마들의 비율이 엄청나게 증가했고, 이에 따라 아빠들을 향한 기대도 바뀌어서 육아에 적극적으로 참여하는 아빠가 늘었다. 학부모 행사나 학교 콘서트에 참석하는 것부터 자녀를 등하교시키는 것은 물론, 육아휴직까지도 한다.

아동 학대를 둘러싼 사건들의 뉴스 보도가 증가하면서 안전에 대한 관심이 부쩍 늘었다. 가정용 감시카메라를 설치하는 집이 많아졌고, 걱정 때문에 자녀 주변을 맴돈다는 의미에서 '헬리콥터 부모'라는 신조어까지 등장했다. 한편 '호랑이 양육법'이라는 트렌드도 생겨났는데 부모가 권위주의적으로 자녀의 학업 성취를 몰아붙이는 방식을 일컫는다. 이 유형의 부모들은 자녀를 최고 학교에 보내고, 방과 후에도 과외를 받게 하는 등 자녀가 높은 점수를 얻을 기회를 필사적으로 찾아 다닌다. 그런 기회가 모여 결국 자녀가 명문대와 일류 전문직으로 진입할 수 있다고 믿기 때문이다.

세상에는 다양한 양육 스타일이 있지만, 우리는 분석 결과를 토대로 하여 네 가지로 정리했다. 두 가지 주요 영역, 즉 사랑을 표현하고 관심을 보이는 정도와 경계를 규정하고 행동을 지지하는 정도에 따른 분류다.

관대한 스타일: 사랑을 표현하고 관심과 애정을 보이는 환경이지만, 분명히 규정한 행동의 경계가 거의 없다. 또한 아이들의 잘못된 행동을 바로잡으려는 시도나 훈육 문화도 없다. 이런 스타일의 양육을 받은 아이들은 '버릇없다', '특권의식이 있다', '훈육받지 못했다' 같은 이야기를 듣게 된다.

권위주의 스타일: 관대한 스타일의 정반대다. 권위주의적 부모들은 행동의 경계를 분명히 정의해 아이들이 복종하게 하며, 사랑과 애정과 관심은 잘 표현하지 않는다. 이런 스타일의 양육을 받은 아이들은 의기소침하고 부모의 사랑을 확신하지 못한다.

냉담한 스타일: 두 가지 영역 모두에서 '낮음'으로 분석된 유형이다. 행동의 경계나 기

대가 거의 없고, 사랑과 애정의 가족 문화도 없다. 이런 스타일의 양육을 받은 아이들은 적절한 행동이 무엇인지 알지 못하고, 부모가 사랑을 표현하지 않기에 불안정해지기 쉽다.

훈육 스타일: 두 가지 영역 모두에서 '높음'으로 분석된 유형이다. 이런 부모들은 어떤 행동을 기대하는지 분명히 전달하고, 아이들은 경계를 이해할 뿐 아니라 그것을 위반했을 때 어떤 결과를 얻게 될지를 생각하고 자신을 훈련한다. 또한 부모는 자녀에게 사랑과 애정과 관심을 끊임없이 표현한다. 이런 스타일의 양육을 받은 아이들은 성취감을 더욱 잘 느낀다.

모든 세대의 부모에게는 다양한 양육 스타일이 혼재되어 나타나는데, 베이비붐 세대는 대체로 더 권위주의적인 스타일을 보였다. 다음으로 Y세대의 부모들은 관대한 스타일에 가까웠다. 오늘날 흔히 볼 수 있는 유형은 더 균형 잡힌 스타일로, 엄마와 아빠가 모두 자녀에게 언어적·신체적으로 사랑과 애정을 보인다. 동시에 자녀가 경계를 이해하고 현명한 선택을 하도록 정서적으로 준비시키고, 경계를 어기고 나쁜 행동을 하면 어떤 결과가 오는지 잘 인식하도록 양육한다. 그리고 부모들은 자녀에게 하기 싫은 일을 하라고 요구하기보다는 집안일에 기여해달라고 부탁한다. 나쁜 행동에 대한 결과를 부모와 자녀가 논의할 때 아이들은 그저 '벌을 받는' 것이 아니라 자기 행동에 책임을 진다. 과거와 마찬가지로 높은 기준과 적절한 행동이 요구되지만, 이전 시대와 매우 다른 훈육 문화를 볼 수 있다.

알파 세대의 부모 중 가장 많은 수를 차지하는 Y세대는 과거의 부모들과는 다른 방식으로 자녀를 양육하고 있다. 20대에 기술의 영향을 받은 이 부모 세대는 육아 조언을 구할 때 가족이나 친구

뿐만 아니라 인터넷에도 의지한다. 그래서 이전 어느 세대보다 아동 발달에 관해 많은 것을 알고 있다. 다만, 많이 알면 자신감을 얻기도 하지만 정보에 압도당하기도 한다. 이 새로운 부모 세대는 가족 활동, 육아 철학과 함께 자녀의 삶을 소셜 미디어에 기록해나간다. 아직도 여성이 가사노동 대부분을 맡기는 하지만, Y세대 아빠들은 과거보다 집안일과 육아를 더 많이 담당한다.

Y세대 부모들은 자녀를 공감 능력과 전체적인 시각을 갖추고 자신이 속한 사회와 세계를 다방면으로 이해하는 인간으로 양육하기에 유리한 위치에 있다. 이들은 자녀를 지시와 명령으로 만들어나가야 하는 '백지상태'가 아니라 이해하고 이끌어야 하는 작은 인격체로 여긴다. 알파 세대 자녀를 둔 엠마는 이렇게 말했다. "아들의 새로운 면을 계속 발견할 수 있어서 너무나 신나요. 아들이 무엇에 관심과 열정이 있는지, 어떤 기술과 재능을 지녔는지를 순간순간 엿보게 돼요. 유머 감각과 특이한 성격도 때때로 드러나죠. 또 아들이 자신을 발견하는 모습을 보면 흥분돼요. 눈앞에 펼쳐진 아들의 인생 전체가 잠재력으로 가득 차 있어요."

이 장의 핵심

지금까지 다양한 세대의 그림을 그려봤다. 비슷한 시기에 태어난 사람들이 공통의 경험을 통해 어떤 특징을 갖게 되는지, 그리고 그들의 양육 스타일까지 들여다봤다. 또한 알파 세대에 영향을 미치는 다른 세대들의 특징을 살펴보며 현재와 과거를 모두 짚었다. 알파 세대가 형성되는 환경을 정리하면 다음과 같다. 부모의 나이가 이전 세대보다 많고, 문화적으로는 더 다양하게 혼합돼 있으며, 사회·경제적으로는 이전 세대보다 조금 더 여유롭고, 가족의 크기는 더 작아졌고, 기대수명은 더 길어졌다. 이 특징들을 보면 알파 세대가 어떤 맥락에서 형성되는지를 이해할 수 있고, 결과적으로 그들의 미래에 관해 더 많은 것을 예측할 수 있다.

2

Generation Alpha Defined

알파 세대를 구분짓는 특징

요즘 애들은 사치를 좋아한다. 예의가 없고 권위를 무시하며
나이 든 사람을 존경하지 않을 뿐 아니라,
일해야 할 시간에 쓸데없이 떠든다.
부모에게 말대꾸하고, 사람들 앞에서 말을 너무 많이 하며,
음식을 마구 먹는다.
또한 탁자에 발을 올리고 연장자들 위에 군림한다.

알다시피, 양육은 힘든 일이다! 수면, 휴식, 에너지의 부족이 안 그래도 힘겨운 우리 삶을 더 고달프게 한다. 옆 페이지의 인용문이 암시하듯, 아이들은 다루기 까다로운 존재다.

이 인용문이 오늘날의 어린 세대를 묘사하는 것이라고 생각되겠지만, 사실은 2,000년 전에 살았던 고대 그리스 철학자 소크라테스가 아테네의 젊은이들에게 늘어놓았던 불만이다. 어쩌면 당신도 공감할 것이다.

이 장에서는 디지털, 소셜, 글로벌, 이동성, 비주얼이라는 키워드로 설명할 수 있는 이 새로운 세대의 특징을 살펴보고자 한다. 시간이 흘러도 변치 않는 '소통과 소속'이라는 인간의 욕구도 살펴보고, 미래에 어떤 종류의 관점을 기대할 수 있는지를 공유할 것이다.

젊은이들은 종종 이전 세대에게서 부당한 비난을 받는데, 세대 간 분열은 어제오늘의 일이 아니다. 소크라테스까지 거슬러 올라가지 않더라도, 세대 간 조화는 수 세기 동안 사람들의 골치를 아프게 한 난제였다. 1903년에 태어난 조지 오웰George Orwell도 다음과 같이 언급했다. "모든 세대는 자기를 이전 세대보다 똑똑하고 다음 세대보다 현명하다고 생각한다." 하지만 타당하게 증명되지 않은 세대별 특징을 일반화하거나 특정 세대에 대한 부정적 고정관념을 부추기는 것은 세대 간 유대감을 다지는 데 장애가 될 뿐이다.

여러 세대가 긍정적인 목표를 향해 협력할 방법은 많다. 직장에서 각 세대가 가져올 다양한 장점을 이용해 협업할 수 있고, 다양한 연령대의 사람들이 함께 커피를 마시며 세월이 흐르면서 삶이 얼마나 바뀌었는지 이야기를 나눌 수도 있다. 세대 혼합은 개인적 차원과 더 넓은 사회적 차원 모두에서 어마어마한 이익을 가져다준다. 관점이 더 다양해지면 자신과 다른 연령대의 가족, 직장 동료, 고객, 소비자와 더 잘 소통할 수 있다.

> "우리 아들은 새 학기가 시작된 후 얼마 동안 어려운 일을 겪었어요. 친구 두어 명이 모자를 뺏어서 숨기는 등 아들을 괴롭혔죠. 은연중에 제가 그 문제를 알게 됐는데, 아들은 제게는 아무 말도 하지 않고 할머니한테 갔어요. 호기심도 많고 질문도 많고, 평소에는 엄청 수다스러운 아이거든요. 그런데 제가 아니라 할머니한테 달려가서 학교에서 있었던 일을 말한 거예요. 처음에는 약간 상처받았지만, 아들에게 저와 선생님 외에 고민을 들어줄 누군가가 있어서 기뻤답니다. 우리는 대가족이거든요." - 알파 세대 자녀를 둔 엄마

앞으로 10년간, 알파 세대를 이해하고 그들과 친해지는 것은 조직의 중요성뿐만 아니라 조직 자체를 위해 필수적인 일이 될 것이다.

변화에 영향을 받아 형성된 세대

사회과학자로서 우리는 과거에서 배우려고 많은 시간을 들여 이전 세대를 돌아본다. 한마디로, 인간의 행동을 연구한다. 포커스 그룹과 인터뷰, 설문조사 등 알파 세대가 형성되고 있는 커뮤니티와 빠르게 변하는 세상에 대해 흥미로운 이야기를 들려주는 자료

를 모은다. 당신도 변화를 느끼는가? 변화라고 하면 무선 기술이나 블루투스 기술, 스마트폰 등 사회·기술적 변화가 가장 먼저 떠오르겠지만, 불가피하고 자연적으로 일어나는 변화도 있다.

거대한 인구 통계학적 변화, 빠른 사회 변화, 세대교체, 기술 발전이 한데 결합하여 총체적 변화를 일으키는 상황은 역사적으로 흔치 않았다. 하지만 우리는 오늘날 그런 변화의 한가운데에 살고 있다. 게다가 전 세계를 강타한 강제적 변화도 경험했다. 코로나19 팬데믹은 사회에 엄청난 영향을 미쳤고, 학교 교육과 직장 생활과 우리가 서로 소통하는 방식에도 영향을 줬다. 정부는 극단적인 방식으로 대처하면서 사회적 거리두기와 여행 금지 같은, 세계대전 이후로 본 적이 없는 예방적 조치를 도입했다. 산업계도 자기 역할을 다했다. 은행들은 대출 이자를 동결했고, 정부의 지원으로 무이자 대출을 제공하기도 했다. 또한 통신사들은 인터넷 용량을 늘려 노동력이 재택근무로 수월하게 이동하도록 지원했으며, 수요가 증가한 화상회의와 연예·오락 스트리밍이 원활히 이뤄지게 했다.

코로나19 팬데믹 기간에 설문조사를 한 결과, 코로나19가 오늘날 아이들의 특징을 형성하는 데 상당한 역할을 했다고 믿는 응답자가 84%에 달했다. 좋은 소식은 그 기간이 비록 힘든 시기였지만, 한편으로는 인류의 적응력과 회복력을 보여줬다는 것이다. 사회 환경이 알파 세대에 미친 영향을 더 자세히 살펴보자.

알파 세대의 다섯 가지 특징

"스마트폰 꺼! 명심해, 밥 먹을 때는 금지야!" 온 가족이 식탁에 모였을 때 부모들이 흔히 하는 말이다. 알파 세대의 엄마인 루비는 이렇게 말했다. "우리 딸은 전자기기에 푹 빠져 있어요. 그래서 스마트폰을 내려놓게 하려고 돈을 주기도 해요! 아이가 스마트폰으로 친구들과 연락하고 재미있게 노는 건 괜찮지만, 한시도 눈을 떼지 않으니까요." 만약 당신도 친구들에게 물어보면 비슷한 이야기를 들을지 모른다. 세계의 어린이들은 스마트폰, 노트북, 아이패드 같은 전자기기에 의존한다. 알파 세대를 정의하는 특징은 그들이 형성돼온 세계를 아주 잘 반영한다.

알파 세대를 정의하는 특징
디지털
소셜
글로벌
이동성
비주얼

디지털

"저는 스마트폰으로 스포츠와 게임을 하는 것을 좋아해요. 특히 로블록스Roblox, 치킨 스크림Chicken Scream, 틱톡이 좋아요." - 트리니티(9세)

"저는 이 아이들을 '기술 세대'라는 의미의 T세대라고 부르고 싶어요. 이전 세대가 갖지 못했던 기술과 함께 성장하고 있으니까요." - 알파 세대 자녀를 둔 엄마

"우리는 기술의 시대에 와 있어요. 아이들은 태어나면서부터 기술과 마주하죠." - 알파 세대 자녀를 둔 부모

"아이들의 스크린 타임을 관리하는 것은 끝없는 전쟁이에요." - 알파 세대 두 아이를 둔 부모

알파 세대를 설명하는 데 사용되는 세대별 꼬리표 중 하나는 '디지털 원주민digital natives'이다. 기기와 기술은 그들이 태어날 때부터 삶의 일부여서 그들이 세상을 보는 방식, 세상과 관계를 맺고 소통하는 방식에 영향을 미쳤다. 그런 점을 염두에 둔다면, 알파 세대를 정의하는 특징 중 하나로 디지털을 꼽는 데 동의할 것이다.

알파 세대는 기술에 다양한 방식으로 다가간다. Z세대 아이들은 초등학교 고학년이 되어서야 첫 번째 디지털 기기를 받았고, 그것도 대개는 학업을 위한 것이었다. 그에 비해 알파 세대 아이들은 대부분이 아주 어릴 적부터 기기를 접해왔다. 스마트 스피커에 "헤이 구글. 내일은 해가 몇 시에 떠?"라고 질문하는 것부터 온라인 비디오 게임 포트나이트Fortnite를 하는 10대들의 유튜브 동영상을 보는 것까지, 알파 세대는 진정한 디지털 통합자다.

연구 결과, 아이들 사이에서 앱을 기반으로 한 놀이와 스크린 타임이 상당히 늘어났음이 드러났다. 그 결과 이 세대에서는 주의력 지

속 시간이 짧아지고, 디지털 문해력은 향상됐으며, 전통적인 의미의 사회성은 감소했다. 의도치 않게 알파 세대는 어릴 적부터 칭얼거릴 때 공갈 젖꼭지를 물리는 대신 스크린을 보여주는 세계적인 실험의 대상이 됐다. 자녀나 조카를 돌봤던 사람들은 틀림없이 그럴 때 죄책감을 느꼈을 것이다. 하지만 이런 기기는 공갈 젖꼭지 이상의 역할을 해서 오락과 교육 모두를 위한 도구가 됐다.

미국의 8~12세 어린이가 오락을 위해 스크린을 보는 시간이 하루 평균 4시간 44분이라고 한다. 13~18세는 7시간 22분으로 조사됐다. 전자기기와 소셜 미디어, 스트리밍 서비스로 가득한 세상만을 알게 될 알파 세대는 멀티스크린 행동도 더 많이 할 것으로 예상된다. 세계보건기구who는 5세 미만의 아동에게 하루 스크린 타임을 1시간 이하로 할 것을 권고하지만, 호주의 4~5세 아동은 하루 평균 2시간 이상 스크린을 본다.

알파 세대는 이동식 디지털 기기 시대의 영향을 받은 최초의 아동 세대다. 그래서 알파 세대의 부모에게는 스크린 중독과 사이버 폭력, 부적절한 콘텐츠를 조심하는 일이 새로운 난제로 떠올랐다. 알파 세대의 부모들이 독특한 어려움을 겪고 있긴 하지만, 다행스러운 점은 그들 자신도 디지털 세계에 영향을 받았으므로 이전 세대 부모들과 달리 이 복잡한 문제를 더 잘 관리할 준비가 돼 있다는 것이다. 겉보기에는 두드러진 차이가 있지만, 부모와 자식 간의 기본적인 역학은 변치 않는다는 점을 부모들이 기억하는 것도 중요하다.

아홉 살짜리 자녀를 둔 엄마 제니퍼는 이렇게 말했다. "쉽게 찾을 수 있는 정보가 많아서 더 좋다고 생각해요. 아들의 과학 숙제를 도와주다가 정보의 양이 엄청난 걸 보고 깜짝 놀랐어요. 무엇이

든 혼자서 매우 빨리 배울 수 있다니 좋은 일이죠. 우리가 어렸을 때는 손쉽게 찾을 수 있는 정보가 그렇게 많지 않았어요. 도서관에 가서 책을 뒤지거나 사서 선생님께 도움을 청해야 했죠. 다만 물리적·사회적 교류가 없다는 게 디지털의 단점이겠죠."

제니퍼의 얘기는 알파 세대의 부모로 이뤄진 포커스 그룹과 인터뷰할 때 자주 들었던 말이기도 하다. 디지털 세계가 많은 긍정적 기회를 제공할지라도, 기술에 쓰는 시간이 너무 많다는 부정적 결과에 관한 인식이 높아지고 있다. 다음 세대에는 아마도 사회적 고립과 대인관계를 맺는 능력의 결핍이라는 문제를 겪을 것이다. 더 많은 정보와 더 오랜 시간의 정규교육에 접근할 수 있지만, 실질적 기술에서는 미숙할지 모른다. 또한 기기를 통해 세계적으로 연결돼 있지만, 사회적으로는 덜 연결될 수도 있다. 여섯 살짜리 자녀를 둔 엄마 디뉴샤는 이렇게 말했다. "제가 어릴 적에는 친구를 사귀고 어울리는 일에 노력이 필요치 않았어요. 그에 비해 기술은 귀한 경험이었죠. 지금은 반대로 기술을 이용하고 능숙해지는 데는 노력이 필요치 않지만, 친구를 사귀는 능력이 귀해 보여요. 큰 노력이 필요한 일이 돼버렸죠."

소셜

"제 아들은 시리얼을 싫어해서 절대 먹지 않았어요. 그런데 유튜브 채널 '라이언의 세계Ryan's World'에서 라이언이 먹는 걸 보고 자기도 먹겠다네요!"- 캐시, 일곱 살 아이의 엄마

"우리 아이에게 소셜 미디어 계정이 없다면 학교에서 왕따당

할 거예요."- 알파 세대 자녀를 둔 엄마

부모가 알파 세대 자녀에게 사람들을 직접 만나는 사회적 소통을 가르쳐야 한다는 건 맞지만, 사실 오늘날의 어린이들은 이전 어떤 세대보다도 광범위하게 또래 집단과 사회적으로 연결돼 있고 또래 집단의 영향을 받는다. 인스타그램, 스냅챗, 틱톡, 유튜브 같은 소셜 미디어 플랫폼 덕분에 이들은 사회적·지리적·인구학적 경계 너머로 24시간 연결된 네트워크에 영향을 받는다. 이것이 알파 세대의 두 번째 특징으로 '소셜'을 꼽은 이유다. 이 소셜 세계에서는 추천과 정보, 의견을 구하는 대상이 친한 친구와 가족 외에도 소셜 미디어 인플루언서에게까지 확대된다.

물론 이처럼 지나치게 연결된 사회적 삶에는 불리한 면도 있다. 학생들을 대상으로 한 설문조사에서 학교에서 괴롭힘을 경험한 학생의 4분의 1이 소셜 미디어, 문자 메시지, 이메일을 통해 괴롭힘을 당했다고 말했다. 그에 따라 지난 몇 년간 학교와 직장에서 웰빙을 추구하는 경향이 강해졌다(3장에서 자세히 살펴본다).

글로벌

"암스테르담에 가고 싶지만, 거기서는 다른 언어를 써요. 저는 영어를 할 줄 알고 중국어랑 프랑스어도 조금 알지만, 암스테르담에서 쓰는 언어는 몰라요." - 제이든(9세)

지난 몇십 년간 세계가 극적인 방식으로 개방되면서 알파 세대는 진정으로 글로벌한 최초의 세대가 됐다. 옥스퍼드 영어 사전과 콜린스 사전이 그해 일어난 글로벌 트렌드와 변화를 가장 잘 요약해 발표한 단어들에서 이를 분명히 확인할 수 있다.

알파 세대의 생애를 엿볼 수 있는 '올해의 단어'

2011년: 앱

2012년: 클라우드

2013년: 해시태그

2014년: 셀카

2015년: 기쁨의 눈물을 흘리는 얼굴(한 단어는 아니지만)

2016년: 탈진실

2017년: 가짜 뉴스

2018년: 유독성

2019년: 기후 비상

2020년: 코로나19, 봉쇄, 사회적 거리두기, 격리, 흑인의 목숨도 소중하다 BLMBlack Lives Matter, 캔슬 컬처cancel culture, 슈퍼 전파자…

이 단어들은 알파 세대의 생애 초기에 발생한 중요한 트렌드를 보여줄 뿐만 아니라 그들의 삶에 영향을 미친 트렌드의 글로벌한 속성 또한 드러낸다.

　'소셜'과 '디지털'이라는 특징 덕에 알파 세대는 세계에서 일어나는 일을 다른 세대보다 더 잘 인식한다. 영화, 음악, 유명인, 인플루언서 등의 영향으로 소식이 어느 때보다 훨씬 더 널리 전파되기 때문이다. 트렌드 역시 어느 때보다 빨리 전 세계로 퍼져나가서 패션, 음악, 온라인 오락, 사회적 트렌드, 의사소통, 바이럴 유튜브 동영상, 밈들에 영향을 준다.

전 세계를 휩쓴 유행 중 하나가 포켓몬고Pokémon Go다. 2016년에 처음 출시된 이 게임의 목표는 다양한 포켓몬 캐릭터를 찾는 것이었다. 화면에 뜬 지도를 보면서 가까운 곳에 있는 캐릭터를 찾아내 잡으면 된다. 포켓몬고는 증강현실(컴퓨터가 만들어낸 캐릭터들과 소통하는 현실의 환경)이 적용된 게임으로, 한동안 사람들은(심지어 성인 남자들까지) 포켓몬을 사냥하느라 머리를 숙인 채로 거리를 뛰어 다녔다. 사람들이 불시에 들이닥치자 어떤 카페에서는 '이곳의 포켓몬은 유료 고객만 잡을 수 있음'이라는 게시판까지 내걸기도 했다. 1990년대에 물리적인 포켓몬 카드를 가지고 놀았던 Y세대의 본질과 향수를 21세기에 다시 불러온 것은 매우 영리한 아이디어였다.

알파 세대가 사는 글로벌 디지털 세계의 속성을 분명히 보여주는 이 바이럴 마케팅의 또 다른 흥미로운 사실은, 포켓몬고의 사용자 수가 19일 만에 5,000만 명으로 늘었다는 점이다! 5,000만 사용자에게 도달하는 데 22년 걸린 TV, 7년 걸린 인터넷, 3년 걸린 페이스북과 비교해보라. 2019년까지 포켓몬고의 다운로드 수는 10억 건이 넘었다. 지리적으로 어디에 살든, 알파 세대는 지구 반대편에 사는 또래와 같은 것에 영향을 받는다. 이 무선 세계에서 알파 세대의 지식은 경계가 없고 그들의 블로그, 우정, 어휘도 마찬가지다. 그리고 세계적인 것에는 기술만이 아니라 사건도 있다.

호주의 산불이 전 세계로 퍼지다

2019년 9월부터 2020년 2월까지 호주인들은 산불이 호주의 남쪽 절반을 가로질러 활활 타오르는 모습을 지켜봤다. 역대 가장 건조했던 그해 1~8월을 보낸 후 발생한 화재였다. 12월 31일, 불은 빅토리아주와 뉴사우스웨일스주의 경계에 있는 맬러쿠타 마을의 해변을 에워쌌다. 연기가 너무 자욱해서 낮인데도 밤처럼 어두웠고, 4,000명이 해변에 갇혔다.

산불은 국제적 뉴스가 되어 옆 나라인 뉴질랜드에까지 영향을 미쳤다. 뉴질랜드의 도시 오클랜드의 하늘은 오렌지빛으로 물들었고, 남섬의 빙하는 재 때문에 회색과 갈색으로 오염됐다. 연기가 너무 자욱해 우주에서도 보였다고 한다.

할리우드의 인플루언서들은 소셜 미디어 피드에 글을 게시하고 골든 글로브 시상식 연설에서 산불을 언급해 세계적으로 관심을 불러일으켰다. 같은 달 멜버른에서 열린 호주 오픈 테니스 대회에 세계의 이목이 집중됐는데, 계속 번지는 불과 연기가 초래한 나쁜 대기질(그때 처음으로 멜버른의 대기질은 세계 최악으로 평가됐다) 때문에 경기가 차질을 빚었다.

산불은 호주의 식물군과 동물군에 가장 큰 영향을 미쳤다. 시드니대학교의 추정치에 따르면, 10억 마리 이상의 포유류·조류·파충류가 목숨을 잃었다. 불에 그슬린 땅의 이미지가 언론을 뒤덮은 가운데, 화상을 입고 구조된 코알라 사진이 전 세계 사람들의 관심을 사로잡았다. 캘리포니아에 사는 여섯 살 아이의 엄마인 모니카는 코알라 사진이 딸에게 미친 영향을 이렇게 회상했다. "딸아이는 뉴스를 보고 동물들을 구하고 싶어 했죠. 딸이 코알라 기금이 있다는 걸 알아내서 우리는 거기에 기부했어요. 제가 피해를 본 사람들에게 기부하는 것은 어떠냐고 물으니 이렇게 말하더군요. '사람들은 방법을 찾겠지만 코알라는 그럴 수 없고, 우리는 코알라를 도울 수 있잖아요.' 그러고는 자기 용돈으로 코알라 한 마리를 입양했어요. 지금 딸은 1만 1,000킬로미터 떨어진 호주에 자기만의 코알라가 있다고 생각하는 것 같아요."

알파 세대 아이가 어떻게 세계적인 사안에 응답했는지를 보여주는 하나의 예다. 알파 세대가 글로벌 시대에 양육되고 있을 뿐만 아니라 글로벌한 방식으로 행동하고 있다는 증거는 이 외에도 많다.

집 안에 있는 유일한 스크린이 TV였을 때, 부모들은 자녀가 무엇을 보는지 더 쉽게 감시할 수 있었다. 인터넷이 등장했을 때도, 가족 공용 컴퓨터를 집 안에서 눈에 보이는 장소에 둠으로써 감독을 할 수 있었다. 와이파이가 등장했을 때도 모뎀에 전원 차단 버튼

이 딸려 있었기에 부모들이 인터넷 사용을 통제할 수 있었다. 그러나 이 새로운 세대는 이동식 온라인 기기로 어디에서나 인터넷에 접속할 수 있다. 이에 따라 부모들이 넓은 세상으로부터 아이들을 보호하기가 점점 더 어려워지고 있다.

이동성

"너무 많은 기회가 있기 때문에 우리 아들이 나중에 어떤 직업을 갖게 될지 모르겠어요. 아마 풀타임 근무는 하지 않고 아르바이트나 비정규직으로 일하겠죠. 유연성과 기회가 늘어나고 있으니까요." - 알파 세대 아들을 둔 엄마

알파 세대의 네 번째 특징은 '이동성'이다. 이 세대는 공부, 일, 여행, 주거 등 삶의 많은 영역에서 더 많이 이동할 것으로 보인다.

오늘날 사람들이 한 직장에 머무르는 기간은 평균 3년 미만이다. 긱 이코노미가 여기에 한몫했지만, 변화하는 미래의 직업도 큰 역할을 했다. 세계경제포럼은 2021년 초등학교에 입학하는 알파 세대의 65%가 지금까지 존재하지 않았던 완전히 새로운 직종에서 일하게 될 것으로 예측했다. 오늘날에도 학생들은 로봇공학과 코딩, 소셜 미디어 마케팅, 앱 개발, 빅데이터 분석 기술을 배우며 앞으로 더 많아질 미래 직종을 준비하고 있다.

비주얼

"나중에 무엇이 되고 싶으냐고 물으면 아이들은 모두 유튜버라고 대답해요. 그리고 아이들은 다른 사람이 게임을 하는 모습을 보기 좋아해요. 정말 이상하지 않나요?" - 알파 세대 자녀들을 둔 엄마

"요즘 아이들은 유튜브와 비디오 게임 보는 걸 좋아해요. 읽는 건 등한시하고 보는 것을 좋아하죠." - 학교 교사

다섯 번째이자 마지막으로 눈에 띄는 알파 세대의 특징은 '비주얼'이다. 물론 나이를 먹어도 이야기에 대한 사랑이 변치 않는 모습을 보면, 모든 세대가 비주얼 세대라는 생각이 든다. 이야기는 본질적으로 시각적이다. 묘사를 듣거나 읽으며 우리 머릿속에서 눈으로 보듯 이미지를 떠올리기 때문이다. 그러나 알파 세대에게 이야기와 게임은 그들이 자주 접하는 기술과 비주얼 앱, 비디오와 콘텐츠로 쉽게 다가와 새로운 방식으로 살아 움직인다. 이 시각적 세계는 알파 세대가 정보를 소비하고 싶어 하는 방식을 바꿨다. 유튜브는 인터넷에서 두 번째로(첫 번째는 구글로) 인기 있는 검색 엔진이지만, 알파 세대에게는 유튜브가 단연코 1위다. 볼 수 있는데 왜 굳이 읽겠는가. 구글에서는 하루에 35억 건이 검색되지만, 유튜브에서는 매일 50억 건의 스트리밍이 발생한다!

현재 아이들에게 가장 인기 있는 유튜브 채널은 '라이언의 세계'다. 구독자가 2,400만이 넘고 콘텐츠 조회 수가 350억 건이 넘는, 세

계에서 손꼽히는 장난감 리뷰어 채널이다. 라이언은 아홉 살짜리 소년으로, 세 살이던 2015년에 유튜브 채널을 시작했다. 그 전부터 라이언은 새 장난감을 선물 받으면 상자를 열고 상품평을 했는데, 부모님이 이를 비디오로 찍곤 했다. 어느 날, 라이언이 지금의 자기 채널과 비슷한 유튜브 채널들을 보다가 "다른 아이들은 다 유튜브에 나오는데 나는 왜 안 나와요?"라고 물었다. 엄마 로안 카지는 고등학교 화학 교사였으나 직장을 그만둔 후 유튜브 채널을 만들고 개발하는 데 전념했다. 뉴스 웹사이트 버지Verge는 그 채널을 "개인적인 브이로그vlog와 언박싱unboxing의 결합이자 순수한 어린 시절의 익살과 끊임없고 압도적인 소비지상주의의 혼합"이라고 묘사했다.

장난감 리뷰 채널이 성공하자 라이언은 선라이트 엔터테인먼트Sunlight Entertainment라는 회사를 설립했다. 이 회사에서는 30명으로 구성된 팀이 매주 약 25개의 동영상을 제작하는 데 도움을 준다. '라이언의 세계'는 장난감을 가지고 소통하는 개인의 동영상에서 전 세계 아이들을 즐겁게 해주는 세계적 브랜드로 성장했다. 간단한 동영상 아이디어가 제국으로 바뀌는 모습은 보기 드문 일이다. 비주얼에 관심이 많은 알파 세대에게 '라이언의 세계'는 부모가 읽고 구매 결정을 하게 하는 장난감 전문가의 글보다 호감 가는 대안이다.

알파 세대와 코로나19

2020년 초반에 코로나19가 처음 전 세계를 뒤흔들었을 때, 알파 세대의 삶에는 즉시 상당한 변화가 일어났다. 친구 집에 놀러 가거

- 남들의 독특한 상황, 자신과의 차이점을 이해하고 소중히 여길 수 있다.

- 다양한 감정을 식별해 이름을 붙일 수 있다.

- 자기의 감정적 반응을 조절할 줄 알고, 남들의 감정에 적극적으로 반응할 수 있다.

아이들의 공감 능력을 발전시키기 위해 부모와 양육자들이 할 수 있는 몇 가지가 있다. 감정에 관해 말하고 이름을 붙이는 것, 남들을(동물을 포함해서) 보살피고 공감을 표현하는 것 등이다.

미래를 내다볼 때, 알파 세대를 가장 잘 돕기 위해서는 시간을 들여 그들을 이해하고 그들과 친해지는 것이 중요하다. 그들이 사용하는 언어로 말하면서 그들과 연결되고 소통해야 한다. Y세대에게 효과가 있었던 방식이 알파 세대에게는 효과가 없을지도 모르고, 20세기에 효과적이었던 리더십 스타일이 21세기에는 덜 효과적일 수도 있다. 알파 세대는 이렇듯 변화하는 시대에 번성할 수 있도록 기술과 능력을 갖춰야 하는데, 우리가 이 세대를 준비시키는 방식은 과거와 달라야 할 것이다.

점점 더 다양해지는 세상에서 이 세대가 일하고 이끌고 번성하려면, 기술적 능력만이 아니라 대인관계의 기술이 중요하다. 리더가 자기 역할을 할 때 총명함은 바람직한 자질이지만, 공감 능력은 필수적인 자질이다. 이성과 감성을 고루 갖춘 리더는 분열 속에서도 혁신을 이끌고 다양한 사람들을 아우를 수 있다.

알파 세대는 어릴 때부터 공감의 중요성을 배우고 있다. 2017년에 개봉한 영화 〈원더〉는 #친절을 선택하라 choosekind 운동을 촉발했다. 동명의 책을 바탕으로 한 이 영화는 희귀한 안면 기형을 안고 태어난 열 살 소년 어기 풀먼을 중심으로 펼쳐진다. 스토리는 마음이 따뜻하고 공감해주는 친구들과의 우정뿐만 아니라, 어기가 또래 아이들에게 당하는 가슴 아픈 괴롭힘도 따라간다. 이 영화의 주된 메시지는 등장인물 중 웨인 다이어 박사의 다음과 같은 대사다. "옳음과 친절 중에 선택해야 한다면, 친절을 선택해라."

알파 세대에게는 이전 세대 같은 권위적 구조나 계급 또는 권력을 향한 전통적인 접근이 필요치 않다. 서로가 더 협력하는 시대에 살고 있기 때문이다.

"올해가 풀타임으로 아이들을 가르치는 두 번째 해입니다. 저는 아이들과 맺는 관계가 매우 소중하다고 생각해요. 아이들에게 긍정적인 롤모델이 되어 영향력을 미친다는 건 큰 영광이죠. 저는 배워가는 경험이 좋고, 아이들이 해가 갈수록 변화하는 모습을 보는 게 너무나 좋아요. 정말 보람 있는 직업이라고 생각해요. 아이들의 독서 능력이 크게 향상되고, 서로 관계를 맺고, 먼저 다가가 인사를 건네는 모습을 보면 정말 뿌듯해요. 절대 포기하고 싶지 않은 특권이랍니다." - 조지, 초등학교 교사

이 장의 핵심

알파 세대는 과거 세대와는 매우 다른 시대에 형성되고 있다. 이 장에서는 '디지털, 사회성, 글로벌, 이동성, 비주얼'로 요약되는 이 세대의 다섯 가지 특징을 살펴봤다. 알파 세대의 본질을 정의하는 이 특징들은 그들이 주변 세계와 관계를 맺는 방식에 약간의 어려움을 주기도 하지만, 궁극적으로 우리는 그들의 장래가 밝다고 믿는다. 이런 다섯 가지 특징을 이해하는 것이 삶의 다양한 영역에서 그들을 이끌고 양육할 때 매우 중요하다.

3

The Wellbeing
Generation

웰빙 세대

웰빙은 긍정적인 신체적·정신적 건강 이상이다.
삶에 의미 있는 활동을 할 때,
진정한 사회적 연결이 있을 때, 목적에 부합할 때,
인정받는 기여를 할 때 우리는 번영할 수 있는 더 큰 능력을 갖게 된다.
이것이 바로 웰빙이다.
《직장에서의 웰빙Work Wellbeing》, 마크 매크린들·애슐리 펠

21세기 들어 '웰빙'이라는 단어가 곳곳에서 쓰이기 시작했다. 웰빙의 보편적인 정의는 '편안하고 건강하거나 행복한 상태'다. 날이 갈수록 웰빙에 관심이 많은 사람들이 증가하는데, 왜 그런지 이해하기는 어렵지 않을 것이다.

이 장에서는 괴롭힘이라는 어려운 과제, 온라인에서의 안전, 성공해야 한다는 압박감, 고립과 외로움, 아이들에게 어떻게 회복력을 길러줄 수 있을지 등을 다루고자 한다. 또한 알파 세대는 웰빙을 어떻게 여기는지를 살펴보고, 그들의 신체적·정신적 건강과 함께 수면의 중요성까지 짚어본다.

웰빙의 대두

WHO는 웰빙을 '단순히 질병이나 허약함이 없는 정도가 아니라 신체적·정신적·사회적으로 완전히 행복한 상태'라고 정의했다. 여기서 한 발 더 나아가 '개인의 신체적·정신적·정서적·사회적 건강 요소의 복잡한 조합'이라고도 정의할 수 있다. 웰빙은 행복 및 삶의 만족도와 밀접하게 연관돼 있다. 한마디로, 웰빙은 자신과 자기 삶을 어떻게 느끼는지로 요약할 수 있다.

사람들이 웰빙을 정의하는 방식이 다양해지고, 웰빙을 말하는 횟수가 늘어나고, 웰빙에 더욱 집중하게 되면서 웰빙을 이룰 전략들도 많이 생겨났다. 명상과 마음챙김은 대세가 됐고, 걸음 수를 측정해 더 많이 걷도록 동기를 부여하는 기기도 등장했다.

떠오르는 세대와 그들의 웰빙에서도 이런 점이 드러난다. 호주의 기독교 자선단체인 미션 오스트레일리아Mission Australia가 청소년을 대상으로 설문조사를 했다. 그 결과에 따르면 오늘날 10대가 가장 가치 있게 여기는 항목은 우정(82.5%), 가족 관계(81.5%), 학교나 학습의 만족도(69%)였다. 10명 중 약 7명의 응답자가 정신건강(66.6%)과 신체건강(65.6%)에 높은 가치를 두었다. 또한 부모들도 자녀가 건강하고 행복하고 성취감을 느끼기를 바라는 것으로 나타났다.

알파 세대의 웰빙을 뒷받침하는 가장 중요한 요소로는 무엇이 있을까? 우리는 어떻게 그것을 얻고 지킬 수 있을까? 반대로 이 젊은 세대가 정신건강과 신체건강 면에서 직면할 가장 큰 어려움은 무엇일까? 그리고 부모와 교사들은 어떻게 도울 수 있을까? 개인의 신체적·정신적 건강에 미치는 주요 영향부터 차근차근 살펴보자.

신체건강

개인의 웰빙에서 첫 번째이자 가장 잘 알려진 측면은 신체건강이다. 신체건강에는 운동, 건강한 식습관, 영양을 비롯해 가장 중요하지만 간과하기 쉬운 수면까지 포함된다.

아이들은 대부분 학교에서 체육 수업을 받으면서 몇 년 동안 신체건강의 중요성을 배운다. 신체건강은 전반적인 웰빙에 중요하다. 질병의 위험을 줄이고, 몸이 최적의 기능을 발휘하도록 유지하고 관리하는 것뿐만 아니라 정신건강과 같은 웰빙의 다른 측면에도 영향을 줄 수 있기 때문이다.

지난 몇십 년에 걸쳐 경제의 핵심이 산업과 육체노동에서 지식으로 이동했기에 흔히 알파 세대는 신체건강을 유지하기가 어려우리라고 생각한다. 그도 그럴 것이 좌식 생활을 하는 시간이 늘어나고 밖에서 보내는 시간이 줄어들었기 때문이다. 이것이 건강과 웰빙에 부정적인 영향을 미칠 수 있다. 스크린 기반의 기기들을 일상적으로 사용하기 때문에 우리는 알파 세대가 어릴 때와 성장기에 무엇보다 신체건강을 우선시하도록 이끄는 데 정말로 어려움을 겪는다. 부모와 리더들이 반드시 알아야 할 신체건강의 영역을 짚어보고, 아이들이 각 영역에서 발전하도록 어떻게 도울 수 있는지 알아보자.

운동과 체력단련

성인들은 대개 운동이라고 하면 꽉 짜인 스케줄에 끼워 넣기 어렵고, 생활이 바빠지면 제일 먼저 포기하기 마련인 것으로 여긴다. 호주의 직장인들을 대상으로 실시한 설문조사에서 49%가 신체건강을 앞선 우선순위로 놓고자 애쓴다고 답했고, 39%가 충분한 운동을 하지 못한다고 답했다.

그런데 아이들은 대부분 활동적으로 노는 것을 좋아한다. 운동은 아이들에게 평생 좋은 습관으로 자리 잡아 장기적 이익을 안겨준다. 그 밖에도 조정력과 힘과 균형 감각을 길러주고, 자세를 바르게 하며, 뇌를 발달시키고, 뼈·근육·관절·심장·폐를 튼튼하게 해준다. 규칙적인 운동은 건강한 체중을 유지하는 데에도 도움이 된다. 게다가 운동하는 아이들에게는 또 다른 이익도 있다. 성취감을 느끼고, 소셜 스킬을 발달시키고, 팀워크를 배우고, 실망이나 상실감에 대처하는 방법도 배울 수 있다. 또한 자연 속에서 시간을 보내면 정신적 웰빙이라는 이익도 얻을 수 있다.

호주의 '신체 활동 및 좌식 행동 가이드라인'에 따르면 연령대별로 다음과 같은 신체적 활동이 필요하다.

- **1세 미만의 아이들:** 상체의 힘을 길러주기 위해 아기를 엎드려 놓기, 바닥에서 움직이게 하기

- **1~5세:** 매일 낮 적어도 3시간에 달하는 가볍고 재미있는 신체 활동

- **5~12세:** 걷기, 놀이, 달리기, 댄스, 팀 스포츠 등 다양한 활동을 포함해 매일 적어도 1시간의 적당한 활동

기술이 운동을 저해한다는 인식이 일반적이지만, 도리어 촉진할 수도 있다. 많은 부모가 전자기기와 스마트 워치를 사용해 자녀의 1일 걸음 수를 추적하고, 활동을 게임화하여 목표를 설정하고, 성취도를 측정해 보상한다. 이처럼 아이들의 스포츠는 경쟁과 성공에서 참여와 신체적 움직임과 재미 쪽으로 변화해왔다. 그 밖에도 부모들은 건강을 유지하기 위해 다양한 활동에 자녀와 함께 참여하고 있다. 공원에서 가볍게 산책하는 것은 물론이고, 마라톤에 함께 도전하기도 한다. 이런 트렌드를 반영하여 트램펄린파크나 암벽등반센터 같은 오락 활동 장소도 늘어나고 있다.

수면

신체건강에 가장 중요하면서도 흔히 간과되는 요소가 수면이다. 호주 직장인 5명 중 2명(41%)은 수면을 앞선 우선순위로 두려고 노력한다고 답했다. 수면은 인지 기능, 창의력, 전반적인 건강과 웰빙에 필수적이지만 직장인의 39%가 충분히 못 잔다고 답했다. 자기 수면 패턴에 매우 만족한다고 답한 직장인은 34%에 불과했다. 이처럼 수면은 만족도가 가장 낮은 영역이다.

《우리는 왜 잠을 자야 할까》에서 매슈 워커Matthew Walker는 수면에 관한 수년간의 연구 결과를 설명하면서 잠이 중요한 이유를 입증한다. 양질의 수면을 적절하게 취하는 것은 남들과 관계를 맺고, 일을 잘하며, 창의적이고, 남에게 공감하며, 신체적으로 건강하고, 절제력을 행사하는 능력에 영향을 미친다.

수면은 모든 사람에게 중요하지만, 성장하는 아이들의 정신과 신체에 특히 중요하다. 필요한 수면의 양은 사람마다 다를 수 있지만, 아이들에게는 연령대별로 다음과 같은 수면 시간이 필요하다.

- **3~5세:** 10~13시간
- **6~13세:** 9~11시간
- **14~17세:** 8~10시간

우리의 최근 연구에서 호주인의 절반 이상(54%)은 밤에 잠자리에 들기 직전 3분 동안 하는 일이 스마트폰 접속이라고 응답했다. 이런 활동은 스크린에서 나오는 블루라이트 때문에 수면에 부정적인 영향을 줄 수 있다. 블루라이트는 몸에서 멜라토닌이 분비되는 것을 방해하는데, 멜라토닌은 24시간 주기(수면과 각성의 사이클을 조절하는 몸의 자연적인 내부 과정)에 영향을 주는 호르몬이다.

아마 당신도 예상했겠지만 어린 세대는 나이 든 세대보다 잠자리에 들기 전 마지막 3분간 스마트폰에 접속할 확률과 깨어난 후 처음 3분간 접속할 확률이 더 높았다. 전자는 Z세대가 82%, 베이비붐 세대가 21%였고 후자는 Z세대가 75%, 베이비붐 세대가 22%였다. 이로써 기술이 우리의 삶과 웰빙에 결정적으로 중요한 수면을 방해한다는 사실을 확인할 수 있다. 스물두 살의 스테프는 이렇게 말했다. "저는 항상 유튜브를 보면서 잠들어요."

기술이 수면에 부정적인 영향을 미치기는 하지만, 일부 아이와 부모는 도리어 수면을 돕는 데 사용하고 있다. 예를 들어, 유튜브에서 ASMR(자율감각 쾌락 반응) 사운드트랙의 장시간 재생 파일이나 백색 소음(폭풍 소리, 비나 폭포 소리)을 수면 보조 수단으로 사용한다.

자기 전에 스크린을 보는 시간이 아동과 청소년들의 수면 습관에 해로운 영향을 끼칠 수 있다는 것은 널리 인정되는 사실이다. 특히 학업을 수행하는 능력에 연쇄적인 결과를 불러올 수 있다. 수면 부족은 아동의 삶에서 다른 부분에도 부정적인 결과를 초래할 수 있다. 잠이 부족하면 비만으로 발전할 확률이 높은데, 그로 인해 사회적 교류가 줄어들고 스크린을 보는 시간이 더 늘어나게 된다. 한마디로, 악순환에 빠질 수 있다.

아동의 수면을 개선하는 방법에는 매일 밤 같은 시각 잠자리에 들기, 빛을 차단해서 수면을 유도하는 침실 환경 만들기, 기분 좋은 온도 유지하기, 긴장을 풀고 전자기기의 스위치를 끄는 등 잠자리 루틴 만들기, 카페인 섭취 줄이기, 24시간 리듬을 정상화하기 위해 매일 시간을 내서 운동하고 햇빛 쬐기 등이 있다.

영양

영양은 아이들의 신체건강에서 빼놓을 수 없는 측면이다. 균형 잡히고 영양가 있는 식단은 아동의 성장과 발달에 중요한 역할을 한다. 어려서부터 다양한 식품군이 혼합된 음식을 먹으면 장기적 습관으로 자리 잡아 심장병과 제2형 당뇨병 같은 만성 질환을 피할 수 있다. 영양가 있는 식단은 또한 오늘날 아이들 사이에서 점점 증가하는 비만을 막는 데에도 도움이 된다.

알파 세대의 부모들은 어린 시절부터 현재까지 아이들의 건강이 어떻게 변해왔는지 직접 지켜봤다. 앉아서 생활하는 시간이 늘면서 아동 비만이 늘었으며, 식품 알레르기가 증가하면서 특정 물질에 대한 과민 반응이나 특별 식이요법에 관한 인식이 높아졌다. 이들은 이전 세대보다 영양학적으로 더 많은 것을 알고, 자녀에게 더 건강한 식단을 제공한다. 자신부터 유기농 식품 등 건강에 좋은 식습관을 추구하고, 고기를 덜 먹고, 술을 마시지 않으며, 식품 표기를 더 꼼꼼히 읽음으로써 인공 첨가물을 피하려고 노력한다. 오늘날 여성들은 임신을 하면 태아를 고려해 영양가를 더 많이 따지고 계획적으로 섭취하는데, 단지 '술을 마시지 않고 부드러운 치즈를 먹는' 방식에서 아기의 성장을 가장 잘 뒷받침할 음식을 선택해 먹는 방식으로 확장됐다. 아기가 태어난 후에는 심지어 일하는 엄마들까지 모유 수유를 택하는 경향이 강해졌고, 아기가 고형식으로 넘어갈 때는 가공된 유아식에 의존하지 않고 천연 식품으로 준비한다.

또한 슈퍼마켓에는 훨씬 다양한 음식이 있고, 라벨 표기가 분명하며, 건강에 관한 평점을 나타내는 별 표시와 알레르기 유발 항원이 없는 식품이 늘어나 부모들이 이런 방향으로 움직이도록 뒷받침한다. 심지어 초콜릿과 같은 '특별 간식'의 포장지에도 1회 분량의 영양 표기가 돼 있다. 패스트푸드 매장에서도 건강에 좋은 메뉴들을 제공한다. 예를 들어 맥도날드에서는 후식으로 잘라놓은 사과를 팔고, 아이들을 주 고객층으로 하는 해피밀에서는 인기 높던 플라스틱 장난감을 제외했다.

세상이 점점 더 디지털화될수록 야외로 나가 운동하고, 스크린 타임을 줄이며, 양질의 수면을 취하는 것이 중요하다. 어른들이 행동으로 모범을 보이면 알파 세대는 전반적인 건강과 웰빙에 기여할 습관을 자연스레 익히게 된다.

정신건강

정신건강은 우울증이나 불안 같은 임상적 질환이 없는 상태만 가리키지 않는다. WHO는 정신건강을 '모든 개인이 자기 잠재력을 깨닫고, 삶의 일상적인 스트레스에 대처할 수 있으며, 생산적이고 효과적으로 일하며, 자신의 커뮤니티에 기여할 수 있는 웰빙 상태'라고 정의했다. 그리고 이렇게 덧붙였다. '정신건강은 생각하고, 감정을 표현하고, 서로 소통하고, 생계를 유지하고, 삶을 즐기는 인간의 집단적·

개인적 능력에 필수적이다. 그러므로 정신건강의 촉진, 보호와 회복은 전 세계적으로 개인과 공동체 및 사회에 극히 중요한 관심사다.'

정신건강은 모든 개인의 삶에서 관리와 돌봄과 도움이 필요한 요소이며 학교와 직장의 커뮤니티에서 관심이 점점 커지고 있다. 정신건강과 웰빙에서 마주치는 어려움은 사회적 지위, 성별, 종교, 재정 상태에 따라 다르지 않다. 호주의 국가 건강 자문 서비스 헬스 다이렉트Health Direct에서는 정신건강 문제나 정신 질환 증상의 예를 다음과 같이 정리했다. '불안, 우울증, 특이한 생각, 지나친 분노, 집중력이나 기억력 저하, 환청, 수면 시간의 증가나 감소, 식욕의 증가나 감소, 의욕 부족, 대인 기피, 약물 사용, 살 가치가 없다는 생각 또는 자살 충동, 한 가지 주제에 보이는 집착, 개인위생이나 책임에 소홀함, 직장이나 학교에서의 수행 능력 저하.' 대부분 사람은 이 중 적어도 하나 이상을 가볍게 겪어봤을 것이다. 하지만 건강한 정신이란 개인이 '삶의 일상적인 스트레스에 대처할 수 있는 상태'라고 한 WHO의 설명을 명심하는 것이 좋다.

현재 15~19세 아이 4명 중 1명이 심각한 정신 질환의 기준을 충족하고 있다. 더욱이 비율이 점차 증가하고 있다는 것은 상당히 걱정스러운 일이다. 데이터에 따르면 최근 5년간 20% 이상 증가했다. 영국의 의학 저널 〈랜싯Lancet〉에 실린 연구 결과에 따르면, 전 세계 10~24세 인구의 질병 중 정신 질환이 45%를 차지한다고 한다.

부모들은 다음 세대의 정신적 웰빙이 중요하다는 사실을 인식하고 있다. 포커스 그룹의 한 부모는 이렇게 말했다. "자기 관리와 정신건강 같은 것들이 우리 아이들에게 엄청나게 중요해질 것으로 봅니다. 비판적 사고와 연민 다음으로 그것을 중요하게 여겨야 한다고 생각해요.”

코로나19가 정신건강에 미친 영향

코로나19는 신체건강만이 아니라 정신건강과 웰빙, 회복력에도 큰 영향을 미쳤다. 사회적 고립으로 가장 크게 영향을 받은 것이 무엇이냐고 물었을 때 Z세대는 지루함(51%), 신체적 활동 감소(47%), 늘어난 외로움(41%)을 가장 많이 느꼈다고 답했다. 각각의 수치가 다른 세대보다 상당히 높았다. 그들은 또한 늘어난 스크린 타임을 부정적 영향으로 인식하는 것으로 보였다. Z세대의 거의 절반(49%)이 코로나19의 확산으로 불안감을 느낀다고 답했고, 4명 중 1명(25%)은 코로나19의 가장 부정적인 영향이 정신건강과 관련 있다고 답했다. 이 수치 역시 다른 세대보다 높았다.

또한 어린 세대로 갈수록 코로나19가 알파 세대의 정신건강에 부정적인 영향을 미칠 것으로 생각하는 경향이 더 강했다. 설립자 세대 48%, 베이비붐 세대 50%, X세대 69%에 비해 Y세대는 71%, Z세대는 88%에 달했다. 현재 생존하고 있는 여섯 세대가 코로나19라는 전례 없는 어려움을 모두 경험했지만, 어린 세대는 폭넓은 판단 기준이 형성되지 않은 시기에 경험했기 때문에 불안감이 커졌다고 답한 것이다. 하지만 이 불안감의 이유가 오로지 코로나19만은 아니다. 이들은 이전에도 ‘더 불안정한’ 세대였다. 미국 심리학회가 해마다 발행하는 〈미국의 스트레스Stress in America〉 보고서에 따르면, 코로나19 이전에도 Z세대 성인들은 다른 인구 집단보다 평균 스트레스 수치가 더 높았다.

왜 정신 질환이 증가하는가

정신 질환으로 진단받는 젊은이가 갈수록 증가하는 것을 보면, '왜?'라는 질문을 하지 않을 수 없다. 사람들이 정신 질환으로 고통받는 이유 중 개인적 요인으로는 성격, 가정과 가족의 상황, 개인적 트라우마 병력 등이 있다. 또 다른 요인은 변화하는 시대를 더 많이 보여주는 것으로, 오늘날 학생들이 직면한 다양한 압박, 변화와 기술 발달의 빠른 속도, 정신 질환에 대한 인식 확산 등이 이에 속한다.

심리학자이자 교사, 강연자인 콜레트 스마트Collett Smart가 Z세대와 알파 세대에게서 정신 질환이 늘어난 이유를 들려줬다. 우선 정신건강 문제가 더 이른 나이의 아이들에게 발생하고 있지만, 그것을 단지 기술 탓으로 돌리는 것은 지나친 단순화라고 지적했다. 그녀는 인터뷰에서 이렇게 말했다. "아이들이 엄마 배 속에서부터 아이패드나 태블릿을 갖고 나오는 것처럼 보이지만, 어떤 사람이 아이패드나 아이폰을 갖고 있다는 이유만으로 불안 장애가 있다고 말하는 것은 부당합니다. 그건 사실이 아니에요. 저는 '당신의 자녀가 오프라인에서 연약하다면, 온라인에서도 연약할 겁니다'라고 자주 말합니다. 외롭고, 불안하고, 우울증을 겪는 아이들이 오히려 기술로 자가 치료를 하곤 하죠."

안도감과 안정성: 콜레트 스마트는 가족 붕괴와 불안감의 정도에 상관관계가 있다고 말했다. "아이들에겐 안정된 기반이 필요하죠. 당연하게도, 구조가 빈약하면 상당한 영향을 받아요. 걸핏하면 불안해하는 아이에게 엄마 집과 아빠 집, 두 집에서의 삶을 관리해야 하

는 요소까지 더해진다면 아무리 부모를 사랑하더라도 힘들 수밖에 없죠. 예를 들어 '내 교복이 엄마 집에 있나, 아빠 집에 있나?', '내가 화요일에는 아빠 집에서 금요일에는 엄마 집에서 지내게 된다면, 토요일에 가는 야구 클럽 장비는 누구 집에 둬야 하지?' 같은 고민을 하게 되니까요."

부모가 함께 살더라도 변화하는 환경이라면, 아이는 불안감을 경험할 수 있다. 불안해하는 아이로 키우지 않으려면 안정적인 환경을 만들어 안도감과 안정성을 구축해야 한다.

행동 관리: 에너지가 넘치는 아이는 수업을 받으려고 자리에 가만히 앉아 있기가 힘들 수 있다. 이런 아이에겐 '수업에 방해가 되고, 비협조적이며, 나쁜 선택을 하기 쉬운 아이'라는 꼬리표가 붙기 쉬운데, 이는 태도의 문제가 아닐지도 모른다. 오늘날 부모나 교사들은 자폐 스펙트럼과 주의력결핍과잉행동장애ADHD를 훨씬 더 깊이 인식한다. 자폐증은 사회적 상호작용과 의사소통에 어려움이 있고, 사고와 행동 패턴이 제한적이거나 반복적이라는 특징이 있다. ADHD는 뇌 발달에 차이가 있을 때 존재하는 의학적 질환으로, 집중하는 능력과 가만히 앉아 있는 능력이 부족한 것이 특징이다. 이런 행동들은 과학적으로 설명되기 때문에 부모가 자책할 일이 아니다.

우리가 인터뷰한 심리학자들은 이런 질환을 위한 약물 치료가 아이들의 삶을 바꾸고, 학교에서 집중하도록 도움을 줄 수 있다고 강조한다. 연구 결과 이전 세대에 비해 알파 세대의 처방이 엄청나게 늘었음이 밝혀졌는데, 우리와 이야기한 교사들도 이를 직접 목격하고 있다고 말했다. 더 넓은 맥락에서 행동을 관리하기보다 약물 치료에 성급히 의존한다고 우려하는 사람도 있다. 한 초등학교 교사는 이렇게 말했다. "요즘에는 대부분 아이가 전문가의 치료를 받는 것 같아요. 그런데 제가 보기에 어떤 아이들의 행동은 문제라기보다는 단지 성장 과정의 일부가 아닌가 싶어요. 부모들은 문제 행동에 이름표를 붙이고 빨리 조치를 취하고 싶어 하지만요." 다만, 많은 임상의와 부모들은 아이가 계속 어려움을 느끼면 전문가에게 데리고 가서 약물 치료를 받는 것이 좋다고 말한다. 치료를 받고 나면 자녀의 학업 수행 능력과 집중력이 확연히 달라지기 때문이다.

알파 세대와 정신건강

다음 세대에 널리 퍼진 정신건강 문제가 학교와 가족, 커뮤니티, 사랑하는 이들에게 상당한 난제로 떠올랐다. 그런데 한편으로 정신 질환이 감추고 부끄러워하면서 조용히 고통받아야 하는 문제가 아니라 공공연하게 자주 토의해야 하는 문제라고 인식하게 됐다는 점은 긍정적이다.

우리가 스스로 웰빙 상태를 확실히 유지하는 것뿐 아니라 조용히 몸부림치고 있을지도 모를 가족, 친구, 동료, 아이들을 찾아보는 것도 매우 중요하다. 알파 세대의 부모와 양육자, 이모와 삼촌들은 그들이 직면한 어려움을 완화하는 것은 물론이고 그들이 번성하도록 돕는 중요한 역할을 할 수 있다. 아이들이 지지받고 사랑받는다고 느낄 수 있는 건강한 가족 관계, 아이들의 학교생활과 친구 관계가 어른들의 관심 대상이 되는 가족 관계는 아이의 긍정적인 정신건강에 도움이 된다.

알파 세대가 태어나기 1년 전인 2009년, 개빈 라킨Gavin Larkin이라는 남자가 호주에서 비영리 자살 예방 단체인 'R U OK?'를 조직했다. 그 단체는 '괜찮아요?are you okay?'를 슬로건으로 내세우고 사람들에게 남들과 대화하라고 설득한다. 매년 9월의 두 번째 목요일을 'R U OK? 데이'로 지정해 감정적으로 불안정한 사람들과 관계를 맺고, 사회적 고립을 고심하며, 커뮤니티의 결집을 촉진하라고 장려한다.

R U OK? 데이와 모벰버Movember(11월 한 달 동안 수염을 기르면서 남성들의 정신건강에 관한 의식을 높이고 기금을 마련하는 행사) 같은 캠페인은 정신건강에 관한 주제를 공공 토론의 장으로 불러왔다. 부모들은 이를 알파 세대가 자라나고 있는 세상에 긍정적인 일로 여기고 있다. 알파 세대 자녀를 둔 한 엄마는 이렇게 말했다. "오늘날의 세상에서 우리는 정신건강과 행복의 가치와 얼마나 중요한지, 그것이 어떻게 삶의 모든 영역을 개선하는지를 깨닫고 있다고 생각해요. 정신건강과 연민을 가치 있게 여기고, 그 중요성을 인식해야 해요. 전에는 사람들이 정신건강을 도외시했는데, 이제는 그 오명이 일부 벗겨지고 있어요. 정신건강은 오늘날 사회에서 가치를 더 많이 인정받고 있죠."

건강과 웰빙의 어려움

건강과 웰빙이라는 면에서 알파 세대가 직면할 가장 큰 어려움은 무엇일까? 새로 떠오르는 세대가 완전히 새로운 상황에서 자라나고 있다는 것은 아이들에게 괴롭힘, 우정, 성취의 압박 같은 오래된 어려움과 더불어 기술이 주는 어려움도 있음을 암시한다. 기술의 영향은 많은 면에서 이전 세대가 접하지 못했던 방식으로 기존의 어려움을 더 키울 수 있다. 어려움에 대응하도록 돕기 위해서 부모와 리더들은 그들을 먼저 이해해야 한다. 부모와 교사들을 대상으로 한 우리의 연구에서 다음 세대에게 가장 큰 어려움은 괴롭힘, 정신적 웰빙, 학업 성취에 대한 압박, 업에이징을 둘러싼 문제들인 것으로 분석됐다.

요즘 초등학생들이 겪는 어려움 Top 5	
부모들의 응답 (매우 힘들다고 생각하는 비율)	교사들의 응답 (매우 힘들다고 생각하는 비율)
대면 괴롭힘(50%)	소셜 네트워크를 통한 온라인 괴롭힘(60%)
소셜 네트워크를 통한 온라인 괴롭힘(48%)	더 빨리 성장해야 한다는 압박(58%)
정신적 웰빙 관리(43%)	공부를 잘해야 한다는 사회적 압박(54%)
공부를 잘해야 한다는 사회적 압박(42%)	정신적 웰빙 관리(51%)
더 빨리 성장해야 한다는 압박(42%)	외로움과 사회적 고립에 대처하기(51%)

요즘 교사들은 교실 밖에서 발생하는 온라인 괴롭힘에 대처하기가 어렵다고 생각한다. 그리고 이런 괴롭힘이 학생들의 회복력에 영향을 미친다고 믿는다. 한 교사는 이렇게 말했다. "학생들이 뭔가를 게시한 후 하는 생각은 '이 게시물이 '좋아요'를 얼마나 많이 받을 수 있을까? '좋아요'가 많이 달리지 않으면 게시물을 삭제해야 할까?'입니다. 또래 압력은 항상 있었지만, 지난 10년간 아이들 사이에서 엄청나게 증폭됐어요. 아이들의 회복력은 또래 친구들이 어떻게 응답하는지에 따라 증폭되기도 하고, 손상되기도 합니다."

"오늘날 우리는 어느 때보다 더 많이 연결돼 있지만, 이렇게 외로웠던 적도 없습니다. 인간답다는 것은 관계를 맺는다는 의미인데, 소셜 미디어는 지금 인류 최악의 특징인 반사회적 측면을 심화합니다. 우리는 괴롭힘과 같은, 웰빙을 위협하는 기술에 대처해야 합니다." - 토니 조지Tony George, 킹스스쿨 교장

오늘날의 젊은이들이 예전보다 회복력이 부족하다는 것은 공통된 걱정거리다. 그러나 복잡하고 불확실한 세계에서 학생들이 역경을 극복하는 모습을 자주 본다는 교사도 드물지 않다. 이는 직면하는 어려움이 더 커지면서 학생들의 회복력도 커졌음을 의미한다. 한 선생님은 이렇게 말했다. "저는 회복력을 역경에 대응하는 방식이라고 정의합니다. 커다란 고난에 처했을 때 거뜬히 이겨내는 아이들을 지금까지 수없이 봤습니다."

오늘날 교사들은 학생들이 회복력을 키우도록 돕고 있다. 그들은 이런 노력이 학습에 포함돼 아이들이 경험을 통해 배울 때 가장 효과적임을 발견했다. 시드니에 있는 호주기독교대학 학장인 브렌던 코어Brendan Corr는 이렇게 말했다. "아이들이 회복력의 원리를 이해하거나 체크리스트를 보며 실행할 수 있는 정신적 훈련 요령을 가르치려는 것이 아닙니다. 우리는 아이들이 자기를 이해하고 전체를 보는 시각을 가질 수 있도록 진정한 경험을 쌓게 하는 데 집중합니다."

윌리엄클라크대학 학장인 스콧 마시Scott Marsh 박사는 학생들이 리더십과 회복력을 쌓을 수 있는 야외 프로그램을 시행하고 있다. 그는 말했다. "우리 사회가 얼마나 위험을 회피하고 있는지와 젊은이들의 회복력 부족, 점점 늘어나는 정신건강 문제가 제게 큰 걱

정거리입니다. 저는 우리가 지나친 복종의 시대와 지나친 위험 최소화의 시대를 살고 있다고 생각합니다. 우리 아이들은 모험을 시도하고, 바깥으로 나가고, 스스로를 밀어붙이며, 무엇이든 할 수 있다는 사실을 깨달아야 합니다. 그래서 우리는 등산을 하고 카누를 타는 6일간의 야외 교육 프로그램을 운영합니다. 힘들어하는 학생도 일부 있지만, 마지막에는 끝까지 해낸 아이들을 함께 축하합니다. 우리 목표는 아이들이 학습이나 친구들과의 어려움 등 삶의 다른 영역에도 그 회복력을 적용할 수 있게 하는 것입니다."

기술이 웰빙에 미치는 영향

기술은 우리의 삶과 웰빙에 많은 긍정적인 변화를 불러왔다. 인터넷의 발명은 전 세계에 있는 가족 및 친구들과 연결하고, 클릭 한 번 또는 터치 한 번으로 어떤 정보든 얻을 수 있게 했다. 소셜 미디어는 수천 킬로미터 떨어져 사는 사랑하는 이들과 우리 삶의 모든 면을 공유할 수 있게 해줬다.

코로나19 위기에 학교와 기업들은 줌을 비롯한 디지털 회의 기술을 받아들여 큰 효과를 거뒀다. 대부분 사람은 고립의 시기에 그렇게라도 연결될 수 있어서 고마워했지만, 한편으로는 가상회의에 한계가 있다는 것도 명백해졌다.

많은 이익과 더불어 기술은 우리에게, 특히 우리의 웰빙에 독특한 어려움도 불러왔다. 기술은 사적 생활과 공적 생활의 경계, 학교와 집의 경계, 일과 휴식의 경계를 흐리게 했다. 우리는 스위치를 끄거나 주변의 물리적 세계에 집중하거나 모임에 참석하기가 어려워졌다. 인스타그램과 스냅챗 같은 소셜 미디어 플랫폼의 온라인 커뮤니티는 사람들의 삶에 관해 많은 정보를 주고 있어서 우리는 자기 삶을 살기보다 다른 모두의 하이라이트 영상과 자기를 비교하느라 너무 많은 시간을 쓰게 됐다. 인터넷과 소셜 미디어는 커뮤니티를 더 쉽게 연결하지만, 소외감을 느끼게 하고 남들과의 비교를 부채질하면서 건강과 웰빙에 부정적인 영향을 미친다. 흥미롭게도 베이비붐 세대와 X세대 중 많은 이들이 소셜 미디어에서의 무분별한 활동을 볼 때 포모가 아니라 오히려 조모JOMO(소외된 즐거움)를 느낀다고 말했다!

우리의 비교 문화와 스위치를 끌 수 없는 상황이 삶의 다른 압박감이나 스트레스와 결합하여 우리와 다음 세대의 정신건강과 웰빙에 영향을 준다. 기술은 정신건강만이 아니라 신체건강에도 영향을 미친다. 우리는 더 많이 앉아 있고, 운동은 덜 한다. 또한 주당 근무 시간이 더 길어졌고 노년까지 일해야 한다.

새로 등장하는 세대가 자신들의 웰빙을 개선하게 돕고 기술이 그들의 삶을 점령하기보다 돕도록 보장하려면, 부모와 리더들이 먼저 그런 습관을 들여야 한다. 역설적으로, 기술은 우리가 아이들의 스크린 타임을 통제하기 위해 사용하는 수단이기도 하다. 그런 기술의 예로는 스크린 타임을 감시하는 기능, 특정한 앱에 시간제한을 설정하거나 알림을 끄는 기능, 방해 금지 기능, 비행 모드 등이 있다. '스크린 없는 일요일'처럼 이메일이나 소셜 미디어를 확인하지 않는 날이나 주를 정하는 것, 식탁에 앉을 때는 기기를 한쪽으로 치워두는 것, 침대 옆에서 기기를 충전하지 않는 것 등이 도움이 될 만한 전략들이다.

학업 성취에 대한 압박

오늘날 젊은이들은 웰빙과 관련된 어려움과 장애를 너무나 자주 직면한다. 미션 오스트레일리아의 보고서에 따르면, 요즘 15~19세 학생들의 가장 큰 걱정은 스트레스(48%), 학교나 공부 문제(34%), 정신건강(33%), 신체 이미지(31%)였다.

우리 연구팀이 발표하는 〈교육의 미래Future of Education〉 보고서에서도 오늘날 아이들이 직면하는 압박 중 학문적으로 뛰어나야 한다는 압박에 관해 비슷한 결과를 내놓았다. 부모들은 점점 더 글로벌하게 연결된 세상에서 자녀를 반드시 성공시켜야 한다는 압박을 느끼고 있다. 최근 5년간 부모 중 3분의 2 이상(67%)이 자녀를 성공시켜야 한다는 압박감이 늘어났다고 말했다. 이는 종종 아이들에게도 전이되는데, 부모 중 거의 절반(49%)이 자녀에게 공부를 잘해야 한다는 압박을 너무 많이 주는 것 같다고 말했다. 교사 77%와 부모 60%가 오늘날 고등학생이 직면한 가장 큰 어려움으로 시험과 평가에서 뛰어나야 한다는 강한 압박을 꼽았다.

우리는 최근에 런라이프 바르셀로나Learnlife Barcelona의 공동 설립자이자 학습 관리자인 스티븐 해리스Steven Harris 박사와 인터뷰했다. 런라이프 바르셀로나는 개인적 목적 기반의 학습을 통해 기존 교육 모델의 변화에 속도가 붙기를 바라는 세계 최초의 학습 허브 네트워크다. 학생의 웰빙에 관해 그는 이렇게 말했다. "지난 5~6년간 정신건강 문제에서 상당한 퇴보가 있었습니다. 저는 언론 매체와 부모들이 평가와 시험을 지나치게 강조하는 경향과 전적으로 관련이 있다고 생각합니다. 부모들을 비난하는 것은 아닙니다. 대부분 부모는 아이들이 어떤 교육 시스템으로 배우고 있는지 잘 모르니까요. 그래서 우리는 이 모든 것에 온 힘을 쏟아 연구하는 것이 유일한 방법이라고 계속 설득하고 있습니다. 지난 5년간 불안증으로 시달리는 아이들의 숫자가 확연히 늘었습니다. 불안증은 아이들을 심각한 불안증이나 심각한 우울증에 빠뜨리기도 합니다."

학업 압박은 대체로 고등학생들 사이에서 더 강하지만, 심지어 초등학생들에게서도 보인다. 부모 중 42%와 교사 중 54%가 공부를 잘해야 한다는 사회적 압박을 알파 세대가 직면한 어려움으로 여겼다. 한 부모는 이렇게 말했다. "아홉 살짜리 딸이 개인적인 일들과 학교 시험 스트레스로 불안증 진단을 받았어요. 저는 제 아이들이 모든 게 시험이라고 생각하면서 학교생활과 삶을 헤쳐가기를 원치 않아요. 그래서 저는 공부를 잘해야 한다고 강조하지 않습니다. 월요일에 아이들에게 말하죠. '좋아. 너희는 주중에 숙제를 받을 테고, 언제까지 제출해야 하는지도 알게 될 거야. 숙제를 하지 않아 생기는 일은 모두 너희가 감당할 대가란다'라고요." 또 다른 부모는 "저는 어떤 기준에 도달하라는 압박이 아이들에게는 어려운 과제라고 생각해요"라고 말했다. 한 초등학교 교사는 이렇게 말했다. "아이들이 해야 할 일들이 너무 많아요. 우리가 아이들에게 너무 많은 스트레스를 주고 있다는 점을 주목해야 합니다. 저는 교육이 스트레스를 불러온다고 생각합니다. 아이들은 학업을 수행하고 성취해야 한다는 압박감을 느껴서 평가 시기가 되면 자기가 부족하다는 느낌을 받을 수 있습니다."

부모와 교사들은 모두 의도적이든 아니든 다음 세대에게 가해지는 압박감을 잘 알아야 한다. 한 부모는 우리에게 딸이 성적에 중점을 두는 유치원에 다녔을 때의 이야기를 들려줬다. "그 유치원은 대입 준비 과정 같았어요. 소꿉놀이도 없고, 장난감도 전혀 없었어요. 어느 날 딸이 생일에 유치원 친구들을 초대하고 싶지 않다고 하더군요. 그래서 아이의 사회생활이 걱정된 저는 놀이 시간에 유치원에 가봤어요. 그때가 아이들이 어울려 놀 수 있는 유일한 시간이었죠. 수업 시간에는 다른 아이들과 말하는 것이 허용되지 않았고, 말을 하면 벌을 받을 테니까요. 제 눈에는 아이들이 친구를 사귀기 어려워하는 모습이 분명히 보였는데, 유치원에서는 아무도 관심을 두지 않았어요. 며칠 동안 관찰해보니 딸은 한 무리의 아이들에게 쫓기거나, 아니면 무리의 맨 앞에서 다른 아이들을 쫓고 있었어요. 내 딸이 여기서 이렇게 끔찍한 행동을 배우고 있었구나 하는 생각이 들더군요. 그 유치원은 공부에만 지나치게 집중했어요. 마치 '사회·정서적 문제는 집에서도 배울 수 있잖아요'라고 생각하는 것 같았죠. 결국 저는 딸을 거기서 데리고 나왔어요. 아이가 지금 다니는 유치원은 좋아해요. 전에는 유치원 가는 것을 많이 불안해하면서 매일 울었는데, 지금은 '다녀올게요, 엄마'라고 말하면서 뛰어가요. 저는 사회적·정서적 문제에 더 큰 초점을 두는 것이 좋아요. 그걸 학업과 분리하거나 덜 중요하다고 여기는 것은 아이들에게 해롭다고 생각해요."

온라인에서 아동의 안전과 보안

"저는 어릴 적에 일부러 흙탕길로 자전거를 타고 다녔어요. 또 토요일에는 아침 8시부터는 부모님이 집에 안 계셔서 친구 집에서 자고 일요일 저녁까지 놀다 오곤 했어요. 하지만 지금은 달라요. 우리 아이들을 절대 저처럼 키울 수가 없어요. 얘들아, 너희는 공원에서 친구들하고 놀 수조차 없어. 미안해." - 알파 세대 자녀들을 둔 엄마

최근 부모들은 자녀의 안전에 관한 걱정이 늘었다. 아이가 친구들과 공원이나 거리에서 돌아다니는 것을 걱정한다. 사회가 예전만큼 아이들에게 안전하다고 여겨지지 않기 때문이다. 온라인에서의 안전도 걱정거리다. 그러나 매우 어린 나이부터 기술이 통합된 삶은 안전에 관해 긍정적인 측면도 있는데, 오히려 아이들의 신체적 안전을 강화할 수 있다. 예를 들어 아이가 스마트폰을 가지고 있다면 연락하기도 더 쉽고, 추적할 수도 있지 않은가. 엄마인 크리스털은 말했다. "저는 딸이 스마트폰을 갖고 있기 때문에 밖에 나가 노는 것을 어느 정도 허락해요. 제게 '친구 찾기' 앱이 있어서 딸이 정확히 어디에 있는지 확인할 수 있고, 언제든 전화할 수 있으니까요."

많은 부모가 자녀에게 집 밖에서 혼자 또는 친구들과 놀도록 자율권을 주는 유일한 이유는 아이들의 스마트폰 위치를 추적할 수 있기 때문이다. 아이들이 탄 버스나 기차, 우버 택시는 실시간으로 감시할 수 있고, 아이들은 언제든지 문자를 보내 괜찮다고 확인시켜줄 수 있다. 오늘날 부모들에게 진짜 걱정거리는 온라인에서 어떻게 아이들의 안전을 지키느냐다.

알파 세대 자녀를 둔 어느 엄마는 이렇게 말했다. "아들에게 휴대전화가 필요하다고 생각되는 날이 언젠가는 오겠지만, 저는 아들이 그걸로 뭘 할지가 두려워요. 아마 이런 상황이 벌어질 것 같아요. 아들이 아이패드로 게임을 하고 있는데, 뭔가가 팝업창으로 뜨면

서 설치하라고 하겠죠. 제가 나중에 아들이 다운로드한 걸 확인하다가 묻겠죠. '이걸 왜 다운로드했니?' 아들은 아마 '그냥 재미있어 보였어요'라고 대답할 거예요. 아이들이 무엇이든 너무 쉽게 다운로드할 수 있다는 점이 사실 꽤 무서워요."

오늘날 부모들은 과거에는 자녀가 보고 있는 것이 마음에 들지 않더라도 그것에 관해 대화를 나눌 수 있었다고 말한다. "하지만 요즘 아이들은 유튜브에 뜨는 것들이 무엇인지 일일이 얘기하지 않아요. 그게 정말 무섭죠"라고 한 엄마가 말했다. 또 다른 엄마는 이렇게 말했다. "한번은 아들들이 유튜브를 보고 있는데, 고대 그리스에 관한 열 가지 흥미로운 사실이 주제더군요. 옆에서 가만히 들어보니, 그중 세 가지는 지나치게 단순화됐더라고요. 그처럼 잘못된 인상을 심어주는 방식으로 설명하는데도, 아이들에게는 비판적 기술이나 철저한 검토 능력이 없어요. 아이들은 인터넷상에 존재하는 무작위의 낯선 사람들에게 이것저것을 배우고 있죠. 저는 부모와 선생님이 아이들과는 다른 시대에 성장했기 때문에 그들에게 다가가서 낯선 사람을 그냥 믿으면 안 된다고 어떻게 말해야 할지를 모른다고 생각해요. 아이들만의 세상이니까요."

'괴롭힘을 과거의 역사로 만들자Make Bullying Histor'라는 자선단체의 CEO이자 공동 설립자인 브렛 머리Brett Murray는 정체성과 자존감의 관점에서 봐야 한다며 이렇게 이야기했다. "아이들은 온라인 행동을 통해 정체성을 형성합니다. 매우 친한 친구를 3~5명 이상 사귈 만큼의 정서적·관계적 능력을 갖추고 있는 사람은 많지 않아요. 하지만 아이들은 페이스북 친구가 수백 명이 되지 않으면 자기의 가치가 덜하다고 생각해요. 우리는 그런 생각이 옳지 않다고, 그들이 네 친구가 아니라고 말해야 해요. 그들은 그냥 숫자일 뿐이라고요. 기술과 관련된 문제에서 가장 큰 열쇠는 부모의 개입입니다. 부모들은 보모를 따로 두고 아이를 맡김으로써 자신의 의무를 게을리했어요. 그 보모가 스크린입니다. 한때는 TV였다가, 이제는 태블릿이 됐죠. 부모의 역할을 스크린에 떠넘긴 셈이에요. 아이들이 약물을 복용하거나, 공공 기물을 파손하거나, 수업을 빼먹지 않는 한 부모는 괜찮다고 생각하죠. 뇌가 발달하는 이 단계에서는 아이들이 온라인에서 본 해로운 콘텐츠를 그대로 받아들인다는 걸 모르니까요.”

알파 세대가 처한 기술적 위험을 관리할 4단계 접근법을 추천한다. 우리는 4단계의 앞 글자를 따서 'DCBA'라고 부른다.

기술 사용에 관한 DCBA 접근법

미루고 제한하기 Delay and limit: 아이가 자기만의 기기를 갖는 나이를 최대한 미뤄라. 기기를 사달라고 떼쓰는 아이와 실랑이하는 것은 힘든 일이겠지만, 자녀가 10대가 될 때까지 미룰 수 있다면 훨씬 나을 것이다. 기기를 사주는 대신 부모나 그 외 가족 구성원의 기기를 아이에게 빌려준다면 언제, 얼마나 오래 사용할지를 더 수월하게 제한할 수 있다.

가치관을 소통하기 Communicate values: 부모는 남들과 소통할 때 무엇을 보거나 평가하는지, 자신이 인정하는 가치관은 무엇인지를 자녀에게 분명히 말하고 계속 강화해야 한다. 이 강한 가치관을 습득해서 자기만의 특성을 계발할 때, 아이들은 온라인에서 어디에 접속할지를 더 현명하게 선택할 수 있을 것이다. 무엇이 허용되고, 허용되지 않는지뿐만 아니라 그 이유까지 소통하는 것이 중요하다.

행동 전략 Behavioural Strategies: 부모는 자녀가 기기 사용법을 익히게 하고, 스스로 모범이 되어 자녀가 기술을 도구로 사용하도록 도와야 한다. 개인정보를 설정하는 것부터 가입할 집단과 네트워크를 신중하게 선정하는 것, 충동을 조절하는 것, 오프라인 활동에 노력을 쏟는 것과 같은 행동 전략이 이 세대가 미래를 준비하는 데 도움이 될 것이다.

책임Accountability: 부모들은 자신이 인터넷 계정의 소유자라는 것을 기억해야 한다. 부모가 통신비를 지불하고 기기를 소유하고 있으므로, 인터넷 사용에 대한 책임이 있다. 또한 부모로서 자녀가 번성하는 모습을 봐야 할 의무도 있다. 아이들이 자신의 인터넷 사용에 책임을 지도록 하는 것이 이 의무의 중요한 부분이다. 이 의무를 다하기 위해 어떤 이들은 자녀들이 방문한 사이트와 소셜 미디어에 올린 게시물들을 감시하기도 하고, 또 어떤 이들은 자녀들이 기술과 소셜 미디어를 어떻게 사용하는지 함께 확인하기도 한다.

빠른 성장

앞에서 살펴본 대로, 부모와 교사들은 기술 때문에 알파 세대가 필요 이상으로 일찍 조숙해진다고 걱정하고, 이런 현상이 그들의 웰빙에 부정적인 영향을 미칠까 봐 걱정한다. 교사 중 거의 절반(48%)과 부모의 5명 중 1명(20%)은 업에이징이 알파 세대의 번성에 장애라고 생각한다. 이와 일치하게도, 10명 중 거의 9명의 부모(87%)와 교사(90%)가 아이들이 너무 일찍 순수함을 잃어버린다고 걱정한다. 그러면서 부모(79%)와 교사들(84%)은 아이의 순수함을 보호해야 할지, 아이들에게 안전을 가르쳐야 할지를 고심한다.

한 초등학교 교사가 말했다. "아이들이 자라기에 혼란스러운 세상인 것 같아요." 또 다른 교사는 이렇게 말했다. "Z세대가 유튜브를 보면서 자랐다면, 알파 세대는 유튜브가 아예 보모나 마찬가지예요. 이 아이들은 소셜 미디어에 집중하고, 얼마나 많은 사람이 자기 게시물에 '좋아요'를 누를지를 궁금해하면서 자라고 있어요. 또래 압력은 항상 있었지만, 지난 10년간 엄청나게 증폭됐어요. 회복력은 또래 압력 덕분에 드러나기도 하고 그것 때문에 파괴되기도 해요. 물론 발전하고 성공하는 아이들도 있지만, 또래 압력을 매우 걱정하고 그로 인해 무너지는 아이들이 훨씬 많죠. 저는 소셜 미디어와 또래 압력이 과거보다 더 크고 더 부정적인 영향력을 지니고 있다고 생각합니다."

외로움

오늘날의 학교 커뮤니티에는 여러 장점이 있지만, 그럼에도 많은 아이가 외로움과 고립감을 느낀다. 교사 67%와 부모 49%가 요즘 고등학생들이 외로움과 사회적 고립을 헤쳐나가기가 극히 어렵다고 생각한다. 교사의 51%와 부모의 40%가 답한 데서 알 수 있듯이, 정도는 덜할지라도 오늘날의 초등학생 역시 같은 어려움을 겪는다.

불행히도 호주의 부모들은 학교에서 외로움이라는 난제가 계속될 것으로 예상한다. 부모의 3분의 1 이상과 교사 5명 중 2명은 학교 커뮤니티가 다음 12개월 동안 직면할 가장 중요한 과제가 학생의 외로움이라고 생각한다. 외로움이라는 문제는 코로나19로 훨씬 심각해졌다. 한 부모는 말했다. "온라인 학습은 꽤 긍정적인 측면이 있지만, 아들은 학교에서의 사회적 소통을 그리워해요."

긍정심리학 분야의 대가인 마틴 셀리그만Martin Seligman은 웰빙의 요소에 긍정적 감정과 참여, 의미, 성취, 긍정적 인간관계가 포함된다고 여긴다. 긍정적 인간관계에 관해 셀리그만은《플로리시》에서 이렇게 말했다. "고독에 긍정적인 면은 거의 없다. 당신이 마지막으로 배꼽이 빠지게 웃었던 적이 언제였나? 마지막으로 형언할 수 없이 기뻤던 적이 언제였나? 마지막으로 삶의 심오한 의미와 목적을 느꼈던 적이 언제였나? 나는 당신의 삶에서 이런 세부 사항을 알지 못하지만, 그 형태는 알고 있다. 그 모든 일은 다른 사람이 주변에 있을 때 발생한다. 다른 사람들은 삶이 침체할 때 최고의 해독제이자 유일하게 믿을 만한 존재다."

외로움은 21세기에 급속히 확산됐다. 린지 맥밀런Lindsay McMillan 박사와 공동으로 수행한 연구에서 우리는 호주인 중 거의 절반(48%)이 외롭다고 느낀다는 사실을 알게 됐다. 〈직장에서의 외로움 보고서Workplace Loneliness Report〉에서 맥밀런 박사는 외로움이 건강에 미치는 영향은 하루에 담배 15개비를 피우는 것과 같다고 말했다. 아이들에게 외로움은 스트레스 호르몬인 코르티솔의 수치만이 아니라 수면, 자기 관리, 자존감, 정신건강, 인생관에 영향을 미칠 수 있다. 아이들에게 외로움의 공통된 원인은 이사나 전학 같은 생활 방식의 변화, 이혼이나 형제자매가 집을 떠나는 등 가족 역학상의 변화, 친구들과의 다툼, 괴롭힘이나 지인의 사망이 있다. 기술의 원래 목적은 사람들을 연결하는 것이다. 그런데도 기술과 소셜 미디어와 게임이 대면 소통을 대신하면서 외로움의 원인이 될 수 있고, 비현실적인 기대 또는 소외되는 느낌을 만들어낼 수도 있다.

만약 어떤 아이가 평소와 다르게 부모와 떨어지려 하지 않거나, 많이 울거나, 평소보다 슬퍼 보이거나, 진짜 친구가 없어서 가상의 친구를 만들어내거나, 자신감 없이 행동하는 등 외로움의 증상을 보인다면 우리가 개입해서 도와줘야 한다. 이럴 때 부모와 양육자는 아이들과 얘기를 나누고, 놀이와 유대를 우선시하고, 팀 스포츠나 팀 활동처럼 남들과 친해질 기회를 찾고, 가족과 친구들을 위한 시간을 내고, 정신과 의사에게 자문해서 도울 수 있다.

학교에서의 웰빙

학교에서 웰빙 프로그램을 시행하는 트렌드는 시간이 지나면서 꾸준히 강화되고 있다. 우리의 최근 〈교육의 미래〉 보고서에 따르면, 지난 5년간 부모 5명 중 3명(60%)이 자녀의 학교가 학생의 웰빙을 지원할 것이라는 기대가 커졌다고 답했다. 2년 만에 12%p 상승한 수치로, 이 중 Y세대가 31%였고, X세대는 23%였다.

교사들은 학교 안에서 심지어 초등학교에서도 웰빙과 정신건강 문제에 관심이 늘어났음을 알고 있다. 초등학교 교사인 제스는 말했다. "제가 첫해에 맡았던 학급에서 임상심리사나 정신과 의사 같은 외부 전문가의 도움이 필요했던 아이들의 숫자와 지금을 비교해보면, 차이가 엄청나요. 그 이유가 진단 시스템이 바뀌어서 사회적으로 더 용인되기 때문이든, 사람들의 인식이 더 높아졌기 때문이든 말이죠. 진단을 받은 후 전문가에게 보내지는 아이들이 예전에는 반에서 한두 명이었지만, 지금은 거의 절반이나 되거든요."

고등학교 교사들도 그 차이를 알아차리고 있다. 한 교사는 "올해 확실히 더 많아진 것 같아요. 정신건강 문제가 있는 학생의 숫자가 기하급수적으로 늘었어요"라고 말했다. 또 다른 교사는 이렇게 말했다. "학생들의 정신 질환을 조심스럽게 다루기 위해 감성적 접근과 조언의 중요성이 훨씬 더 커졌습니다." 요즘 아이들은 자신의 정신건강에 관해 더 많이 알고 있고 그것을 말하는 데 개방적인 듯 보인다. 한 교사는 이렇게 말했다. "아이들은 자신의 정신건강 문제와 자기가 왜 그렇게 행동하는지를 더 잘 알고 있어요. 아이들은 그 문제에 개방적이고 선생님과도 솔직히 소통합니다."

이런 흐름에 따라 정신건강과 회복력, 웰빙에 집중하는 일이 교육 부문 내에서 주요 토론 주제가 됐고, 교사들이 도울 방법도 강조되고 있다. 한 교사는 말했다. "지난 10~15년간 교육은 정신건강을 화두로 삼는 것에서 정신건강을 다루는 방식으로 변화해왔어요. 교사로서 효과적으로 일하려면 정말 뛰어난 직관력을 갖추거나 상담 능력을 많이 훈련받아야 하는데, 저는 그것이 교육이 직면한 어려움이라고 생각합니다. 모든 학년에서 생활 전반에 걸쳐 정신건강 문제가 만연해 있으니까요."

대부분 부모는 학교가 웰빙을 전체적으로 관리하며 중요한 역할을 해야 한다고 생각한다. 문제는 학교의 역할이 어디까지냐는 것이다. 긍정적인 면은 부모와 교사들이 웰빙의 책임 문제에서 대개 관점이 일치했다는 것이다. 절반 가까운 비율의 부모들이 학교가 웰빙에 개별적인 지원을 해야 하지만, 때로는 외부 전문가에게 의뢰하기도 해야 한다고 생각한다. 교사들도 자신을 문제를 감지하는 첫 번째 책임자로 여기고, 이후 과정은 전문가에게 의뢰해야 한다고 생각한다. 한 교사는 말했다. "저는 우리가 가장 앞선 단계에서 문제를 식별하는 사람이라고 생각해요. 우리는 지속적인 문제 행동이 있거나 무슨 일이 일어나고 있다는 것을 제일 먼저 깨닫는 사람이므로, 그 정보를 부모님께 알리고 병원에 데려가 보라고 제안하는 것이 중요합니다. 만약 큰 사건이 학교에서 벌어진다면 문제 학생들은 학교 상담교사와 먼저 이야기를 나눠야 하는데, 그건 외부 도움을 받기 전에 환자를 분류하는 정도의 절차일 뿐이죠."

그러나 부모 중 4분의 1 가까이가 웰빙 문제와 관련하여 학교가 광범위한 개별 지원을 해야 한다고 생각하기에 학교는 어려움을 겪고 있다. 이번에도 Y세대 부모들이 이런 기대를 키워가는 듯 보인다. 학교가 웰빙 문제에 광범위한 개별적 지원을 해야 한다고 응답한 X세대 부모는 21%에 그쳤지만, 그렇게 생각하는 Y세대 부모는 28%에 달했다.

한 고등학생은 "저는 고등학교에 상담교사가 있는지도 몰랐어요"라고 말했다. 정신건강과 웰빙이 학교에서 어떻게 강조되는지 묻자 한 학생은 이렇게 대답했다. "그건 이제 더 학생 주도적인 일이 됐어요. 모든 학생이 'R U OK? 데이'에 리본을 받아요. 12학년•, 그러니까 졸업반 선배들이 처음 시작한 운동이죠."

한 교사는 말했다. "제가 학교 다닐 때랑은 어마어마하게 달라졌어요. 아이들은 정신건강에 관해, 그리고 삶에서 맞닥뜨리는 큰 문제들을 극복할 때의 회복력에 관해 이야기해요. 아이들은 그걸 묻어두지 않고, 힘들어하는 아이들을 괴롭히지 않아요. 정말 놀라운 광경이죠."

호주의 교육과정은 다음과 같다.
- 취학예비과정(Pre-Primary): 0학년(1년)
- 초등학교(Primary School): 1~6학년(6년)
- 중고등학교(High School): 7~12학년(6년)
- 기술전문대학(TAFE, Technical and Further Education): 2년
- 대학교(Tertiary Education, University): 3~6년

흥미롭게도, 학교가 맞닥뜨릴 미래의 어려움을 생각할 때 목록에서 1위를 차지하는 건 교육 이슈가 아니다. 부모들은 가장 중요한 문제로 괴롭힘에 대처하기(66%), 정신건강 질환이 있는 학생들 지원하기(52%), 읽기·쓰기 능력과 수리 능력 개선하기(49%)를 꼽았다. 교사들도 비슷하게 예상하지만, 첫 번째 어려움으로 정신건강 질환이 있는 학생들 지원하기(73%)를 꼽았다. 그다음으로 읽기·쓰기 능력과 수리 능력 개선하기(51%), 학습할 때 학생들 더 많이 참여시키기(47%)를 학교 커뮤니티가 직면한 중요한 난제로 꼽았다.

교장을 비롯한 교사들은 교육의 초점이 이동하고 있다고 생각한다. 시험을 위한 교육이 아니라 전인교육이 점점 더 중요해지고 있다는 얘기다. 게다가 학생들의 웰빙이 점점 더 화젯거리가 되면서 학생의 웰빙 문제에서 부모가 기대하는 학교의 역할이 학교로서는 버겁다고 느껴질 수도 있다.

시드니에 있는 킹스스쿨의 교장 토니 조지는 말한다. "아들을 킹스스쿨에 입학시키고자 하는 부모들은 대학 진학률을 바탕으로 학교의 순위를 보면서도, 실제로는 자녀가 어떤 사람이 될지를 바탕으로 학교를 선택합니다. 그건 학업이 중요치 않다는 뜻은 아닙니다. 학업에서 뒤처지면 학생들이 다 떠나버릴 테니까요. 그래서 저는 학문적 우수함은 필요하지만, 그것만으로는 좋은 교육에 충분치 않다고 말합니다."

학교는 이런 힘든 문제에 잘 대응하고 있지만 여전히 개선의 여지가 있다. 부모들은 자녀의 학교가 건전한 교육을 하는 것은 물론이고, 학교에 다니는 내내 자녀의 웰빙을 뒷받침해주기를 점점 더 많이 기대하고 있다.

괴롭힘

학교에 다니는 것은 많은 이들이 공유하는 필수 경험이다. 학교는 대부분 사람이 통과해야 하는 관문이니 말이다. 학교 시설과 교과과정, 교습법, 훈련법이 꾸준히 향상되고 있지만 괴롭힘은 호주의 학교에서 여전히 심각한 문제다.

'괴롭힘을 과거의 역사로 만들자' 재단과 협력하여 다양한 학교에서 약 700명을 설문조사한 결과, 5명 중 4명이 자기 학교에서 괴롭힘이 심각한 문제라고 생각하는 것으로 드러났다. 부모와 교사 모두 괴롭힘이 학생들의 건강에 큰 영향을 미친다는 것을 인정했고, 특히 부모들은 이를 앞으로 10년간 학교 공동체가 직면할 가장 중요한 어려움으로 꼽았다. 안타깝게도 15~19세의 호주 학생 중 21%가 괴롭힘을 당한 적이 있는 것으로 나타났다. 이 중 80%는 괴롭힘이 초중등학교, 기술전문대학TAFE, 대학교에서 발생했다고 말했고 34%는 온라인이나 소셜 미디어에서 경험했다고 말했다. 비슷한 비율의 남성(82%)과 여성(79%)이 초중등학교, TAFE, 대학교에서 괴롭힘을 겪었다고 말했는데, 온라인이나 소셜 미디어에서 괴롭힘을 당했다고 말한 비율은 여성이 훨씬 높았다(여성 37%, 남성 27%).

초등학교 교사인 재스민은 이렇게 말했다. "웰빙 이슈가 대두하면서 기술이 괴롭힘과 그 비슷한 문제를 증폭시키는 듯하므로 우리는 그것에 대처해야 합니다. 5~6학년 학생들에게서 그런 문제를 확실히 볼 수 있는데요. 기술과 스크린 타임에 집착하고, 심지어 스크린 타임이 없으면 아무것도 하지 못하는 중독 증상까지도 간혹 보입니다."

또 다른 초등학교 교사인 어니타는 알파 세대가 어려서부터 소셜 미디어를 사용하기 때문에 교사와 학생들이 괴롭힘에 대처하기가 훨씬 힘들 수 있다고 말했다. "4학년을 가르칠 때였는데 학생들이 13세 이상, 그러니까 7학년 이상이어야 사용할 수 있는 스냅챗 같은 앱에 접속한다는 걸 알게 됐어요. 부모들이 자녀에게 계정을 갖게 해주자 괴롭힘이 교실까지 들어온 셈이죠. 그런 문제에 대처해야 하지만, 저는 아이들에게 이 앱을 사용하면 안 된다고 말하지 못해요. 그건 부모의 결정이니까요. 그래서 상황이 더 어려워지고 있어요."

과거에 괴롭힘을 경험했다는 응답자의 21% 중에서 71%가 언어 폭력(욕설과 놀림)을 당했다고 대답했다. 그리고 61%가 사회적 괴롭힘(소문, 창피 주기나 왕따)을 당했다고 답했고, 37%는 사이버 폭력(상처 주는 메시지와 사진, 댓글)을 겪었다고 답했다. 또한 22%는 신체적 괴롭힘(구타)을 당했다고 말했다. 성별 간의 차이도 눈에 띄었다. 사회적 괴롭힘과 사이버 폭력을 경험했다고 말한 비율은 여성이 높았지만, 신체적 괴롭힘을 당했다고 말한 비율은 남성이 훨씬 높았다.

'괴롭힘을 과거의 역사로 만들자'의 브렛 머리는 말했다. "저는 학생들에게 괴롭힘이라는 주제가 중요한 우선순위가 될 만큼 그들이 엄청나게 주의를 기울인다는 점을 알고 있습니다. 그리고 이 어린 세대가 스스로 개입해서 괴롭힘을 멈추는 힘을 점점 더 기르고 있다는 것을 발견했어요. 이런 일이 실현되려면 학교에서 문화를 바꿀 힘을 실어주고, 올바른 훈련을 받게 하며, 주도적으로 대처하도록 권한을 부여해야 합니다." 2021년 초반에는 학교 성교육에 개선된 성행위 동의 교육consent education을 포함하라는 청원과 캠페인이 일어났다. 동의하지 않은 성행위의 피해자였던 10대들이 이런 변화를 일으킨 주체다. 젊은 여성을 향한 폭력적인 문화에 관해 토론이 활발히 일어나고 있는 와중에, 남학생들이 다양한 포럼에서 그런 폭력에 대항하여 '우리가 있는 한 절대 안 돼'라며 서약하는 모습은 고무적이었다.

당신이 알고, 사랑하고, 좋아하는 아이가 괴롭힘을 당하고 있다면 그 아이와 당신 모두 속상할 것이다. 아이들이 자기 경험을 이야기하는 것은 힘들겠지만, 아이들의 관점에서 무슨 일이 일어나고 있는지를 이야기하도록 격려하는 것은 훌륭한 첫걸음이다. 침착하고 긍정적으로 들어주면 안전하고 지지받는다는 느낌이 들게 하므로 아이가 마음을 열고 괴롭힘에 관해 털어놓도록 유도할 수 있다.

부모들이 자녀에게 집이 안전하고 응원받는 장소임을 확신시키는 것도 도움이 된다. 이 방법은 디지털 기기의 사용 탓에 제한적일 수도 있지만(아이가 집에 있는 동안에도 사이버 폭력은 일어날 수 있으므로), 자녀와 대화하면서 괴롭힘에 맞서 싸우는 전략을 알려줄 수 있다. 대부분 학교가 괴롭힘에 관한 방침을 세워두고 있으며, 일단 학교가 문제를 인식하면 그에 대처하게 되어 있다. 만약 자녀가 괴롭힘을 당하고 있다면, 학교에 이야기해서 도움을 청하면 된다. 호주 정부는 학생들과 커뮤니티를 위해 괴롭힘과 폭력에 대항하는 국경일을 지정했고, '절대 괴롭힘은 안 돼Bullying No Way'라는 웹사이트에서 관련 자료들을 제공한다.

이런 실질적인 조치뿐만 아니라 아이의 삶에서 부모와 리더의 핵심 역할은 아이들이 사랑받을 자격, 소속감을 느낄 자격이 있음

할 수 있는 소소하고 통상적인 단계가 무엇인지, 언제 전문가에게 조언을 구해야 하는지 등을 아는 것이다.

이 주제에 관해 광범위하게 연구한 결과, 다음의 방법이 건강과 웰빙을 돌볼 때 가장 효과가 좋다는 것을 발견했다. 알파 세대가 정신건강을 유지하도록 보장하기 위해 우리는 관계적·사회적·신체적·정신적 측면을 통합하여 웰빙에 전면적으로 접근해야 한다.

정신건강을 뒷받침하는 네 가지 요인

관계적 요인: 사랑하는 사람들에게 시간을 투자하고, 타인을 돕고 베풀어라.
사회적 요인: 주변 사람들과 친하게 지내고, 친구들과 재미있는 활동을 해라.
신체적 요인: 적절한 운동에 참여하고, 잘 먹고, 잘 자라.
정신적 요인: 시간을 내서 사색하고, 자신의 감정을 잘 인식해라. 마음챙김, 명상, 기도를 생활화해라.

많은 연구가 보여주듯, 떠오르는 세대는 정신건강 질환을 더 잘 인식하며 자라고 있다. 그들은 어려서부터 감정을 말하는 법을 배우고, 자기가 감정 이상의 존재임을 이해하라고 배운다. 즉, 자신이 슬픔을 느낀다는 것이 꼭 슬픈 것은 아님을 배운다. 예를 들어, 아이들에게 "제 마음이 행복해요" 또는 "제 마음이 슬퍼요"라고 말하라며 감정을 가르치는 책들이 있다. 책뿐만이 아니라 아이들이 어릴 때 온라인 활동과 앱을 포함해 마음챙김과 자아 인식을 배우게 하는 재미있고 창의적인 방법들도 있다.

콜레트 스마트는 자녀가 건강하기를 원한다면, 부모들이 삶의 균형이라는 측면에서 모범을 보여야 한다고 조언한다. 또한 중요하게 생각하지만 거의 우선시하지 않는 것들을 채워 넣는 것에서도 부모가 모범이 되어야 한다고 말한다. "아이들에게 우리가 일에만 집중하면서 청구서 납부를 걱정하는 모습이 아니라, 실제로 자신을 돌볼 시간을 따로 떼어놓는 모범을 보여야 합니다."

알파 세대는 이전 세대가 자랐던 세상과 급격히 다른 세상에서 자랄 테지만, 여전히 그들과 그들의 웰빙에 적용되는 영원한 진리가 있다. 하나는 누구나 자기가 사랑받고 소속감을 느낄 자격이 있음을 알고 싶어 한다는 점이다. 이는 자존감으로 이어지며, 나아가 관대함과 연민처럼 긍정적인 성격의 자질로 발달할 수 있다.

아이들에게 받아들였으면 좋겠다고 생각하는 행동에 모범을 보이고, 아이들이 사랑받고 존중받는다고 느끼도록 도우며, 다양한 도전에 관해 대화를 나누고, 부모 또는 리더로서 자신의 웰빙을 관리하고 있음을 확실히 보여주자. 그러면 이 세대는 눈앞의 10대 시절만이 아니라 이후 생애 내내 번성하고 회복력을 발휘할 수 있을 것이다.

아이들이 봉사할 기회를 제공하는 것은 남들의 웰빙에 도움을 주는 것은 물론이거니와 그들 자신의 웰빙에도 중요하다.

"자존감이 있을 때 아이들은 자기가 가치 있고, 존중받으며, 대접받을 자격이 있음을 알게 됩니다. 그런 아이들은 남들을 사랑하고 돌볼 능력이 더 많이 생기죠. 아이들은 커뮤니티 봉사에 참여함으로써 공감 능력과 자존감을 잘 발달시킬 수 있습니다. 그것이 커뮤니티 봉사에서 얻을 수 있는 두 가지 핵심 요소입니다. 자녀가 불안해하거나 우울해할 때, 다른 누군가를 도울 수 있는지 물어보세요. 그러면 초점이 자신에게서 빠져나와 다른 사람에게로 옮겨지죠. 아이의 고통을 최소화하려는 것이 아니라 전체적인 시야로 상황을 보게 하려는 것입니다. 다른 누군가를 도우려 손을 내미는 동안 아이 자신의 문제는 상황에 묻혀 잠시 희미해지는 경향이 있습니다. 육아 세미나에서 저는 묻습니다. '여러분의 자녀에게 무엇을 원하십니까?' 그러고는 덧붙여서 말하죠. '그냥 아이가 행복하면 좋겠다고 말하지 마세요.' 그러면 부모님들이 이렇게 말해요. '하지만 당신은 심리학자잖아요. 그게 당신의 일 아닌가요? 아이들이 행복해지도록 돕는 것 말이에요.' 사실은 그렇지 않습니다. 그 이상의 일이죠. 저는 물론 여러분의 자녀가 슬퍼하는 것을 원치 않지만, 우리가 아이들에게 어떤 대가를 치르든 행복을 추구하라고 가르친다면 아이들은 누군가를 짓밟고 올라설 겁니다. 그리고 그 느낌을 얻고자 무엇이든 하겠죠. 하지만 우리가 아이들에게 특정한 시기에는 모든 감정이 중요하고 타당하다고 가르치면, 아이는 정서지능을 발달시킬 수 있습니다. 정서적으로 지적인 아이들은 공감 능력이 있어요. 공감 능력이 있는 아이들은 연민을 배웁니다. 연민을 느끼면서 도움의 손을 내밀 때, 실제로 자신도 더 행복해진다는 건 흥미롭지 않나요?" - 콜레트 스마트, 심리학자

이 장의 핵심

알파 세대의 웰빙이라는 주제를 다룰 때 고려할 영역들을 살펴봤다. 그들의 신체건강과 정신건강의 중요성부터 기술이 제기하는 어

려움, 공부를 잘해야 한다는 압박감, 아동의 안전과 보안, 빠른 성장, 외로움, 학교에서의 웰빙과 괴롭힘까지 분석했다. 또한 그들의 웰빙에 기여하는 것들을 분석하고, 부모와 양육자들이 회복력을 길러주는 방식으로 알파 세대의 웰빙을 관리하고 사랑하고 돌볼 방법들을 분석했다. 아이들이 받아들였으면 싶은 행동의 모범을 보이고, 아이들이 스스로 사랑과 존경을 받을 만한 가치가 있음을 깨닫게 돕고, 다양한 어려움에 관해 대화를 나누고, 부모와 리더로서 자신의 웰빙을 확실히 돌보면, 이 세대는 강한 회복력을 발휘해 번성하는 삶을 살아갈 수 있다.

Part 1

Part 2

Part 3

*For business
dealing with
alpha consumers*

알파 소비자를 상대하는 비즈니스를 위하여

4

The Great Screen Age

위대한 스크린 시대

저는 아이인 게 좋아요.
왜냐하면 우리 엄마가 아이였을 때는
가지고 놀 것들이 많지 않았는데,
지금은 기술이 더 많고 먹을 것도 많으니까요.
- 조지(8세)

알파 세대가 형성되는 세상과 그들의 상호작용, 그들이 기대하고 바라는 것에 이르기까지 많은 부분을 디지털로 특징지을 수 있다. 이 장에서는 너무 많은 스마트 기기 접속이 알파 세대와 그들의 미래에 미치는 심오한 영향을 살펴본다. 기술이 불러올 불확실성, 그것이 아동 발달에 어떤 영향을 미치는지, 주로 앉아서 지내는 라이프스타일의 증가, 소셜 미디어의 사교적 기능, 온라인 괴롭힘, 그들의 가치관과 일치하는 기술이 왜 중요한지 등을 알아볼 것이다.

알파 세대는 디지털 시대의 선두에 있다. 알파 세대가 처음으로 태어나기 시작한 2010년에 아이패드가 출시됐고, 인스타그램이 서비스를 시작했으며, '앱'이라는 단어가 미국방언협회 American Dialect Society의 '올해의 단어'에 선정됐다. 이 세상을 바꾸는 기술과 앱과 플랫폼은 알파 세대가 알고 있는 전부이며, 이 기기와 플랫폼들이 알파 세대를 더 뚜렷이 정의할 것이다.

알파 세대의 부모인 Y세대에게는 기기와 앱의 세상이 자신들이 자랄 때의 세상이 아니었지만, 컴퓨터와 디지털 기술과 월드와이드웹www은 그들이 자라난 세상이었다. 기술적인 세대 차이는 늘 있기 마련이지만, 오늘날의 아이들과 부모 사이의 기술적 격차는 별로 크지 않다.

기술로 인한 갈등

전화선과 모뎀으로 인터넷에 연결하던 시절을 기억하는가? 일반 전화로 인터넷에 접속하려고 할 때 나던 윙윙거리는 소리는? 영화에서 이런 식으로 인터넷에 접속하는 사람들을 볼 때마다 우리는 인터넷이(따라서 세계가) 우리 손안에 있지 않았던 그 시절로 되돌아간다. 지난 20년간 기술이 빛의 속도로 발전했기에 어느 세대의 구성원이든 기술을 따라잡기 힘들 수 있다. 그런데 한때 우리가 미심쩍어하고 의심했던 것들이 이제는 집과 직장, 학교에서 그리고 사회 전반에 걸쳐 우리의 일상적인 경험이 됐다.

세대 차이에 관해 부모나 교사들과 이야기를 나눌 때, 알파 세대가 이전 세대와 어떻게 다른지에 대한 답으로 늘 기술이 제시됐다. 스크린도 갈등의 원인으로 등장했다. 한편으로 부모들은 자녀가 점점 더 기술적인 세계에서 살아가는 데 필요한 디지털 기술을 확실히 갖추기를 원한다. 그러나 다른 한편으로는 자녀가 스크린에서 떨어져 다양한 활동과 상호작용으로부터 얻는 회복력과 대인관계, 삶의 기술도 발달시키기를 바란다. 최근의 설문조사에서 호주인 5명 중 4명 이상(83%)이 18세 미만 아이들의 스크린 사용이 이익보다 해가 많다고 응답했다.

그러나 긍정적인 면도 있다. 기술과 스크린의 영향에 관해 물었더니 알파 세대 자녀 둘의 엄마인 메건은 이렇게 대답했다. "저는 긍정적으로 생각해요. 어쨌든 아이들은 그걸 배워야 하잖아요. 어릴 때 배우지 않으면, 나중에 뒤처질 거예요. 저는 좋게 생각하지만, 아이들이 뭘 하는지 항상 감시할 수는 없어요. 아이들이 혼자서 기기를 사용하면, 유튜브에서 무엇이든 찾을 수 있어요. 아이들이 뭘 보는지, 그 내용이 무엇인지 우리는 알 수 없죠."

40년 넘게 교직에 있으면서 많은 트렌드가 왔다 가는 모습을 지켜본 한 초등학교 교사는 자기가 관찰한 알파 세대에 대해 이렇게 말했다. "아이들은 아이패드와 노트북을 원래의 사용 목적에만 집중해서 사용하는 걸 어려워해요. 기기는 확실히 많은 장점을 가지고 있죠. 아이들은 기기 위에 글씨를 쓰는 걸 좋아해요. 그건 지루한 과정이 아니니까요. 게다가 그게 세상이 나아가는 방향이잖아요. 기기를 사용하는 것에는 많은 이익이 있어요. 물론 그것과 관련된 부정적인 면들도 분명히 있지만요."

축복일까, 저주일까

"인터넷은 현대의 가장 위대한 축복이거나 가장 위대한 저주다. 우리는 그걸 잊고 살지만 말이다."

기술에는 분명히 기회와 이익, 문제가 혼재돼 있다. 아이들의 스크린 타임을 통제하려고 애쓰는 많은 부모는 이 인용문에 동의할 것이다. 이 인용문은 제2차 세계대전 이후 〈타임스〉 경제면에 기고했던 E. F. 슈마허E. F. Schumacher의 글이다. 하지만 이것은 원래의 인용문이 아니다. 우리는 그가 원래 사용했던 '인쇄기'라는 단어 대신 '인터넷'이라는 단어를 넣었다. 모든 시대의 사람들이 자기 시대의 혁신적 기술에 관해서는 확신하지 못했다는 점을 강조하기 위해서다. 오늘날 인쇄기의 부정적인 영향을 걱정하는 사람이 어디 있겠는가. 시간이 지나면서 우리는 인쇄기에 상응하는 인터넷이 인간의 번영을 촉진하기 위해 압도적으로 사용되는 모습을 보게 될 것이다. 기술을 조심하는 것은 괜찮다. 특히 우리의 가장 어린 세대가 그것을 어떻게 사용하는지에 관해서는 말이다. 하지만 기술을 두려워해서는 안 된다. 기술이 다음 세대의 변화와 이익에 도움이 될 수 있기 때문이다.

기술의 이익은 정보에 더 쉽게 접속하고 정보를 더 빨리 검색할 수 있다는 것이다. 우리는 다양한 장소에서 전 세계 사람들과 쉽게 연결하고 협업할 수 있다. 코로나19 기간에 디지털 기술은 팬데믹의 영향을 획기적으로 줄여줬다. 봉쇄 기간에 원격의료 자문부터 원격진료를 통한 의약품 기록의 쉬운 접속까지, 문자 메시지를 통한 검사 결과의 디지털 알림부터 공공장소의 디지털 출입 기록까지, 기술은 공공 보건을 관리하는 비결이었다. 제약과 의학 치료, 의료기기에서 기술의 발전은 알파 세대의 기대수명을 늘리고 삶의 질을 계속 높일 것이다.

> "우리 딸은 달팽이관을 이식해서 교육 자료를 읽을 때 기술을 사용해요. 우리가 아이의 달팽이관에 아이패드를 꽂아주면 딸이 이식된 달팽이관으로 직접 들으며 책을 읽어요. 저는 그 시간을 스크린 타임으로 여기지 않아요. 딸에게는 꼭 필요한 시간이니까요. 저는 달팽이관이 있든 없든, 많은 아이가 전자기기를 갖는 것이 도움이 된다고 생각해요." - 아홉 살 아이의 엄마

시대는 우리 모두에게 영향을 주지만, 성격이 형성되는 시기의 경험은 영향이 더 크다. 연구에서 우리는 새로운 기술이나 삶을 바꿔놓는 사건을 몇 살에 경험하는지가 그것이 정신과 라이프스타일에 얼마나 깊이 새겨질지를 결정한다는 사실을 일관되게 확인했다.

코로나19 시기에 기술이 어떻게 알파 세대에게 도움이 됐나

알파 세대의 삶에서 기술의 역할에 관해 의견이 갈리긴 하지만, 궁극적으로는 대대로 해왔던 일을 성취하는 데 사용될 것이다. 인간의 연결과 번영을 촉진하는 일이 바로 그것이다. 인터넷의 중요성은 코로나19 팬데믹 기간에 두드러졌다. 개인과 가족들이 집 안에 격리돼 있었지만, 인터넷은 세상을 연결했다. 그것은 우리가 계속 일하고 공부할 수 있으며, 아이들도 교육받을 수 있다는 의미였다.

사람들은 코로나19의 제약 때문에 가족, 친구, 동료들과 종종 영상통화를 하면서 관계를 유지했다. 이것이 알파 세대가 형성되고 있는 멋진 신세계다. 그중 가장 연장자가 2010년에 태어났으므로 그들은 이미 이 세상에 활발히 참여하고 있기도 하다. 다섯 살짜리 아이들조차 집에서 배워야 했을 뿐만 아니라, 공원에 나가거나 친구를 만날 수 없었다. 앞서 언급한 것처럼, 사회적 고립과 외로움은 부모들이 신경 써야 할 주요 난제다. 아이들을 연결해준 페이스타임FaceTime, 줌, 온라인 게임, 그 밖의 플랫폼들이 없었다면 많은 이들에게 커다란 문제가 생겼을 것이다. 특히 호주에서 외동이고, 같이 놀 형제자매가 없는 100만 명의 아이들에게는 더욱 그랬을 것이다.

코로나19 팬데믹 기간에 많은 이들이 사회적 연결을 비교적 쉽게 해준 기술에 고마워했다. 우리가 인터뷰한 어떤 엄마는 이렇게 말했다. "온라인 게임은 이전 시대에는 가능하지 않았던 방식으로 우리 아이들을 친구들과 소통하게 해줬어요. 10대인 우리 아들들의 교감 선생님은 학부모와 교사 간의 화상회의에서 '포트나이트가 있어서 정말 다행이다'라고 말할 줄은 몰랐다고 하셨어요. 하지만 멜버른이 봉쇄된 기간에 정말로 그분은 그런 기분이었대요. 저도 동의할 수밖에 없었어요."

너무 어려서 코로나19 자체를 기억하지 못하는 아이들도 물론 있겠지만 알파 세대 대다수는 그 전염병을 기억하고, 그것이 삶과 직장과 교육에 불러온 광범위한 변화에 영향을 받을 것이다. 팬데믹 기간에 실시한 우리 연구에서 84%의 호주인은 그 전염병이 오늘날 아이들을 형성하는 데 중요한 역할을 할 것으로 생각했다. 더 자세히 파고들어 이 영향이 어디에서 가장 많이 느껴질 것으로 생각하느냐고 물었을 때, 호주인의 90%가 코로나19의 경험 때문에 기술과 스크린이 삶에 더 통합될 것이라고 대답했다.

어느 Y세대는 알파 세대인 조카가 자신과 페이스타임을 하고 싶다고 했을 때 깜짝 놀랐다고 말했다. "첫 번째 이유는 페이스타임이 보통 제 또래들과 하는 것이라서였고, 두 번째는 여섯 살짜리 조카가 먼저 통화를 하자고 해서였어요! 우리가 영상통화를 했을 때, 저는 조카가 집에서 듣고 있는 온라인 수업에 관해 물었어요. 친구들이 그립지는 않은지, 어떻게 지내고 있는지 등을 물었죠. 직접 얼굴을 보고 꼭 껴안아 주는 것과 똑같지는 않았지만, 기술이 우리를 연결해줬어요. 많은 사람이 사랑하는 이들과 물리적으로 고립돼 있다고 느꼈을 때도요."

미지의 것에 대한 두려움

우리는 모두 수십 년간 컴퓨터를 이용하면서 컴퓨터와 함께 살고 있지만, 알파 세대의 부모들은 로봇 기술이 자녀의 미래에 불러올 영향에 관해 계속 불안해한다. 로봇들이 아이들의 일자리를 빼앗아 가진 않을까? 로봇들이 영화 〈아이, 로봇〉에서처럼 제멋대로 굴지는 않을까? 알파 세대에게는 어떤 미래가 펼쳐질까?

인쇄기에 관한 인용문에서 봤듯 미지의 것은 두려움을 불러일으킬 수 있고, 사람들이 인공지능을 이해하기까지는 시간이 걸릴 것이다. 그러나 알파 세대는 이를 그저 삶의 일부로 받아들일 것이다. 많은 아이가 이미 코딩 수업에 참여하며 일상생활에서 다양한 형태의 인공지능과 소통하고 있다. 인공지능은 그들이 적응해야 하는 것이라기보다 항상 알고 있는 주제다. 이는 알파 세대가 인공지능을 덜 두려워할 뿐 아니라 그것이 제시하는 기회와 도전에 대처하기에 유리한 입장임을 의미한다. 기술이 점점 더 일상생활의 일부가 되면서, 그리고 로봇이 더 '인간적'이 되면서 기술을 둘러싼 윤리가 알파 세대가 몰두해야 할 주제가 될 것이다.

변화하는 기술의 얼굴

2019년은 아폴로 11호의 우주비행사들이 달에 착륙한 지 50년이 되는 해였다. NASA가 이 중대한 업적을 위해 사용한 기술에는 여러 대의 중앙컴퓨터가 필요했는데, 컴퓨터 하나가 자동차만 했다! 그때 이후로 수십 년간 자기공명영상MRI, 개인용 컴퓨터, 전 지구 위치 파악 시스템GPS, DNA 지문 감정법, 월드와이드웹, DVD, 국제 우주 정거장, 블루투스, 페이스북, 구글 지도, 시리, 테슬라 모델3가 탄생했다. 아이폰의 초기 모델도 1세대 컴퓨터보다 10만 배는 큰 처리 능력을 갖췄다니 놀랍기 그지없다. 최초의 아이폰이 나온 이후 10년간 디지털 기기의 기능과 이용 가능성은 훨씬 증대됐다. 현재는 지구상에 있는 사람 수보다 연결된 기기의 숫자가 7배나 더 많다! 이 기기에는 게임과 온라인 쇼핑, 소셜 미디어, 이메일, 통화, 작업뿐만 아니라 닥터 구글Dr. Google을 위해 사용되는 노트북, 스마트폰과 태블릿도 포함된다.

더 많은 기기와 통신 플랫폼이 나오면서 응답해야 할 정보와 업데이트되는 정보, 메시지가 많아졌다. 이런 기술적 복잡함에 대한 반응으로 많은 사람이 단순함을 갈망한다. 호주 통계청 조사에서 남성 3분의 1과 여성 거의 절반이 자주 시간에 쫓기거나 압박받는다고 답했다. 스마트폰으로 업무를 볼 수 있고, 기기와 스크린이 24시간 내내 켜져 있는 세상에서 사람들은 이제 삶을 더 효율적으로 운영하려고 기술을 끄는 것이 아니라 앱을 켜고 있다.

이는 더 어린 세대에게서 확실히 보이는 현상이다. 그들은 통합된 앱과 기기를 사용해 삶의 많은 부분을 계획하고 실행한다. 약속 잡기부터 알람 설정, 운동 기록, 식료품 구매, 온라인 쇼핑, 온라인 게임, 행사 조직, 책 만들기까지. 이렇듯 기술로 모든 것이 가능한 세상이 오늘날 어린 세대가 원주민으로 태어난 세상이다. 더 나이 든 세대도 마찬가지다. 기술을 빠르게 받아들일 수 없을지는 모르지만, 이들 역시 접근성과 편리함 때문에 기술에 의존하고 있다. 그래서 이들을 '디지털 이민자'라고 부르기도 한다. 사람들은 시간을 얻으려고 점점 더 기꺼이 돈을 쓴다. 스포티파이의 자동 예측 플레이 리스트나 넷플릭스에 뜨는 추천 동영상에서 이런 현상을 볼 수 있다. 또 다른 예로는 운동 관련 조언과 음식물 섭취량을 기록하는 것 이외에도 심장 박동, 수면 시간, 걸음 수 같은 건강 지표를 기록하는 앱과 연동된 스마트 워치가 있다.

기술과 아동 발달

기술은 우리 모두에게 영향을 주지만, 성격을 형성하는 시기에 접하는 기술은 특히 더 큰 영향을 준다. 우리 모두 앱을 사용하면서 디지털 플레이 리스트에 접속하고 시리나 구글에 정보를 찾아달라고 부탁하지만, 모든 사람이 어렸을 때부터 기술에 접속하지는 않았다. 그러나 알파 세대에게 기술은 삶에 매끄럽게 녹아들어 있기에 기술이 없는 세상은 상상할 수 없다. 그것이 그들이 알고 있는 전부이기 때문이다. 알파 세대 두 자녀의 엄마인 크리스티나는 딸의 아이패드를 빼앗는 것을 이렇게 설명했다. "그건 말 그대로 딸의 심장을 떼어내는 것과 같아요. 그게 딸에게는 가장 소중한 보물이니까요." 알파 세대와 인터뷰하면서 인터넷 없는 세상을 상상할 수 있겠느냐고 물었는데, 아홉 살의 비양카가 이렇게 대답했다. "지루하고 화가 날 것 같아요. 대신 책을 읽어야 하니까요!"

알파 세대는 말을 하기 전부터 전자기기들을 사용해왔다. 그러니 스크린과의 상호작용이 그들에게 어느 정도의 영향을 미치는지 우리는 확실히 알지 못한다. 틀림없이 좋은 점도 있을 테지만, 독특한 어려움도 안길 것이다.

사회적 발달의 어려움

아이들이 어릴 때, 특히 태어나서 세 살까지는 빠른 학습과 발달이 이뤄진다. 많은 부모와 양육자들이 증언하는 것처럼, 아이들은 어른의 행동을 보고 모방한다. 어른들의 삶에 스크린이 너무 깊이 뿌리박혀 있기 때문에 아이들이 이런 행동을 관찰하고 모방하는 것이다. 그런데 아이들이 항상 스크린을 보고 있다면, 주변에 있는 물리적 세계를 관찰하고 배울 기회를 놓칠 수밖에 없다. 이는 새로운 것을 배우는 능력에 영향을 줄 뿐만 아니라 남들과 교감하는 방식과 언어 능력이 발달하는 방식에도 영향을 미친다.

또한 대화를 관찰하고 함께 참여하면서 발달해가는 아이들의 의사소통 기술에도 영향을 미친다. 대화를 통해 아이들은 표정을 읽고, 언어 기술을 발달시키고, 주변 환경을 해석하고 그에 반응하는 법을 배운다. 아이들이 스크린을 기반으로 한 기기에 너무 많은 시간을 쓰면 배울 수 없는 능력이다. 이전보다 스크린 기반의 기기가 많은 환경에서 자란 세대에게는 스크린에서 떨어져 필수적인 대인관계 기술을 발달시키는 것이 큰 과제가 될 것이다. 아이들이 적극적으로 들으면서 주의를 기울이는 기술을 갖추도록 하려면, 부모가 먼저 주의 깊은 청취자가 되어 행동의 모범을 보여줘야 한다.

적극적인 청취자의 다섯 가지 행동: SOLER

말하는 사람을 똑바로 응시해라 Squarely face the speaker: 말하는 사람을 똑바로 바라봐야만 관심과 흥미를 온전히 드러낼 수 있다.

보디 랭귀지로 열린 마음을 표현해라 Open body language: 스크린을 내려놓고 팔짱을 풀어야 관심과 주의를 전달할 수 있다.

몸을 앞으로 기울여라 Lean Forward: 몸을 뒤로 젖히는 게 아니라 말하는 사람을 향해 앞으로 기울이면 집중력을 유지하는 데 도움이 될 뿐 아니라 집중하고 있음을 상대에게 보여줄 수 있다.

눈을 마주 봐라 Eye contact: 말하는 사람에게 집중하면서 눈을 들여다보면 대화에 관심이 더 커진다.

호응하는 제스처를 써라 Responsive gestures: 고개를 끄덕이는 것부터 "아하!"라는 감탄사나 긍정적인 피드백을 사용하면, 공감 능력과 집중하는 능력을 보여줄 수 있다.

뇌 발달의 어려움

아이들의 스크린 사용에 관한 걱정거리는 사회성 발달이 부족해진 다는 것만이 아니다. 뇌 발달에도 부정적인 영향이 간다. 아이의 뇌 는 태어나서부터 첫걸음을 뗄 때까지 빠르게 발달하며, 이 시기 아이 들은 주변 환경에 극도로 민감하다. 이런 초기 단계는 뇌 발달 과정 의 가장 기초라서 모든 뇌 기능이 그 토대 위에서 만들어진다. 그런 데 스크린을 보며 너무 많은 시간을 보내면 뇌가 특정한 방식으로 연 결된다. 2018년 미국 국립보건원이 수행한 연구에서는, 매일 2시 간 이상 스크린을 보는 아이들의 언어와 사고 능력 테스트 점수가 평 균보다 더 낮았고, 매일 7시간 이상 스크린을 보는 아이들의 대뇌 피 질은 더 얇았다.

부모가 직면하는 가장 큰 갈등은 스크린 타임과 비스크린 타임의 균형을 맞추는 것이다. 많은 부모가 미래를 위해 자녀들이 최신 기술에 능하기를 원한다. 하지만 한편으로는 기술과 관련된 발달상의 어려움을 잘 인식하고 있기에 자유롭게 놀아야 한다는 것도 안다. 스크린이라는, 촉각을 이용한 세상에서 떨어져 있는 시간이 필요하다는 뜻이다. 세 아이의 엄마인 엘레나는 이렇게 말했다. "우리 아이들은 주말에는 숙제하고, 주중에는 집안일을 해서 스크린 타임을 허락받아요. 아이들이 좀비처럼 변하고 집안일을 돕지 않자 그 규칙을 만들었어요. 스크린 타임이 하루를 좌우하면서 아이들이 약간 집착하기 시작하더군요. 그래서 균형을 잡아야 했죠. 지금은 가족 생활에 훨씬 많이 참여하고 이야기도 더 많이 해요. 처음에는 규칙 때문에 반항도 많이 했는데, 이제는 원래대로 돌아와서 여전히 서로를 좋아해요. 심지어 관계가 더 좋아진 것 같아요!"

또 다른 어려움으로는 아이들이 스크린을 사용하면서 지루함을 느낄 겨를이 없고, 따라서 창의력을 키울 수가 없다는 것이다. 보스턴 아동 병원에 있는 미디어 및 아동 보건 센터의 센터장 마이클 리치Michael Rich는 이렇게 말했다. "정말로 중요한 건 우리가 스크린을 얼마나 오래 사용하는지가 아니라, 그에 대한 반응으로 우리 뇌에서 무슨 일이 일어나는지입니다. 지루함은 창의력과 상상력이 생겨나는 온상입니다." 로봇공학과 자동화, 컴퓨터화의 세계에서 창의력은 아이들에게 필요한 주요 자질이다. 컴퓨터는 반복되는 작업과 1차원적 과정에서 뛰어나기 때문에 틀에 박혀 있고 순차적이고 체계적으로 처리되는 업무에 능하다. 반면 컴퓨터는 아이디어를 창출하고, 창의적이고 혁신적으로 기능할 준비가 전혀 돼 있지 않다. 이것은 인간의 영역이자 인류의 미래에 필수적인 부분이다.

> "기술과 그것이 미치는 영향을 둘러싸고 알려지지 않은 것들이 많아요. 놀이의 역사를 살펴보면, 자유 놀이가 중요하다는 걸 알 수 있습니다. 어떤 활동으로 규정하거나 '이제 너는 이렇게 또는 저렇게 해야 해'라고 제한하는 것이 아니라 그냥 놀게 내버려 둬야 합니다. 아이들에게 무엇을, 언제, 누구랑 해야 하는지를 말하지 않고 그냥 '오후에는 자유시간을 갖게 될 거야'라고 말하는 거죠. 저는 정말로 지루함이 창의력을 만든다고 생각해요. 그런데 요즘은 아이들이 지루해질 기회가 별로 없죠. 심지어 차를 타고 갈 때도 부모들은 항상 자녀를 즐겁게 해주려고 하잖아요. 그러면 아이들은 상황을 판단해서 '가지고 놀 것이 없을 땐 무엇을 할까?'를 알아내는 능력이 없어져요. 이런 능력은 회복력을 발달시키는 과정의 일부입니다. 그래서 창의력이 중요하다는 것을 이해하는 부모들이 다시 급증하고 있습니다." - 모니카 드레거, 마텔 글로벌 소비자권리 담당 부사장

즉각적인 만족: 아이들이 전자기기를 터치하면 즉각적인 반응을 얻을 수 있는데, 이는 뇌 발달을 저해하는 또 다른 걱정거리다. 어릴 때부터 기술을 너무 빨리 또는 너무 자주 사용한다는 것은 뇌가 성장하기 위해 거쳐야 할 과정을 건너뛰거나 너무 빨리 지나가면서 정상적인 뇌 발달이 방해받는다는 의미다. 가정에 있는 기기들은 가장 손쉬운 도구이기 때문에 아이들은 이런 기기를 사용하면서 모든 자극이 즉각적인 결과와 만족을 불러온다고 믿을 위험이 있다. 손가락으

로 태블릿을 터치하면 스크린에서 무엇인가가 작동하고, 아이들의 뇌는 도파민으로 반응한다. 도파민은 행복을 전하는 화학적 메신저인데, 그런 방식으로 우리는 즐거움을 느낀다. 그런 경험이 반복되면 아이는 모든 행동이 즉각적인 효과가 있어야 하고, 즉각적인 즐거움을 불러와야 한다는 생각을 머릿속 깊숙이 받아들일 것이다.

세 아이의 엄마인 앤절라가 말했다. "요즘은 모든 정보가 손가락 끝에 있어요. 우리가 학교에 다닐 때는 구글과 인터넷이 없었죠. 그런데 요즘 아이들은 알고 싶은 것이 무엇이든, 구글로 검색할 수 있어요." 또 다른 알파 세대의 엄마인 로미도 이 말에 동의한다. "알파 세대는 매우 까다롭고 인내심이 없는 것 같아요. 모든 결과가 바로 나와야 하죠. 무엇이든 이제 기다릴 필요가 없잖아요. 뭔가를 검색하면 5초도 안 돼서 뜨니까요."

기술이 불러온 이 즉각적인 만족감은 교사들에게도 어려움을 제기한다. 교사인 매릴린 콕스는 이렇게 말했다. "요즘 아이들은 달라요. 즐겁고 신나는 방식으로 모든 것을 제공받는 데 익숙하죠. 기술 말고 다른 것은 모르기 때문에 빠른 답을 기대해요. 자료를 조사하라고 하면, 아이들은 글을 읽지 않고 쉽게 눈에 띄는 것만 찾아요. 아이들은 항상 노트북에서 자료를 찾죠. 하지만 빽빽한 글을 읽는 것이나 노력과 생각이 필요한 것들은 뭐든지 힘들어해요."

이런 현상은 어른들에게서도 쉽게 볼 수 있다. 운전을 하고 가다가 빨간 불에 멈췄을 때, 신호등이 바뀌기를 기다리는 시간이 너무 길어 불평한 적이 당신도 몇 번은 있지 않은가. 그러니 사실상 모든 것을 클릭 몇 번으로 즉시 해결하면서 자라온 아이들에겐 어떻게 느껴질지 상상해보라. 여기서 걱정스러운 면은 인내심을 유지하는 능력만이 아니다. 인지의 단계도 마찬가지로 걱정스럽다. 누군가가 읽어주는 이야기를 들으면, 아이들은 스토리텔러의 목소리를 말로 처리하고, 묘사되는 상황을 그림으로 상상하면서 줄거리를 이해하려고 노력해야 한다. 이 과정에서 창의력과 상상력이 발달한다. 그러나 전자기기로 이야기를 보면 그런 능력을 발달시킬 기회를 얻을 수 없다. 아이들은 즐거움을 느끼지만, 어떤 정신적 노력도 필요치 않다. 기기가 아이를 위해 대신 생각하면, 아이들의 인지 근육은 충분히 자극받지 못한 채 약하게 남아 있게 된다.

바로 이것이 틀에 박히지 않은 놀이와 백지상태에서 생겨나는 창의력이 매우 필수적인 이유다. 탁 트인 공간이나 간단한 스포츠 장비 또는 놀이 도구를 받았을 때, 아이들은 활동을 창조하거나 만들어낼 수밖에 없다. 텅 빈 종이와 연필을 받으면 뇌는 그 공간에 의미를 부여하기 위해 노력하고, 그렇게 상상력이 촉발된다.

중독: 기기와의 관계가 불러오는 긍정적·부정적 영향을 밝히는 연구가 늘어나고 있다. 부정적 영향 중 하나가 중독인데, 심리학자들은 중독을 스크린과의 상호작용으로 촉발된 도파민 분비와 관련짓는다. 심리학자 리라즈 마걸리트Liraz Margalit 박사는 이렇게 설명했다. "아이가 즉각적 자극 반응을 사용하는 데 너무 익숙해지면, 진짜 세계의 연결보다 스마트폰 스타일의 상호작용, 다시 말해 즉각적인 만족과 반응을 항상 선호하게 됩니다. 저는 이 패턴을 심리학자들과 의사들이 약물과 알코올 중독 환자에게서 자주 보는 위험한 사이클에 비유합니다."

중독성 있는 것들은 보통 다음과 같은 기분을 느끼게 한다.

- 그것을 사용하려는 지속적인 충동
- 그것의 사용 여부와 시간을 스스로 관리하는 데 어려움을 느낌
- 기분의 변화
- 그것을 사용하는 동안 시간 감각을 상실함
- 인간관계, 공부나 일 같은 우선순위에 집중력이 저하됨

많은 이들에게 스크린과 소셜 미디어 사용은 틀림없이 이 설명에 딱 들어맞을 것이다.

2020년 넷플릭스는 〈소셜 딜레마〉라는 다큐멘터리를 공개했다. 이 영화에서는 기술 업계 내부자들과 페이스북, 인스타그램, 구글, 트위터, 핀터레스트Pinterest 등의 회사에서 일했던 직원들이 자신의 이전 근무 경험과 의도치 않았던 소셜 미디어의 부정적인 면을 공유한다. 이 설득력 있는 다큐멘터리는 모든 연령대의 사람들, 특히 신생 세대가 소셜 미디어에 중독되기가 얼마나 쉬운지를 보여준다.

이 다큐멘터리는 또한 의견을 공유하고 형성하는 데 소셜 미디어가 어떤 역할을 하는지, 그리고 어떻게 감시하는지도 알려준다. 이런 기기를 사용하는 데 얼마나 많은 시간을 쓰는지 주의하고, 기기와 상호작용을 할 때 얼마나 많은 힘을 쏟는지를 살펴야 한다며 경각심을 불러일으킨다. 이런 질문은 자신과 자녀들의 스크린 및 소셜 미디어 플랫폼 사용을 고려하는 부모에게 매우 중요하다. 나이가 어린 자녀를 돌볼수록 특히 더 신경 써야 하는데, 아이들은 성인만큼 충동을 조절하지 못하기 때문이다.

아이들의 뇌는 발달 과정에 있기 때문에 자녀의 기기 사용과 스크린 타임을 관리하는 것은 부모의 책임이다. 자녀가 스크린 기반의 기기와 건강한 관계를 맺을 수 있도록 부모는 다음과 같이 도울 수 있다.

디지털 경험을 공유해라: 자신이 즐겼던 스포츠 활동과 취미에 자녀도 관심을 보이기를 기대한다면, 부모 역시 자녀의 세계와 관심 분야에 흥미를 보여야 한다. 자녀가 시청하는 콘텐츠에 관심을 보이면서 함께 보고 이야기를 나눠라. 이렇게 경험을 함께하면 소속감과 유대감을 쌓을 수 있다. 가족 간의 관계를 쌓을 때도 스크린을 활용해라. 그러면 자녀가 사용하는 프로그램과 게임, 앱의 적절성을 평가할 수 있고 아이가 미디어를 건강하게 이용하도록 이끌 수 있다.

조부모님이 해주신 것처럼 아이들을 재워라: 할머니나 할아버지가 들려주시는 옛날 이야기를 들으며 잠들었던 어린 시절을 떠올려보라. 자녀와 친해지려면 이처럼 이야기 또는 책의 힘을 사용하면서 스크린이 없는 취침 패턴을 만들어라.

자녀에게 훈계하는 대로 자신도 실천해라: 부모가 업무상 필요한 이메일과 문자를 확인하려고 전자기기를 사용한다고 하더라도 그런 행동이 가족과의 소통을 방해하고 산만한 분위기를 만든다는 사실이 바뀌지는 않는다. 스크린 규율에 모범을 보이고, 스크린이 없는 가족 시간을 만들어 자녀들도 똑같이 행동하도록 격려해라.

필요하다면, 처음부터 다시 시작해라: 이미 스크린 사용을 통제할 수 없는 상황이라면 가족의 모든 전자기기와 원격장치를 한데 모아두고 24시간 기술 단식을 선포해라. 가능하다면 주말을 택하는 편이 좋다. 동시에 스크린의 대안으로 삼을 가족 활동을 계획해라. 소풍을 나가거나 당일 여행 또는 산책 등을 하면서 재미있게 놀아라. 기술에서 벗어나 휴식을 취하는 것이 핵심이다.

보상으로 기기를 활용하는 방법도 아이들이 기술과 건강한 관계를 맺도록 도울 수 있다. 열 살 미만의 아들 셋을 둔 아빠 벤은 아들들이 야외에서 달리기를 하면 그 보상으로 아이패드를 사용할 수 있게 한다고 말했다. "이 방법을 시작하자마자 아이들은 운동하자고 나를 괴롭히기 시작했어요!" 이 계획은 운동과 기술을 결합해서 기술에 사용하는 시간을 일상의 권리가 아닌 특별한 선물로 여기게 한다. 그럼으로써 자녀가 어린 나이에 기기에 중독될 위험을 줄인다. 물론 자녀가 자랄수록 관리하기가 약간 더 어려워지기는 한다. 미국의 미디어 기업 비아콤CBS_{ViacomCBS}가 8,000가구 이상을 조사한 결과 응답자의 3분의 2가 기술을 보상으로 사용하고 있다고 말했다. 벤이 입증한 대로, 스크린 타임을 제한하는 방식과 보상으로 스크린 타임을 제공하는 방식 사이에서 부모들이 해답을 찾아가며 기기를 관리하는 가정이 점점 더 늘어나는 듯 보인다.

스크린 시대의 이점과 어려움

디지털 원주민인 알파 세대가 점점 자라 그들 중 가장 연장자가 10대에 도달하면 스크린 세대가 될 것이다. 알파 세대는 전자기기와 규칙적으로 소통하며 영향을 받는다. 알파 세대의 엄마인 에이미는 이렇게 말했다. "네 살짜리 우리 아들의 말투에는 미국식 악센트가 섞여 있어요. 그렇게 말하는 법을 어디서 배웠나 곰곰이 생각해봤더니, 바로 유튜브와 애니메이션 〈도라 디 익스플로러〉였어요. 말을 시작하던 시기에 접한 프로그램들의 영향이었던 거예요. 그 프로그램들이 미국식이나 영국식 영어로 제작됐기에 아이 발음에 그 악센트가 섞이게 됐죠. 저는 그런 프로그램들이 아들이 행동하고 말하는 방식과 그 밖의 모든 것에 영향을 줬다는 것을 새삼 깨달았어요. 그래서 우리는 스크린 타임을 어떻게 조절해야 할지 다시 생각했죠."

알파 세대를 중심으로 한 우리의 연구에서도 이를 확인할 수 있다. 많은 이들이 '인도'를 의미하는 호주 영어 'footpath' 대신 'sidewalk'를 사용하고 'tomato sauce(토마토소스)' 대신 'ketchup(케첩)', 'lolly(사탕)' 대신 'candy(캔디)', 'soft drink(소프트 드링크)' 대신 'soda(소다)'를 쓴다. 호주식 영어의 미국화는 s 대신 z를 사용 (organization과 analyze)하는 것은 말할 것도 없고, z라는 알파벳 자체의 발음('zed' 대신 'zee'라고 읽음)에서도 엿볼 수 있다.

아주 어려서부터 디지털 기술과 함께 성장해온 알파 세대는 기술에 자신감과 직관이 있는 사용자들이다. 그들은 흔히 주변 어른들에게 사용법을 가르치기도 한다. 교사이자 엄마인 카라는 말했다. "학교에서는 모든 아이가 아이패드를 사용해야 하는데, 저는 교사인 만큼 꽤 잘 사용한다고 생각했어요. 하지만 4학년을 맡게 된 이후로 오히려 아이들에게 배우고 있어요. 아이들은 제게 더 간단한 사용법을 가르쳐주면서 단어를 찾으려면 아이패드에 어떻게 말해야 하는지도 알려줬어요. 아이들과 함께 있으면 마치 제가 아마추어처럼 느껴져요."

스크린의 이점

이 위대한 스크린 시대가 가져다주는 이점 중 하나는 정보에 쉽게 접근할 수 있다는 것이다. 도서관에서 책을 뒤적이거나 백과사전에서 정보 찾는 법을 배웠던 X세대와 Y세대를 생각해보라. 이제 알파 세대는 어떤 정보든 인터넷으로 찾을 수 있고, 수업 시간에도 컴퓨터와 노트북을 사용한다. 포커스 그룹에서 한 부모가 말했다. "터치만 하면 정보가 쏟아져 나오니 아이들에게 좋은 일이라고 생각해요. 특히 교육적으로 이용할 수 있는 정보의 양이 엄청나다는 건 뭐든지 혼자서 아주 빨리 배울 수 있다는 거잖아요. 정말 놀라워요. 우리가 어릴 적에는 정보를 찾기가 아주 어려웠는데 말이에요."

기술의 이점은 코로나19 팬데믹 때도 분명히 드러났다. 코로나19 시국에는 다른 분야와 마찬가지로 교육도 온라인으로 이동해야 했다. 갑자기 부모들은 가정에서 자녀가 학습을 할 수 있도록 준비해야 했고, 동시에 자신도 집에서 일해야 했다. 새로운 학습 스타일을 단시간에 채택하는 건 상당히 어려운 일이었을 것이다. 그런데 썩 나쁜 경험은 아니었던 것으로 보인다. 온라인 교육에 참여했던 이들에게 설문을 했는데, 응답자의 71%가 가정에 긍정적인 결과가 있었다고 답했다.

시간을 절약해준다: 기술의 직접적인 이익 중 하나는 시간 절약으로, 특히 학생들에게 그러했다. 온라인 검색은 정보를 도서관이나 백과사전에서 찾는 것보다 훨씬 직접적이고 효율적이다. "아이와 함께 도서관에 다녀오려면 시간을 꽤 들여야 하는데, 이제 아이가 컴퓨터로 자료를 찾으니까 제게도 시간적 여유가 생겼어요"라고 한 알파 세대의 부모가 말했다. 아홉 살의 알파 세대인 트리니티도 이것을 꽤 적절히 표현했다. "예전에 부모님이 단어를 찾을 때는 사전에서 찾아야만 했대요. 하지만 이제 저는 구글 같은 걸로 단어를 찾아요. 아시다시피 사전은 너무 크잖아요. 저는 단어를 찾으려고 알파벳

을 한 글자씩 훑어 내려가고 싶지 않아요. 사전으로 찾으면, 한 페이지 전체를 읽어야 하잖아요!"

<u>사람들을 묶어준다</u>: 스크린은 가족을 비롯하여 사람들을 하나로 묶어줄 수 있다. 스트리밍과 구독 서비스가 스크린 시청의 트렌드를 바꿨지만, 많은 이들에게 TV는 여전히 경험을 공유하려고 모여드는 일종의 디지털 벽난로다. "〈레고 마스터즈〉 같은 TV 쇼는 우리 가족을 하나로 묶어줬어요. 우리 모두 그들이 무엇을 만들어내는지 보고 싶어 했죠. 〈마스터 셰프〉도 마찬가지였는데, 우리는 요리를 좋아해서 같이 몇 가지 요리를 만들어보기도 했어요"라고 알파 세대의 어떤 부모가 말했다.

가정의 TV로 시청하는 콘텐츠가 방송국 콘텐츠가 아닌 넷플릭스나 유튜브의 스트리밍 콘텐츠로 바뀌고 있다. 그러나 주요 스크린은 여전히 가족이 모이는 구심점과 공통의 경험을 제공한다. 한 엄마는 이렇게 말했다. "열다섯 살짜리 딸이 우리에게 온라인 멀티 플레이어 게임을 소개해줬어요. 자기 스크린을 사용해 퀴즈에 답하거나 그림을 그리면, 모두가 메인 스크린으로 볼 수 있어요. 우리 집에선 베이비붐 세대인 부모님과 다섯 살짜리 알파 세대까지 모두 거실에서 그 게임에 푹 빠져 있어요. 게임이 모두를 하나로 묶어줘요." 카훗!Kahoot!이나 퀴플래쉬Quiplash 같은 멀티 플레이어 게임은 중앙에 놓인 스크린 주위에 모여서 자기 스마트폰으로 게임에 참여할 수 있다. 가족뿐만 아니라 다른 사교 모임에서도 이용할 수 있는데, 우리 연구소 팀도 가끔 점심시간에 그런 게임을 한다.

스크린이 제기하는 어려움

일상생활에서 늘어난 스크린 사용은 긍정적인 기회를 제공하지만, 한편으로는 독특한 어려움을 주기도 한다. 알파 세대의 많은 부모는 우리에게 알파 세대를 스크린 기반의 기기에서 떼어놓기가 얼마나 어려운지 털어놓았다. 한 부모는 말했다. "여섯 살짜리 아들이 밤 11시 반에 컴퓨터 책상 밑에 들어가 있더라고요. 컴퓨터 게임을 계속하려고 다들 잠들기를 기다리면서요. 녀석은 그러면 안 된다는 걸 알았기 때문에 가만히 숨어 있다가 아빠한테 들키고 말았죠. 아이가 안 보이자 처음엔 매우 놀라서 사방을 찾아다녔어요. 심지어 집 밖까지 나가서요. 그러다가 컴퓨터 책상 밑에서 나는 아주 작은 소리를 들었는데, 거기에 녀석이 있더군요. 기술은 가족을 하나로 묶어주기도 하지만, 해체할 수도 있는 것 같아요."

알파 세대는 가끔 '유리 세대'라고도 불린다. 스크린과 유리가 그들이 배우고 몰두하는 주요 매체이기 때문이다. 당신은 어렸을 때 유리에서 손을 떼라고 배웠을 것이다. 손을 유리 위에 올려야만 삶이 돌아가는 요즘의 어린이들과 비교하면 참 많은 것이 달라졌다는 생각이 든다.

<u>관계 맺기에 장애가 된다</u>: 멀리 떨어져 사는 가족이나 친구들과 연락할 수 있는 것은 기술이 주는 이점이지만, 진짜 인간과 1:1의 상호작용에서는 기술이 주의를 산만하게 해 실제 정서적 친밀감에는 장애가 될 수 있다.

코로나19 시국에는 온라인 학습이 많은 이들에게 축복이었

고 52%의 응답자가 미래에는 교육이 온라인으로 더 많이 진행될 것으로 생각하지만, 집에서 공부하는 동안 많은 학생과 교사는 학교로 돌아갈 날을 고대했다. 팬데믹 기간에 줌이 우리를 서로 연결해줬지만, '줌 피로'에 시달리면서 친구나 동료와의 대면 소통을 그리워하는 이들이 많았다. 이런 점을 보면 기술은 유대감과 인간관계라는 면에서는 한계가 있는 것이 분명하고, 직장과 교육기관은 우리가 일하고 배우러 가는 곳 이상의 의미가 있다는 것을 알 수 있다. 정말로 직장과 학교는 사회적 상호작용과 유대감, 소속감으로 이어지는 핵심 경로다.

우리의 가장 중요한 관계는 가족과 함께 있는 집에서 발생하고, 유대감에 집중함으로써 삶에서 이익을 얻을 수 있는 곳도 바로 집이다. 정서적 친밀감을 깊이 있게 형성하는 것은 결국 양질의 상호작용으로 이어진다. 만약 당신이 아이들 옆에 앉아 있으면서도 휴대전화를 스크롤하거나 이메일을 들여다본다면, 비록 같은 공간에 있을지라도 의미 있는 상호작용은 일어나지 않는다. 부모의 행동은 알파 세대 자녀의 행동에 영향을 준다. 그러므로 서로에게 온전한 관심을 주고, 서로를 보면서 듣고 말하며 의미 있는 인간관계의 롤모델이 돼야 한다.

아무리 바쁘다고 해도 의지를 다지고 독창성을 발휘해 약간의 훈련을 거치면, 디지털 시대에도 여전히 양질의 상호작용을 할 수 있고 의미 있는 관계를 맺을 수 있다. 세 아이의 엄마가 말했다. "남편은 매일 오후 5시가 되면 다음 날 아침까지 인터넷을 차단하는 앱을 발견했어요. 그게 우리의 규범이 된 후로 우리 가족은 서로의 하루 이야기를 들으며 시간을 보내요. 매일 좋았던 일, 나빴던 일, 감사했던 일들을 이야기하죠. 그 앱은 우리에게 정말로 도움이 됐는데, 양질의 시간은 우리에게 달려 있다는 걸 알려줬어요. 우리는 인터넷에서 어떤 일이 벌어지고 있든 그것보다 우리 아이들과 서로의 행복을 우선시하게 됐어요."

우리는 모두 스크린 타임의 균형을 맞춰야 한다. 그러려면 가정마다 기기를 꺼두는 시간이 필요하다. 또한 시간을 따로 정해 가족 간에 유대를 쌓고 서로를 돌보는 문화를 구축해야 한다. 이 중요한 기초를 제대로 확립하면, 알파 세대는 자라면서 튼튼한 인간관계를 맺을 수 있을 것이다.

어린 나이에 일찍 철이 들게 한다: 앞서 살펴봤듯, 알파 세대의 삶에 단단히 자리 잡은 스크린 및 인터넷 사용은 아이를 일찍 철들게 한다. 알파 세대의 엄마인 젠은 말했다. "아이들이 더 일찍 철이 드는 것 같아요. 소셜 미디어로 우리보다 훨씬 많은 것을 접하니까요. 너무 빨리 애어른이 되는 것 같아 걱정이에요. 아이들은 인형이나 장난감 자동차를 가지고 놀아야 하는데 말이죠. 저는 그런 게 다 인터넷과 관련 있다고 생각해요." 업에이징이 어려운 과제라는 사실을 인식하는 부모가 늘고 있다. 알파 세대 자녀들을 둔 엄마 대니얼은 이렇게 말했다. "저는 스크린을 싫어해서 그것들을 쓰레기통에 버리고 싶어요. 아이들은 숙제도 다 컴퓨터로 하는데, 거기서 뭘 하는지 누가 알겠어요? 엄마로서 아이들에 대한 통제력을 잃었다는 느낌이 들고, 아이들도 컴퓨터 때문에 몇 가지 기술을 잃었다고 생각해요." 부모들은 스크린 시대에 아이들을 키우면서 갈등을 느낀다. 학교 공부를 위해 자녀에게 기기가 필요하고 사용법도 알아야 하지만, 자녀가 안전하다고 확신할 경계가 필요하다.

기술 덕에 정보를 쉽게 접할 수 있어서 업에이징을 경험하고 있긴 하지만, 알파 세대는 여전히 아이들이라는 점을 기억해야 한다. 아이들에게 놀이와 순수함은 통과의례이므로, 그들의 발달과 성장을 위해 보존돼야 한다. 알파 세대를 대상으로 한 포커스 그룹에서 아홉 살의 트리니티는 이렇게 말했다. "다들 빨리 어른이 되고 싶다고 말하고, 저도 가끔 그런 말을 해요. 하지만 엄마는 이렇게 말씀하시죠. '아니야. 넌 빨리 나이 들고 싶지 않을 거야. 어른이 되면 각종 비용과 공과금도 내야 하고, 음식값과 기름값도 내야 하거든.' 그러면 전 아이라서 다행이라는 생각이 들어요."

스크린 시대를 잘 살아나가려면 디지털 기술과 비판적 사고 기술이 필요한데, 이를 알파 세대에게 가르치는 것은 어른들의 책임이다. 또한 그들을 그냥 아이로 살게 하는 것도 어른들의 책임이다.

가만히 앉아 있는 시간을 늘린다: 증가하는 스크린 타임이 건강에 미치는 영향에 관해 걱정이 늘어나고 있다. 특히 앉아 있는 시간이 늘어난다는 점과 수면의 질이 저하된다는 점, 소셜 스킬이 약화된다는 점을 많이 걱정한다. 최근 몇 년간, 기업들은 오래 앉아 있는 생활이 건강에 미치는 영향을 우려해 선 자세로 사용할 수 있는 책상을 도입하고, 스트레칭을 위한 휴식 시간을 제공하고, '앉아 있는 것은 흡연이나 마찬가지다' 같은 표어를 사용해 강력하게 대응하고 있다. 그 밖에도 인체공학이 발달하고, 스크린에서 발산되는 블루라이트를 막아주는 보호필름들도 등장했다. 하지만 더 폭넓은 문제는 여전히 남아 있다. 오늘날의 아이들은 어려서부터 어느 세대보다 더 오래 스크린 앞에서 시간을 보낸다는 것이다.

<u>온라인 괴롭힘이 일어나기도 한다</u>: 연구에서 우리는 부모와 자녀가 정신건강 면에서 온라인 세계의 위험과 영향에 점점 더 초점을 맞추고 있음을 알 수 있었다. 부모들은 자녀가 소셜 미디어를 경험하면서 웰빙과 인간관계를 개선하기를 원한다. 온라인의 부정적인 면을 이야기할 때, 부모들은 개인정보와 인터넷 보안 문제보다도 괴롭힘을 당하거나 시비에 얽히거나 부적절한 콘텐츠를 접하게 되는 문제를 더 많이 꼽았다.

　앞서 봤듯 괴롭힘은 젊은 세대에게 핵심적인 문제로, 어떤 면에서는 기술의 영향으로 더 확산됐다. 과거에는 학교 운동장에서만 일어났지만, 이제는 안전하다고 여겨지는 집에 있더라도 당할 수 있다. 호주 정부가 운영하는 온라인안전국은 사이버 폭력에 관해 다음과 같이 언급했다. "사이버 폭력에 해당하는 행동은 여러 형태를 띤다. 모욕적인 메시지, 상처를 주는 이미지나 비디오, 불쾌한 온라인 소문을 보내는 행위, 다른 이들을 배제하거나 창피를 주는 행위, 속이거나 굴욕감을 주려고 누군가의 이름으로 가짜 계정을 만드는 행위 등이 이에 해당한다. 온라인 괴롭힘은 어린아이들에게 커다란 영향을 미친다. 아이들의 온라인 삶은 정체성과 사회적 교류 방식에서 핵심적인 부분이기 때문이다."

　5명 중 3명의 학생은 괴롭힘을 경험한 적이 있고, 충격적이게도 5명 중 1명은 1주일에 한 번 이상 괴롭힘을 당했다고 답했다. 실제로 230만 명의 학생이 괴롭힘을 당한 적이 있다고 응답했는데, 이는 괴롭힘을 당한 학생이 그러지 않은 학생보다 더 많다는 얘기다.

기술과 함께 발달하는 아이들

"헤이 알렉사. 〈블루이〉 틀어줘." 두 살밖에 안 된 아이들이 흔히 하는 말이다. 두 살짜리가 이처럼 매우 자신 있게 지시하는 걸 보면 놀랍기도 하겠지만, 이 모습은 그들의 세대가 형성되고 있는 세계를 잘 보여준다. 그들의 세계에서는 많은 가정에서 모든 연령대가 인공지능을 사용할 것이다.

MIT미디어랩MIT Media Lab의 한 연구팀은 아이들이 인공지능 기기와 어떻게 소통하는지 분석하기 위해 선행 연구를 했다. 그들은 3~10세의 어린이들로 이뤄진 집단이 4개의 인공지능 '행위자'와 어떻게 소통하는지를 관찰했다. 인공지능 행위자는 구글 홈, '알렉사'라는 조수가 있는 아마존 에코닷Echo Dot, '줄리Julie'라는 챗봇 태블릿 앱, 장난감 회사 안키Anki가 만든 소형 자율 로봇 '코즈모Cozmo'였다. 아이들 대부분은 인공지능 행위자가 다정하고 신뢰할 수 있다고 생각했고, 좀 더 큰 아이들은 인공지능, 특히 알렉사가 자기보다 똑똑하다고 말했다.

음성 인식 기술은 지난 몇 년간 발전을 거듭해 알파 세대가 자신 있게 사용할 정도로 편의성이 높아졌다. 알파 세대 자녀들의 엄마인 젠은 포커스 그룹 인터뷰에서 이렇게 확인해줬다. "아이들은 뭐든지 시리를 사용해요. 내가 '누구랑 이야기하니?'라고 물으면 '그야, 시리죠'라고 대답해요." 다른 엄마도 말했다. "주방에 시계가 있는데도, 우리 아들은 '헤이 구글. 지금 몇 시야?'라면서 구글 홈에 물어요." 부모들이 자녀가 음성 기술과 나누는 소통에서 더 밝은 면을 본다는 것은 좋은 일이다. 앨빈이라는 한 아빠는 질문이 끊이지 않는 아이들에게 이렇게 말한 적이 있다고 털어놓았다. "내 이름은 구글도, 시리도, 알렉사도 아니야!"

알파 세대와 함께 기술이 발달하면서 인공지능과 음성 인식 같은 사용자 친화적 트렌드는 인간과 기계 사이에서 점점 더 흔한 의사소통 방법이 될 것이다. 그리고 시간이 갈수록 키보드와 스크린 대신 제어장치 없이 제스처로 인식하는 기술, 기기와 인간 사이의 쌍방향 대화로 바뀔 것이다.

영국의 방송과 통신 관련 규제기구인 오프콤Ofcom은 아이들의 미디어 사용에 관한 보고서에서 5~15세의 아이들 사이에 스마트폰과 태블릿 소유가 늘어나 스마트폰을 소유한 아이는 41%, 태블릿을 소유한 아이는 44%에 달한다고 밝혔다. 10세까지의 아이들은 태블릿 기기를 소유할 확률이 높지만, 9세에서 10세가 될 때 스마트폰 소유 비율이 23%에서 50%로 2배 이상 늘었다. 15세쯤에는 대부분 아이가 자기만의 스마트폰을 소유한다.

3~4세 아이들 대다수(55%)는 태블릿을 사용하는 것으로 드러났다. 알파 세대 사이에는 유튜브 사용이 계속 늘어, 특히 8~11세 아이들에게는 주요 시청 플랫폼으로 여겨졌다. 유튜브에서 성공해 많은 팔로워가 있는 유튜버들은 인플루언서, 배우나 팝 스타들과는 다르다. 유튜버들의 성공은 많은 마케팅 예산, 영화사나 뮤직 레이블을 이용하는 것이 아니라 시청자의 조회 수, '좋아요'와 추천 수 증가로 이뤄진다는 면에서 그렇다. 게다가 그들의 성공은 팬들과 유기적으로 연결돼 있다. 결과적으로 알파 세대는 자기도 이렇게 될 수 있다고 생각하게 됐고, 우리와 인터뷰한 많은 아이가 나중에 커서 유튜버가 되고 싶다고 말했다. 알파 세대는 자신이 팔로우하는 유튜버들

과 연결돼 있다고 느낀다. 자기가 투표하고, '좋아요'를 누르고, 영상을 공유하면서 그 유튜버의 성공을 만들어내는 데 주요한 역할을 했다고 생각하기 때문이다. 또한 댓글을 달고, 제품을 구매하고, 새로운 영상을 처음 시청한 사람이 되는 쌍방향 참가로 유튜버와 연결돼 있다고 느낀다.

알파 세대와 소통할 때 다음 5개의 유튜브 채널이 가장 많이 언급됐다. 각각 누적 조회 수가 몇억 건에 달한다.

- 퓨디파이PewDiePie
- 두드 퍼펙트Dude Perfect
- 미스터비스트MrBeast
- 라이언의 세계
- 디오드원즈아웃TheOdd1sOut

이 외에도 포트나이트와 마인크래프트처럼 인기 있는 게임을 플레이하는 콘텐츠로만 동영상 전체를 구성한 유튜버들이 많다. 라자르빔LazarBeam과 래키Lachy가 대표적인 예다.

틱톡처럼 더 새로운 플랫폼도 엄청난 인기를 얻었다. 틱톡은 소셜 미디어 플랫폼일 뿐만 아니라 짧은 형태의 비주얼 콘텐츠를 제공하는 오락 플랫폼이기도 하다. 사용자의 관심에 맞춰 콘텐츠를 직관적으로 제공하기도 한다. 틱톡은 특히 트윈과 10대들에게 인기 있는 플랫폼이다. 틱톡은 2018년 11월 월간 활성 사용자가 6억 8,000만 명을 넘었고, 2021년 초반 코로나19 팬데믹 기간에는 급격히 증가해 10억 명을 넘어섰다. 몇몇 가정에서는 아이들이 친구들과 영상을 공유하면서 확실히 지루함을 많이 덜기도 했다. 알파 세대가 지금은 너무 어려서 틱톡을 사용할 수 없을지라도, 플랫폼의 트렌드는 알고 있다.

아이들을 안전하게 지키기

부모들은 틱톡과 같은 소셜 미디어 플랫폼과 관련해서 개인정보 문제를 걱정한다. 특히 자녀의 어떤 데이터가 수집되고 있고, 그것이 어떻게 보관되고 있는지 신경 쓰인다고 말한다. 하지만 오늘날 아이들은 그렇게 생각하지 않는다. 그런 것들이 걱정스럽다면, 21세기의 세상을 20세기 사고방식으로 살아갈 수밖에 없다. 알파 세대는 태어나서 지금까지 디지털 지문을 남기며 살아왔다. 그것이 그들이 아는 유일한 세상이다. 아이들은 현재를 생각할 뿐 미래를 걱정하지 않는다. 그들은 우리와 다른 시간의 관점을 지니고 있으며, 매우 실용적이다. 기술 플랫폼이 자신들의 정보를 모은 대가로 관련 콘텐츠나 더 유용한 조언을 내놓는다면, 아이들은 그게 더 좋은 일이라고 생각하는 경향이 있다. 그 덕에 해당 플랫폼에서 고객 맞춤형 정보를 받을 수 있기 때문이다.

　알파 세대는 또한 광고와 콘텐츠를 크게 구별하지 않는다. 실제로 광고는 갈수록 콘텐츠와 구별하기가 어려워지고 있다. 그것도 소셜 미디어 세계의 일부이므로 아이들은 이전 세대만큼 광고를 건너뛰려고 하지 않고, 광고에 회의적이지도 않다. 소셜 미디어의 세계에서는 광고주 자신이 소셜 미디어 인플루언서이자 콘텐츠 제작자인 경우가 흔하다. 그들이 제품을 배치하고 그 브랜드를 지지하는 사람이

자 알파 세대가 소비하는 광고에 출연하는 사람들이다. 만약 어떤 브랜드를 홍보하거나 특정한 제품을 지지한다면 광고겠지만, 알파 세대에게는 그저 콘텐츠일 뿐이다.

부모들에겐 자녀를 올바르게 양육할 책임이 있다. 아이들은 자기가 무엇을 먹는지 신경 쓰지 않지만, 부모들은 신경 써야 한다. 아이들은 햇볕에 타면서도 모자를 쓸 생각을 하지 않지만, 아이들에게 모자를 쓰라고 상기시킬 사람은 부모들이다. 영양가 있는 식습관을 기르게 하고 햇볕으로부터 보호하는 행동을 권장하면서 자녀의 장기적 건강을 우선순위 상단에 놓는 것처럼, 부모들은 자녀가 온라인에 무엇을 공유하는지를 의도적으로 관리하면서 자녀의 고용과 사회의 미래를 걱정해야 한다.

페이스북, 구글, 인스타그램, 틱톡 같은 플랫폼들이 사용자 데이터를 어떻게 모으고 관리하는지 우리는 더 많이 인식하게 됐다. 그러니 부모는 알파 세대에게 그들이 올린 게시물이 영원히 남는다는 것을, 이런 플랫폼에 정보를 주면 어떤 결과(신분 도용, 데이터 스크래핑, 안면 인식 등)가 생길지를 가르쳐줘야 한다.

자녀의 인터넷 사용에 관해 부모는 무엇을 걱정하는가

온라인을 사용하는 5~15세 아이들의 부모는 자녀의 인터넷 사용과 관련하여 다음과 같은 점을 걱정한다.

- 자녀가 온라인에서 무엇을 하는지 정보를 수집하는 회사들(50%)

- 현재 또는 미래에 자녀의 평판을 훼손할 가능성(42%)
- 부적절한 사람들에게 개인정보를 주는 것(41%)
- 온라인에서 돈을 써야 한다는 압박감(41%)
- 사이버 폭력(40%)
- 자신에게 상처를 주거나 해치라고 부추기는 콘텐츠(39%)
- 온라인에서 낭비하는 많은 시간(37%)
- 온라인 콘텐츠(32%)
- 자녀가 급진적으로 변할 가능성(29%)

　　고립된 스크린 타임과 안전에 관한 이런 걱정들은 알파 세대의 부모들로 구성된 포커스 그룹에서도 표현됐다. 한 부모는 이렇게 말했다. "유튜브나 소셜 미디어와 TV의 차이는 아이들이 무엇을 받아들이느냐에 있어요. 모두 함께 TV 쇼를 볼 때, 우리는 모두 같은 경험을 공유하면서 그걸 중심으로 결속할 수 있죠. 여기에는 사회적인 의미 같은 게 있어요. 하지만 유튜브에서는 아이들이 콘텐츠를 혼자서만 보죠. 그건 고립된 경험이라서 무엇을 봤고 어떤 영향을 받았는지 파악하기가 정말로 어려워요." 자극적인 콘텐츠부터 아이들에게 부적절한 광고까지, 부모들은 인터넷이라는 헤어날 수 없는 수렁을 걱정한다. 특히 아이들이 그런 콘텐츠를 우연히 접할까 봐 걱정한다. 폭력, 포르노, 도박, 욕설, 잔혹성, 성 차별주의, 인종 차별주의, 약물 사용, 절제되지 않은 채팅방을 포함한 콘텐츠가 그 예다.

　　알파 세대 자녀의 엄마 크리스털은 이렇게 말했다. "요즘 아이들은 너무 똑똑해서 최신 유행을 아주 잘 알고 있어요." 하지만 그녀도 온라인에서 개인정보와 콘텐츠의 안전 문제에 관해 우려하며, 우연히 클릭해서 적절치 않은 것들을 보기가 너무 쉽다고 말했다. "유튜브에서 버튼을 잘못 누르면, 포르노를 광고하는 팝업창이 튀어나올 때가 있잖아요." 부모들은 통제권을 행사하고 자녀가 무엇을 보는지를 확실히 확인해서 부적절한 콘텐츠를 보지 않도록 막을 수 있다. 자녀가 온라인에서 보는 콘텐츠에 관해 허심탄회하게 최대한 많이 이야기하는 것도 좋다. 이런 방식은 어떤 사건이 발생하든 빨리 대응할 수 있게 해준다.

디지털 지능 격려하기

알파 세대를 이끌고 양육할 때, 그들에게는 온라인상의 사회적 삶이 서로 얼굴을 마주하는 사회적 삶만큼 중요하다는 점을 명심해야 한다. 호주 온라인안전국이 어려서부터 지능을 발달시키는 데 도움이 될 몇 가지 조언을 제공했는데, 우리는 이것을 다음의 다섯 가지 습관으로 확장했다.

습관	실천 방법과 그 이유	예
존중을 가르쳐라.	온라인에서 만난 모든 사람을 직접 만날 때와 똑같이 존중하라고 아이들을 격려해라.	누군가에 직접 말하기 불편한 말은 온라인에서도 하지 않는 것이 가장 좋다는 사실을 강조해라.
공감을 연습할 방법을 찾아 가르쳐라.	뭔가에 응답하기 전에 다양한 관점을 고려하도록 가르쳐라. 왜 사람들이 다양한 관점을 가졌는지 토론하여, 각기 다른 삶의 경험이 상황을 보는 방식에 어떻게 영향을 미치는지 깨닫게 해라. 또한 단지 다르다는 이유로 그 관점이 나쁘거나 틀린 것은 아니라고 설명해라.	당신이 누군가의 상황을 알고 나서 왜 그가 그렇게 행동하거나 느꼈는지를 더 잘 이해했던 경험이 있다면, 그 경험을 자녀와 공유해라.

이보다 훨씬 전인 2017년, 페이스북은 6~12세의 아이들을 위해 고안된 '메신저 키즈Messenger Kids'라는 새로운 앱을 내놓았다. 가족은 기본이고 부모가 승인한 친구들과 소통하게 하는 앱이다. 이 앱에서는 부모들이 계정을 만들고, 모든 연락처를 승인하게 돼 있다. 페이스북에 따르면, 이 앱에는 광고가 없기 때문에 자녀의 데이터가 상업적 목적으로 수집되지 않는다고 한다. 같은 맥락에서 인스타그램은 2019년, 많은 어린 사용자가 직면하는 디지털 또래 압력을 줄이려는 노력으로 '좋아요'의 숫자를 없앴다.

앱 크리에이터들이 부모와 사용자에게 온라인 안전을 가르치는 데 도움이 되고자 의도적인 조처를 하고, 이를 관리할 도구를 제공하는 모습이 매우 고무적이다. 부모들은 자녀가 디지털 세계를 안전하게 헤쳐나갈 수 있도록 어떤 기능들이 준비돼 있는지 미리 확인해야 한다.

소셜 미디어에서 '소셜'은 무엇을 의미할까

온라인에서 어린이들의 사회적 삶이 직접 대면하는 사회적 삶만큼 중요하다는 사실을 알면서도, '어린이들이 기기를 너무 오래 사용하면 사회적 기술이 부족해지지 않을까?'라고 생각하는 사람이 많아졌다. 특히 알파 세대 자녀를 둔 부모들은 자녀가 기기와 소셜 미디어에 너무 몰두해서 다른 사람과 소통하는 법을 모를 것이라고 걱정한다.

"기기와 소셜 미디어의 단점은 물리적·사회적 소통을 놓치게 된다는 것입니다. 기술을 사용하느라 고립돼 있다면, 당연히 친구들과 어울려 놀지 못하죠. 자랄 때 저는 심심해 보이는 친구를 보면 '같이 놀러 가자!'라고 말했었죠. 우리는 자전거를 타거나 이런저런 놀이를 하면서 밖에서 사회적 교류를 했어요. 이제는 그런 것들이 사라진 것 같아서 걱정이에요. 사회적 소통, 사람들과의 접촉에는 많은 가치가 있어요. 그걸 잃는다면 무엇으로 대체할 수 있을지 모르겠어요." - 알파 세대 자녀를 둔 부모

많은 부모에게 소셜 미디어 세계는 그들이 어릴 적 나누었던 사회적 교류와는 매우 달라서 여러 가지 걱정을 한다. 부모들에게는 매우 현실적인 우려지만, 어린이들은 자기가 소셜 미디어를 사용하는 것에 대해 크게 걱정하지 않는다. 부모들에게는 매우 다른 세상이지만, 소셜 미디어 세계는 알파 세대와 Z세대가 알고 있는 세상의 전부다. 게다가 그들은 소셜 미디어를 사용하느라 너무 바빠서 사회적 교류를 걱정할 겨를조차 없다! 떠오르는 세대는 소셜 미디어 사용에 괴롭힘이나 앉아서 생활하는 라이프스타일 같은 문제가 있을 수 있다는 것을 인정하면서도, 한편으로는 또래와 연결해주는 재미있고 창의적인 방식으로 여긴다.

"틱톡은 재미있어요. 저와 친구들은 춤을 추고 바보처럼 행동하지만, 모두 즐겁게 함께해요. 인스타그램은 친구들 생일을 축하하려고 사용해요. 아니면 저와 친구들 사진 중에 잘 나온 사진들을 게시하죠. 사진 밑에 붙일 멋진 캡션도 같이 생각해내요. 어른들이 온라인이 엄청 위험하다고 생각한다는 걸 알고 있지

를 형성할 수 있는 이야기를 아이의 관점에서 매력적이고 유머러스한 방식으로 보여줘요. 저는 나무가 무성한 교외에서 자란 Y세대 아빠로서 이런 짤막한 에피소드를 보면 어린 시절의 기억이 불현듯 떠올라요. 때로는 현재 제가 처한 육아의 딜레마를 해결할 새로운 아이디어를 얻기도 해요!"〈블루이〉는 부모와 아이들 모두를 사로잡은 TV 프로그램의 예다. 그 프로그램이 보여주는 긍정적인 가치를 믿기 때문이다.

어린아이들은 브랜드의 가치를 친구들 사이에서 트렌드와 유행에 신경 쓰는 것만큼 중요하게 여기지 않는다. 오늘날의 Z세대가 그렇듯, 10대와 청년기가 되면 브랜드의 가치에 신경을 쓰겠지만 말이다. 그러나 많은 부모는 자신이 사용하는 브랜드가 윤리적이고 지속 가능한 가치관을 지니고 있기를 열망한다. 그 열망을 현실화하는 가장 좋은 방법은 지갑으로 투표하는 것이다. 다시 말해, 가족의 중요한 가치관에 부합하지 않는 브랜드를 구매하지 않는 것이다.

장난감 브랜드의 미래에서도 가치관을 기반으로 한 기업이 성공할 것이다. 다음 세대의 결속력을 높이고, 커뮤니티의 소통을 용이하게 하며, 사회적·세계적 기술을 개발하는 장난감 기업 말이다. 오늘날 브랜드가 아이들과 소통하는 데 핵심이 되는 쟁점은 다양성, 포용력, 대표성이다. 마텔의 모니카 드레거는 이렇게 말했다. "우리 회사에는 대머리인 탈모 인형과 의족을 한 바비 인형이 있고, '올해의 미국인 소녀'는 보청기를 하고 있어요. 아주 어린 아이들에게 세상에는 많은 유형의 사람들이 있다는 것을 알려주기 위해서죠. 우리 연구에서 아이들에게 인형을 보여주자, 한 소녀가 그 인형을 너무 좋아했어요. 그녀는 항암치료를 한 후 머리가 다시 나기 시작했는데, 아무도 그 아이가 여자아이라는 걸 몰랐죠. 인형을 보고 그녀는 치료받을 당시 이 인형을 갖고 있었더라면 좋았겠다고 아쉬워하며 말했어요. '세상에 저 같은 사람이 또 있다는 걸 알았더라면 너무 좋았을 거예요'라고요."

사람들은 기업의 정신과 제품, 마케팅에 갈수록 더 큰 기대를 건다. 대의명분과 윤리 의식이 분명한 브랜드를 사용하길 원하기 때문이다. 마케팅이 포화 상태라는 건 소비자로서 선택할 수 있는 회사가 많아졌다는 의미이고, 제품을 선택하는 기준이 그 회사가 세상에 베푸는 선善으로 바뀌고 있다는 의미다. 그런 회사 중 하나가 '헬로 선샤인Hello Sunshine'이다. 영화배우 리스 위더스푼Reese Witherspoon이 설립한 회사로, 그들이 만드는 모든 이야기의 중심에 여성을 내세운다. 헬로 선샤인의 아동 및 애니메이션 수석 감독인 앤드루 톨버트Andrew Tolbert는 이렇게 말했다. "변화해가는 여성 이야기의 서술 방식에 정말로 기대를 걸고 있어요. 우리는 권력과 능력이 있는 여성 캐릭터들이 좋은 결정을 내려 그에 따라 행동하는 콘텐츠를 만들려고 해요. 여성에게 힘이 있는 콘텐츠 말이죠." 이것은 지금도 일어나고 있는 변화이며, 영화 및 TV의 미래와 알파 세대가 보고 자라면서 영향을 받을 콘텐츠들의 변화다. 여성이 연기하는 캐릭터가 늘어나고 그들에 관한 이야기가 더 많아질수록 힘을 지닌 여성의 예를 더 많이 보게 될 것이다.

톨버트가 말을 이었다. "저는 많은 목소리를 듣고, 많은 이야기를 읽어요. 하지만 꽤 까다롭게 결정해요. 우리의 임무가 매우 분명하니까요. 저는 책을 읽으면서 자신에게 물어봐요. '회사로서 우리는 이야기에 어떤 가치를 불러와서 다음 세대에게 전해줄 수 있지?'라고요. 이런 생각은 우리에게 매우 중요합니다. 우리가 핵심 임무와 일치하는 태도를 유지하게 할 뿐만 아니라 세상과 다음 세대에 더 큰 파급력을 미치는 콘텐츠를 만들게 하니까요."

헬로 선샤인은 자사의 가치관과 연결된 콘텐츠를 만들어내고 주도적으로 발굴하는 회사의 분명한 롤모델이다. 콘텐츠 제작자들이 더 의도적으로 사회문제를 다루므로 이런 경향이 점점 더 흔해질 것이다. 다만, 방식은 더 미묘해질 것으로 생각한다.

우리가 인터뷰한 어느 TV 프로듀서는 이렇게 말했다. "우리는 프로그램에서 어떤 규범들을 보여줘야 한다는 걸 명심하고 있어요. 그래서 우유를 마신 후에 우유 팩을 재활용하는 아동의 캐릭터 같은 것들을 포함할 방법을 찾고 있습니다. 분명한 메시지를 보낼 만큼 명시적일 필요는 없지만, 아이들이 공감대를 형성할 수 있고 모방할 수 있는 긍정적인 행동을 보이는 캐릭터가 있는 것이 중요하죠."

'한 아이를 키우는 데 온 마을이 필요하다'라는 잘 알려진 아프리카 속담은 오늘날에도 여전히 사실이다. 부모, 양육자, 교사, 콘텐츠 제작자들은 모두 아이를 교육하고, 정보를 주고, 즐겁게 하려고 노력해야 할 뿐만 아니라 아이들이 올바른 가치관을 형성할 수 있도록 협력해야 한다. 알파 세대는 기술과 스크린, 기기로 정의되지만 알파 세대가 그것들에 지배되지는 않을 것이다. 기술을 둘러싼 이해와 인식이 커지면서 알파 세대는 마케터의 압박이 아닌 개인 선호를 바탕으로 주도적인 결정을 내릴 것이다. 궁극적으로 알파 세대는 기술에 대한 개인의 경험을 통제할 수 있고, 기술이 자신과 또래, 가족 그리고 자신들의 세계에 미치는 영향을 통제할 수 있음을 보여줄 것이다. 알파 세대가 그 목표에 도달하도록 돕는 것이 부모와 교사, 리더인 우리의 책임이다.

이 장의 핵심

알파 세대가 형성되고 있는 기술의 세계, 아이들 및 기술과 관련해 부모들이 직면하는 갈등을 살펴봤다. 기술은 정보에 더 쉽게 접근하게 해주고, 남들과 유대감을 쌓게 해준다는 이익이 있지만, 한편으로는 문제점도 있다. 여기에는 아동의 사회성 발달과 두뇌 발달의 어려움, 즉각적 만족, 스크린 중독, 조숙함, 오래 앉아 있는 라이프스타일, 온라인 괴롭힘 등이 포함된다. 단점의 목록이 길긴 하지만, 기업들이 기술과 소셜 미디어, 콘텐츠를 가치 지향적으로 바꾸려고 변화를 주고 있는 것은 고무적인 현상이다. 점점 더 기술 중심으로 변화하는 세상에서 알파 세대의 부모는 자녀가 위대한 스크린 시대에서 잘 살아가기 위한 기술을 갖추도록 실용적인 전략을 마련해야 한다.

5

Generation Alpha's Lifestyle

알파 세대의 라이프스타일

포기하지 마세요. 저는 여러분 모두를 믿습니다.
사람은 아무리 작더라도 사람입니다.

- 닥터 수스Dr. Seuss

알파 세대를 둘러싼 세상은 끊임없이 변화하지만, 현재의 흐름을 잘 관찰하면 미래에 그들이 어떻게 살지 분석하고 예측할 수 있다. 이 장에서는 오늘날 가구의 구성과 집의 디자인, 경제적 여력이 알파 세대의 내 집 마련이라는 목표에 어떤 영향을 미칠지를 분석한다. 소유하는 대신 월세를 내고, 수평적 커뮤니티 대신 수직적 커뮤니티의 세상에서 살아갈 가능성이 큰 알파 세대를 철저히 조사한다. 또한 인구 성장과 변화가 그들이 살 커뮤니티에 어떤 영향을 미칠지도 알아본다. 운송 수단부터 지역 개발, 그들이 기대하는 생활 방식의 변화(심지어 직장에서의 변화)까지 이 장에서는 알파 세대가 어떻게 살지를 전반적으로 살펴본다.

오늘날 부모들은 자녀에게 가능한 한 최선의 삶과 라이프스타일을 제공하려고 열심히 노력한다. 오늘날의 경제 상황, 인구 이동, 주택 구매 능력과 유형, 스마트홈과 커뮤니티의 정의 등 모든 것이 알파 세대의 부모들이 성장했던 때와는 다르다.

가구, 주택과 집

미국은 가구를 '음식, 주거지, 기타 생계를 위한 필수품들을 공동으로 마련하는 사람들의 집단이자 인간 사회의 근본적인 사회경제적 단위'라고 풀이한다. 대부분 사람에게는 가족이 가구다. 확대 가족의 구성원까지 가구에 포함하기도 하지만, 동거인이 있는 사람들이나 공유 숙소에 있는 사람들, 노인 요양 시설에 거주하는 이들에게 가구는 가족과 뚜렷이 다르다. 가정은 한 사람의 삶에서 특히 어린 아이의 삶에서 안정성에 꼭 필요한 기반이다. 어떤 이들은 빽빽한 스케줄, 더 적어진 가족 구성원 수, 더 높아진 기술 의존도 탓에 '가정'이라는 감각을 잃어버렸다고 느낄지도 모른다. 만약 당신도 그렇다면 '아, 옛날이여'를 되뇌며 그 시절을 회상하는 세대의 사람일 것이다. 그 시절에는 아이들이 동네 거리에서 뛰어놀았고, 나무에 올랐으며, 형제·자매와 소꿉놀이를 하며 왁자지껄하게 떠들었다. 이제 이야기할 알파 세대의 양육 환경은 상당히 달라 보이겠지만, 가정과 그 소속감에 대한 갈망은 변함이 없다.

호주에는 대략 1,000만 가구가 있다. 구성원이 평균 2.6명인데, 1911년에는 4.5명이었다. 전국적으로 주택의 3분의 1은 온전히 명의자의 소유이고, 3분의 1 이상은 주택담보대출이 설정된 집이며, 나머지는 임대주택이다. 현재 사용 중인 주택 중에서 욕실 3개짜리 집이 가장 높은 비율을 차지한다.

미래의 가구

가장 어린 알파 세대가 30대에 도달하는 2041년쯤에는 호주에 어느 때보다도 많은 1,300만 가구가 있겠지만, 부양할 아이들이 있는 가구의 비율은 현재보다 낮을 것이다. 그때까지 호주의 인구는 계속 노령화되고, 1인 가구(주로 노인들)의 숫자가 더 많아질 것이다. 또한 부부로만 구성된 가구가 더 많아질 것으로 보인다. 이런 가구는 자녀가 독립해 빈 둥지를 지키는 노인 부부, 아이를 나중에 갖거나 갖지 않기로 한 더 젊은 부부들로 구성될 것이다. 자녀가 있는 부부 가구가 여전히 가장 많겠지만, 부부로만 구성된 가구가 전체의 3분의 1을 차지하고, 1인 가구도 4분의 1 이상을 차지할 것이다.

홈 디자인의 스타일, 적용하는 기술, 트렌드가 꾸준히 바뀌고 있지만 가정을 만드는 변치 않는 주요 요소가 있다. 가정의 주요 목적, 즉 사람들이 모이고, 먹고, 자고, 쉬고, 유대감을 쌓는 안전한 장소가 되는 것이다.

오늘날 기술은 전보다 더 가정에 통합돼 있다. 건설 현장 관리자인 마이클은 이렇게 말했다. "우린 항상 자동화 전문가와 함께 일합니다. 우리가 짓는 집은 첨단 주택이라서 기술이 처음부터 통합돼 있어요. 집을 구상하는 단계에서부터 고객, 전기 기술자, 자동화 전문가가 협력해서 스마트홈을 지어요. 스마트홈은 온도, 조명부터 오락 시설, 보안, 가전제품까지 모든 것이 기기로 조절됩니다."

사람들은 집을 지을 때 이런 스마트 장치들을 점점 더 많이 통합한다. 2020년 호주 주택 4채 중 1채가 스마트홈으로 추정되고, 2025년쯤에는 이 수치가 모든 주택의 절반으로 늘어날 것이다. 가정에 기술이 통합되는 방식은 우리가 자라던 시절과 다르지만, 많은 알파 세대에게 스마트홈은 그들이 아는 유일한 가정의 형태가 될 것이다.

호주인들은 전보다 더 자주 이사한다. 임차인들은 평균 1.8년에 한 번씩 이사하고, 주택담보대출이 있는 사람들은 평균 8년을 머문다. 주택 구매의 난제는 현재 가족이 감당할 수 있는 주택이나 감당할 수 있는 지역의 주택을 구매하지만, 일단 대출금을 상환하면 더 큰 집을 찾아 나선다는 것이다. 이런 경향이 홈 디자인과 개조에 더 많은 유연성을 불러와서 앞으로 주택은 꽤 다양한 유형의 매력과 기능성을 갖추게 될 것이다. 또한 한때는 독신 근로자, 학생, 예산에 민감한 사람들이 주로 거주했던 도심과 인구 밀도가 높은 다양한 동네가 이제는 젊은 부부와 가족들에게 인기를 끌고 있다.

주택의 형태에서는 여러 세대로 이뤄진 가구 또는 부모님 집에 머물면서도 더 독립된 공간을 찾는 젊은 성인들에게 적합하도록 분리된 주택이 점점 더 많아지고 있다. 게다가 실내외 겸용 공간이 점점 더 가치 있게 여겨지고 있다. 아이들이 예전처럼 공원이나 숲으로 자유롭게 나갈 수 없어서 야외 활동을 위한 공간을 찾기 때문이다. 가구나 가족의 크기가 더 작아지면서 감당할 수 있는 비용의 더 작은 집과 아파트를 찾는 트렌드는 지나갔고, 재택근무와 온라인 학습의 시대가 되면서 이제는 반대로 더 많은 방과 더 넓은 공간을 찾는 수요가 커지고 있다.

주택 구매력과 미래

주택 구매력은 호주에서 지속적인 난제다. 대도시 그리고 최근에는 일부 중소 도시에서도 주택 가격이 크게 상승했다. 주택 수요가 공급을 초과하기 때문에 주택 가격이 점점 더 올라가고 있다. 인구 성장, 더 적은 수의 구성원이 더 작은 가구를 이루며 사는 트렌드(그래서 인구에 비해 더 많은 집이 필요하다), 최초 주택 구매자뿐만 아니라 더 작은 집으로 옮기는 사람, 해외 구매자, 현지 투자자, 슈퍼 펀드 및 신탁재산을 관리하는 사람들이 한동안 호주 주택 가격의 상승을 주도했다. 호주의 인구는 현재 매년 약 1.4% 증가하고 있고, 증가하는 인구가 주택 가격에 미치는 영향은 평균 연봉과 비교했을 때 가장 두드러진다. 지난 20년간 풀타임 직장인의 연봉은 2000년에 평균 4만 2,000달러에서 오늘날 8만 9,000달러로 2배가 됐다. 그 기간에 시드니의 주택 가격은 평균 23만 3,000달러에서 오늘날 110만 달러로 거의 4배 증가했다.

20년 전 시드니의 평균 주택 가격은 평균 연봉의 6.8배였다. 오늘날은 평균 연봉의 12.6배로 올랐고, 시드니 중심업무지구CBD에서 차로 40분 거리에 있는 캐슬힐 같은 교외는 연봉의 16배에 달한다. 집값이 10년마다 2배로 오른다는 통설이 항상 맞는 건 아니지만, 평균적으로 지난 반세기 동안 호주의 대부분 대도시에서는 들어맞았다. 만약 앞으로도 비슷한 추세로 가격이 변동한다면, 알파 세대 중 최고 연장자가 20대가 되어 집을 보러 다니는 시기인 2040년경에는 시드니의 평균 주택 가격이 거의 450만 달러에 달할 것이고, 멜버른의 주택은 평균 약 330만 달러가 될 것이다.

이런 상황이라면 부모들은 당연히 알파 세대 자녀의 주택 구매력을 걱정할 것이다. 한 엄마가 말했다. "저는 좀 큰 아이 둘이 있는데, 애들이 집을 사지 못할까 봐 걱정돼요. 생활 수준이 너무 높아져서 나랑 계속 함께 살아야 할까 봐, 아이들이 살기 힘든 세상이 될까 봐 걱정이에요."

위대한 오스트레일리안 드림

부동산 전략가이자 구매 대리인인 제이 앤더슨Jay Anderson은 이렇게 말했다. "재정적으로 알려진 어려움 이외에도 내 집 마련을 열망하는 사람들은 사회적·심리적 압박감을 느낍니다. 처음 주택을 구입하는 사람들은 꿈에 그리던 집이 첫 집이 되기를 원합니다. 베이비붐 세대는 호황기를 누렸기에 꽤 많은 이들이 구매한 첫 집에 머무르면서 가족이 늘어남에 따라 집을 개조하고 현대화할 돈을 저축했죠. 밀레니얼 세대는 이런 환경에서 자랐기 때문에 부모가 노년에 누리는 생활 수준이 그들 기대의 출발점이 된 겁니다."

부동산 사다리에 올라타려고 오늘날 젊은이들은 '엄마아빠은행Bank of Mum and Dad'에 크게 의존하는데, 알다시피 돈이 없기 때문이다. 보통의 주택시장에서도 많은 이들이 구매를 미루면서 뒤처지고 있다. 시드니의 평균 주택 가격과 평균 연봉을 다시 한번 살펴보자. 이번에는 풀타임 근로자의 세후 평균 연봉이 약 6만 7,000달러라는 점을 명심하자. 만약 주택시장이 1년에 7% 오른다면 평균 부동산 가격(110만 달러)은 7만 7,000달러 상승한다. 이는 연봉보다 1만 달러나 높으며, 더욱이 세금을 공제하고 실제 수령하는 연봉과 비교하면 차이가 더 커진다.

임대시장

Y세대 부모들 사이에서는 주택 마련이라는 꿈이 여전히 강렬하지만, 알파 세대에게 미래의 주택 소유는 오늘날과 꽤 달라질 것이다. 한 엄마가 말했다. "우리 아이들이 집을 사려고 애나 쓸지 잘 모르겠어요. 아이들은 그냥 집을 임차해서 살겠다고 할지도 몰라요. 그 집이 마음에 들지 않으면 또 이사하겠죠."

알파 세대는 스포티파이와 넷플릭스처럼 구독 모델을 이용하며 자랐고, 부모들이 렌털 서비스를 이용하는 모습도 일상적으로 봤다. 따라서 이동성이 매우 강한 알파 세대는 집을 소유하려는 열망에서 임차하는 쪽으로 변화하는 경향을 보일 것이다. 현재 호주에서 세입자는 평균 2년 미만밖에 머물지 않는다. 알파 세대는 클라우드 서비스를 이용하고, 온라인으로 일하며, 늦은 나이에 가족을 이루고, 교외에서 살 확률이 훨씬 낮아질 것이다. 따라서 주택 점유 기간이 짧은 이 트렌드가 계속될 것으로 예상한다.

호주의 주택 공급률은 세계적으로 볼 때 높은 편에 속하지만, 내 집을 갖고 싶다는 욕구가 워낙 강해서 임대 비율은 비교적 낮다. 세입자의 비율이 스위스 56%, 홍콩 49%, 독일 48%인 데 비해 호주는 31% 수준밖에 되지 않는다. 예를 들어 뉴욕에서 월세는 시장 가격보다는 인플레이션의 제약을 받고, 부동산 관리도 기업적으로 이뤄진다. 집주인이 저소득층 임차인에게 4주 전에 통지하면서 터무니없이 비싼 가격을 불러 세입자를 쫓아낼 수 없다는 점에서는 안정감이라는 요소로 작용한다. 이런 도시에서는 5년의 임대 기간으로 시작하는 임대차계약이 드물지 않다. 유럽소비자센터 독일 지점은 무기한 임대계약이 독일에서 사용되는 가장 흔한 형태의 임대계약이라고 했다. 어떤 임대계약이든 1년 이상의 기간으로 합의했다면 무기한으로 간주돼 세입자에게 연장할 권리를 주므로 주거 안정성이 높다.

호주에서도 부동산 구입 비용이 증가하면서 앞으로 몇십 년간은 더 저렴한 임대와 장기 임대를 지지하는 압박이 가해질 것으로 보인다. 이에 따라 세입자와 집주인 모두에게 더 안전한 주거 제도가 생겨날 것이다. 이는 알파 세대에게 긍정적인 신호인데, 이들은 라이프 스타일에 맞게 구매보다는 임대를 선택할 것이기 때문이다. 그에 따른 단점이라면 주택 소유와 함께 오는 이익을 누릴 수 없다는 것이다. 예를 들면 주택담보대출을 갚으면서 강제로 하게 되는 저축처럼 목돈을 마련할 기회를 놓치게 되고, 가치가 급등하는 큰 자산을 소유한다는 장점을 누릴 수 없다.

수직 공동체의 증가

전통적인 호주 집은 대체로 분리돼 있어서 앞쪽에는 차고가 있고 뒤쪽에는 마당이 있다. 최근에는 전통적이고 수평적인 커뮤니티(단독주택)와 반대되는 수직적 커뮤니티(아파트 등)가 증가했다. 가격이 적당하고 접근성이 좋다는 이유로 단독주택보다 아파트 거주를 선택하는 사람이 늘고 있다. 그 이유를 찾기는 어렵지 않다. 아파트는 돈과 시간을 절약해주고, 내 집을 소유하는 최적의 방법이기 때문이다.

아파트에 사는 사람들은 단독주택에 사는 사람과 비교해 1년에 주택 유지비로 평균 3,713달러와 270시간을 절약한다. 재정적 이익과 관리의 수월함 이외에도 대중교통·상점·카페 같은 생활 편의 시설로의 접근성, 강력한 보안 등이 아파트에 사는 사람들이 누리는 추가적인 혜택이다.

알파 세대 대다수가 큰 뒤뜰이 딸린 단독주택이 아니라 아파트 단지에서 자랄 것이다. 이런 아파트 단지들은 카페·헬스장·상점을 갖추고 있고, 걸어갈 만한 거리에 유아 돌봄 서비스 센터가 있으며 가끔은 아파트 건물 안에도 있다.

이런 수직 커뮤니티에 사는 사람들에게는 많은 혜택이 있다. Y세대인 제시카는 말했다. "남편과 저는 아파트에 사는데, 시드니 외곽에 구매한 단독주택에서 여기로 이사 왔어요. 출퇴근에 시간이 너무 많이 들어서 이사를 결심했죠. 지금은 그 집에 세를 놓고, 직장 근처의 아파트에서 월세로 살아요. 여기 살게 돼서 정말로 좋아요. 너무 예쁜 교외인 데다 근사한 카페가 있고 도심이나 시드니 항구와도 가까우니까요. 정원을 가꾸거나 주택을 관리할 필요가 없어져서 시간도 더 많이 생겼어요. 몇 년 후엔 아이를 갖고 싶은데, 아이가 태어나면 어디서 살지를 고민 중이에요. 현재 사는 아파트는 너무 좁아서 이사를 해야 하거든요. 우리 아파트 단지 1층에 어린이집이 있어서 도움이 될 수도 있겠지만요."

　　코로나19 팬데믹 때 수직 커뮤니티에 사는 사람들이 이웃 중에 더 취약한 사람들을 기꺼이 도우려 나섰다는 말을 들으니 마음이 훈훈했다. 사람들은 아파트 건물 승강기에 이런 게시물을 붙였다. "밖에 외출할 수 없거나 너무 걱정스러워서 밖에 나가 장을 보지 못하신다면, 필요한 것들을 문자로 편하게 보내주세요. 그러면 제가 대신 장을 봐서 문 앞에 가져다 놓을게요." 지역 커뮤니티가 이제 담장 너머로 이웃과 수다를 떠는 분위기는 아닐지라도, 이런 현대적 주거 스타일에서 새롭게 유대감을 쌓는 방식이 등장했다는 것은 굉장한 일이다.

변화하는 인구

인구 성장은 모든 주 정부가 공동으로 대응해야 하는 국가적으로 중요한 문제다. 인구 성장의 세 가지 주요 영역은 유학생·임시 숙련공·이민자들 같은 일시적 이민, 기술의 흐름을 통해 유입되는 영구 이민, 출산을 통한 자연적 증가다.

　　20세기가 시작하면서 외국에서 들어오는 남성 중심 이민자들의 수에 크게 영향을 받아 대체로 남성 인구가 여성보다 많았다(대략 110:100). 지난 인구조사에 따르면, 현재는 여성이 인구의 50.7%로 남성보다 많다.

지난 세기 동안 노동시장에 가장 큰 영향을 미친 변화는 직장에서 여성의 숫자가 증가했다는 것이다. 20년 전에는 약 54%에 불과했지만 2020년에는 여성의 3분의 2가 노동시장에 진입한 것으로 밝혀졌다. 이는 가족의 생활 수준을 끌어올리는 데 도움이 됐고, 호주 경제 성장의 원동력이 됐다.

호주는 또한 인구가 노령화되고 있다. 65세 이상 인구에 비해 근로 가능한 인구가 지난 50년간 빠르게 줄어들었다. 노동시장에 참가하는 여성의 증가가 나이 든 직장인들이 은퇴할 때 생기는 공백을 메워줄 것이고, 더 늦은 나이까지 일하는 호주인들의 트렌드도 도움이 될 것이다. 우리의 연구에서는 호주인 대부분이 이민 덕분에 풍부해진 문화적 다양성을 귀중하게 생각하는 것으로 드러났는데, 그들은 앞으로도 인구가 더 증가하기를 바랐다. 호주의 출산율(여성 1명당 출산한 아기 수)이 1.6(이는 도태율 2.0보다도 낮다)으로 내려가면서 이민이 인구 감소를 막고 인구의 노령화에 대응하는 데 중요하다는 사실이 분명해졌다. 코로나19로 폐쇄된 국경은 호주가 국제 관광객, 워킹홀리데이 체류자, 호주를 찾는 계절 노동자, 유학생과 숙련공 이민자들에 얼마나 많이 의존하는지를 명백히 보여줬다.

개발과 위성도시들

인구 대다수가 대도시와 수도 근처에서 살지만, 지방 역시 위성도시로서 개발에 전력을 다하면서 정부의 관심을 받고 있다. 위성도시는 수도 외곽에 있는 더 작은 독립형 도시로, 혼잡과 장거리 통근을 피하고자 이곳으로 이주해 일하고 거주하는 사람이 늘어나면서 크게 발전하고 있다.

브리즈번 중심업무지구 북쪽에 있는 모튼 베이가 위성도시의 좋은 예다. 주택 가격은 시드니보다 60% 저렴하고, 임금은 약 12% 적다. 호주의 또 다른 위성도시로는 그레이터 스프링필드(브리즈번 서쪽), 엘런브룩퍼스(시내에서 30분 거리), 웨리비(멜버른과 절롱 사이) 등이 있다.

코로나19 기간에 봤던 대로, 알파 세대가 원격으로 쉽게 일할 수 있고 따라서 전형적으로 중심업무지구에 있는 인기 많은 직업을 잃을 걱정이 없다면 이런 신규 위성도시들로 이사하는 것도 나쁘지 않은 선택지가 될 것이다.

라이프스타일의 변화

알파 세대의 삶은 기술의 도움을 받을 것이다. 예컨대 육체노동을 대신 하거나 작업을 더 쉽게 해주는 등 기술이 라이프스타일의 일부가 될 것이다. 20년 전에 호주인들은 많은 가사노동을 외부에 위탁하기 시작했다. 잔디를 깎거나 집을 청소하라고 사람을 고용하는 것에서 시작됐는데 근래에는 애견 목욕, 쓰레기통 살균, 심지어 오븐 청소 같은 일에도 사람을 고용한다. 21세기 가족의 라이프스타일이 변화할 것으로 예상되는 만큼 그 기회는 갈수록 늘어날 것이다. 식사 준비 서비스부터 발전한 육아 서비스까지, 전문적인 행사 주최부터 개인 컨시어지 서비스까지, 전문 파티 플래너부터 스타일과 이미지 컨설턴트까지 다양해질 것이다. 이런 외주 서비스는 Y세대에게 일상이 되었으므로 그들이 양육하는 알파 세대에게도 삶의 일부로 여겨질 것이다. 알파 세대는 바느질하는 법, 자동차 오일 교환하는 법, 고기 굽는 법과 같은 과거의 기술을 배울 필요가 없을 것이다. 기술과 온라인 서비스, 외부 위탁 서비스가 알파 세대를 위해 그 일들을 할 테니 말이다.

이런 라이프스타일의 변화가 직장에서도 일어나고 있다. 기업은 이제 웰빙 매니저들을 고용하고, 도시의 많은 건물이 오피스 컨시어지를 갖췄다. 알파 세대는 일에 관해 많은 기대를 품고 있다. 그들이 관심을 기울이는 것은 직무 기술서나 월급만이 아니다. 그들은 직업을 고려할 때 직장이 제공하는 문화, 다양성, 재미, 직업 훈련, 목적의식, 관리 스타일, 유연성도 염두에 둘 것이다.

알파 세대의 언니·오빠들(Z세대)은 윗세대보다 중소 규모의 조직에서 일하는 것을 선호하는 경향이 있다. 이것이 우리에게 시사하는 바는 기업의 크기만으로 일할 기업을 선택하지는 않는다는 것이다. 신생 세대는 작은 회사와 비영리 단체가 제공하는 즐거움, 다양성, 라이프스타일이라는 요인들까지 고려할 것이다.

직장이 알파 세대의 라이프스타일에 맞추려면

노동시장에 진입할 때가 되면 알파 세대는 직장의 문화, 일과 삶의 통합, 다양한 직무, 발전을 위한 훈련과 기회, 격려하고 다가가기 쉬운 리더십 스타일을 우선시하는 직장을 찾을 것이다.

이웃 간 유대가 적고 봉사 단체의 회원이 줄어들면서 신생 세대는 월급을 받는다는 재정적 욕구뿐만 아니라 사회적 욕구도 채워주고 소속감을 느낄 수 있는 직장을 찾을 것이다. 이 신생 근로자 세대에게는 직장 내 커뮤니티, 그들이 기여할 수 있는 분명한 비전, 노고에 대한 인정이 중요할 것이다.

알파 세대는 긱 이코노미 및 기간제 근로와 함께 노동시장에 등장할 것이고, 근무 방식에서 유연성을 찾을 것이다. 이 유연한 근무 방식은 전 세계 노동자들이 집에서 일을 해야 했던 코로나19 팬데믹 시기에 단단히 자리를 잡았다. 이것이 미래에 알파 세대가 일하는 주요 방식이 될 것이다.

이 장의 핵심

알파 세대가 어떻게 살 것인지를 분석했다. 알파 세대는 더 다양한 가구와 가족 형태라는 환경에서 성장할 것이다. 기술과 더욱 통합된 집에서 살 것이고, 거주지는 전통적 단독주택이 아닌 아파트일 확률이 높다. 아파트라는 수직 커뮤니티는 그들에게 새로운 라이프스타일을 제공할 것이다. 또한 그들의 라이프스타일에서 일은 중요한 부분이 될 것이고, 삶의 다른 면과 마찬가지로 일이 전반적인 웰빙에 확실히 기여하는지를 고려할 것이다.

6

The Alpha Consumer

알파 세대 소비자

브랜드는 이제 우리가 소비자에게 말하는 것이 아니라,
소비자들이 서로에게 말하는 것이다.

- 스콧 쿡Scott Cook

알파 세대를 소비자라고 말하는 것이 이상해 보일 수도 있지만, 그들은 이미 가정 내 구매 결정에 영향을 미치고 있다. 이 장에서는 알파 세대가 어떻게 미래를 만들어갈지, 어떻게 기술 중심의 소비자가 될지, 그들의 소비 행동은 과거 세대와 얼마나 다를지를 분석한다. 알파 세대를 잘 이해하고, 그들을 위한 제품을 개별 주문 서비스로 만들기 위해 회사들이 '해커톤Hackathon'과 마케팅과 과학을 어떻게 사용하고 있는지를 살펴본다. 또한 슈퍼마켓 쇼핑의 미래, 미래의 알파 세대 구매자, 소비의 변화하는 속성, 왜 알파 세대가 가장 힘 있는 소비자 세대인지도 살펴볼 것이다.

기술은 어느 때보다 빨리 발전하고 있고, 그에 따라 이전 세대가 경험하지 못했던 방식으로 소비 습관이 형성되고 있다. 최근에는 코로나19라는 사건 때문에 많은 기업이 몇 년이 아니라 몇 주 만에 변화에 발맞춰야 했다.

지난 10년 동안 소비자 환경은 대량으로 판매하는 시장에서 개별 주문과 주문 제작 방식으로 바뀌어왔다. 예컨대 오프라인 매장에서 쇼핑하던 것이 온라인 쇼핑으로 바뀌어 온라인 제품에 275억 달러를 소비하기에 이르렀다. 소비자를 이해하고 트렌드를 선도한 기업들이 이 기간에 번성했다.

오늘날의 소비자는 단순하면서도 자신만의 특정한 욕구를 맞춰주는 제품과 서비스를 점점 더 우선시한다. 기업들이 겪는 어려움은 이제 단지 핵심 브랜드 메시지를 잘 전달하는 것으로는 불충분하고 각 세대의 독특한 욕구를 듣고 이해해야 한다는 것이다. 그런 다음 경쟁자들과 차별화하기 위해 적절한 방식으로 대응해야 한다. 알파 세대 중 가장 어린 구성원은 아직 태어나지도 않았지만, 그들은 현재와 미래에 가장 중요한 소비자 집단이다.

미래를 만들어가는 목소리

알파 세대는 브랜드에 대해 자기 연령대를 뛰어넘는 영향력과 구매력을 지닌다. 그들은 부모의 구매 결정에 크게 영향을 주고, 새로운 소셜 미디어의 환경을 만드는 미래 세대의 디지털 구매자들이다.

현재 호주에는 300만 명의 알파 세대가 있고, 세계적으로는 매주 280만 명이 태어난다. 이 세대의 구성원 전원이 태어난 직후인 2025년에는 세계적으로 20억 명이 넘어서 역사상 가장 큰 세대를 이룰 것이다. 그리고 10년 후, 20대에 접어든 알파 세대는 주요 마케팅 타깃이 되어 광고 메시지의 집중 포격을 받을 것이다. 기업들이 10년 후에 존재하는 것은 물론이고 계속 번영하고 싶다면, 알파 세대와 그들의 세계를 이해하는 일이 필수다.

오늘날 아이들 세대는 어른들 눈에 보이는 것뿐만 아니라 목소리까지 들리는 환경에서 성장한다. 한 엄마가 이렇게 말했다. "우리 아들은 방 한쪽에 있으면서도, 우리가 나누는 대화를 듣고 끼어들어요. 자기가 모든 일에 참여해야 한다고 생각하는 것 같아요." 요즘 아이들은 가족의 관심을 한 몸에 받고 있어서 TV에서 무엇을 볼지부터 휴가를 어디로 갈지까지 가정 내 많은 결정에 영향을 미친다.

마텔의 모니카 드레거는 이렇게 말했다. "우리는 회사 내부에 자체 연구소가 있어요. 거기서 소비자 통찰력을 직접 다루면서 아이들과 자주 얘기를 나눠요. 아이들이 무엇에 관심이 있는지를 이해하려고 기초 조사를 많이 하죠. 예를 들어 제품과 장난감, 그들의 열망과 가치관은 물론이고 그것들이 변할지 어떨지와 무슨 일이 일어날지 등에 관해 조사해요. 저는 요즘 아이들이 훨씬 더 낙관적이라고 생각하고, 그래서 저도 확신이 생겨요. 일고여덟 살의 어린아이들이 환경문제를 논의하면서 개인적으로 무엇을 할 수 있을지를 얘기하다니, 이전 세대에게서는 볼 수 없었던 점이죠."

이 세대는 아직 개인 소득이 없지만 가족의 구매 결정에서 큰 목소리를 내고, 언제나 환경과 지속 가능성을 염두에 둔다. 우리 연구에서는 80%의 부모가 어떤 행동을 하거나 소비 결정을 내릴 때, 알파 세대 자녀들에게 환경을 더 의식하라는 압박을 받는다고 말했다. 포커스 그룹에서 한 부모는 이렇게 말했다. "우리 아이들은 공원에 갈 때마다 청소를 하고 싶어 해요. '앗, 쓰레기가 있네. 우리가 치워야 해'라고 말하죠."

기술 중심의 소비자

알파 세대는 의도치 않게도 스크린과 음성 인식 비서가 보모이자 오락과 교육의 보조 수단이 되는 세계적인 실험의 일부가 됐다. 6~12세 호주 아이들 5명 중 2명은 스마트폰을 소유하거나 사용하고 있으며, 2013년 이후로 사용량이 점점 늘어나고 있다. 기술은 그들의 생애 내내 존재하면서 도움을 줬고, 무엇을 찾든 즉각적인 만족을 줬다. 알파 세대는 스마트 기기와 음식 배달 앱, 개별 주문형 서비스가 가능한 가정에서 성장하고 있다. 소비자 경험에서는 알고리즘과 개인화를 기대한다. 앞으로 그들은 가정 내에서 영향력을 지닌 존재에서 그에 걸맞은 경제력을 갖춘 기술 트렌드의 선도자로 변모할 것이다.

또한 그들은 디지털 결제의 시기에 성장하고 있다. 코로나19는 현금과 신용카드 결제에서 디지털과 비접촉 결제로 바뀐 현금 없는 사회로 가는 길을 앞당겼다. 알파 세대에게는 운전면허증이나 지갑이 필요하지 않을 가능성이 크고, 오늘날에도 이미 많은 전통적 카드가 스마트폰에서 이용할 수 있게 됐다.

구매는 하지만 돈은 나중에 내는 애프터페이Afterpay나 집Zip 같은 서비스가 다음 세대를 마케팅 대상으로 삼는 경향이 점점 강해지고 있으므로 재정적으로 책임감을 느끼면서 불필요한 빚이 쌓이지 않게 도와주는 가이드가 필요할 것이다. 알파 세대는 기민한 세대로서 가정 내 구매력에 영향을 미치지만, 부모들은 여전히 그들의 구매 행동을 돕고 안내하는 중요한 역할을 한다. 알파 세대 두 자녀의 아빠인 제임스의 얘기다. "아이스크림 트럭이 우리 동네에 와서 음악을 틀어놓을 때마다, 아이들에게 그건 아이스크림이 떨어졌다는 뜻이라고 가르쳤어요." 아이들은 곧 사실을 알게 되겠지만, 이 재미난 이야기는 요즘 아이들이 더 많은 권한을 부여받고 목소리를 높이고 있으면서도 소비자 행동에서는 여전히 부모가 중요한 역할을 한다는 점을 상기시킨다.

소비자 행동이 알파 세대에게 어떻게 작용할까

사회학과 심리학을 간략히 살펴보면, 알파 세대의 욕구가 미래 소비자로서 해야 할 역할과 떼려야 뗄 수 없는 관련이 있음을 알게 될 것이다.

미국 심리학자 에이브러햄 매슬로Abraham Maslow는 '매슬로의 욕구 5단계'라는 이름으로 알려진 인간의 발달심리학 이론을 세웠다. 근본적으로 그것은 인간의 사회적 욕구를 설명한 폭넓은 분류 시스템이다. 그 이론은 1954년 그의 저서 《동기와 성격》에 처음 발표됐는데, 매슬로는 인간 자아실현의 본질을 분석하고 전체적으로 피라미드를 형성하는 5단계 모델의 개요를 서술했다. 욕구 5단계 이론은 자아실현을 하거나 잠재력을 성취하기 위해서는 개인의 기본적 욕구가 충족돼야 한다고 설명한다. 어떤 사람이 1단계 욕구를 충족하면, 다음 욕구 단계를 추구하도록 강하게 동기를 부여받을 것이다. 개인이 각 단계를 거치며 발전할수록 불안감이 줄어들면서 궁극적으로 자아를 실현한다.

이를 알파 세대에게 적용할 때, 흥미롭게도 그들은 3단계(사회적 욕구)부터 초점을 두면서 거기서부터 위로 올라간다는 사실을 목격했다. 생존의 욕구와 안전의 욕구는 대체로 걱정하거나 열망하는 것이 아니기 때문이다. 그들은 사회적 단계부터 결정을 시작한다. 이것은 소비자로서의 행동에 관해서는 그들에게 가치관에 부합하느냐 아니냐가 가격이나 품질보증서보다 더 중요하다는 의미다.

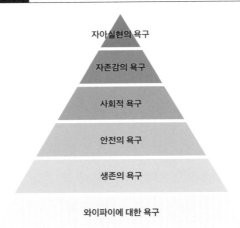

자아실현의 욕구

자존감의 욕구

사회적 욕구

안전의 욕구

생존의 욕구

와이파이에 대한 욕구

1. 생존의 욕구/와이파이에 대한 욕구

이 단계는 음식, 공기, 주거지, 따뜻함, 잠 등 인간의 생존에 필수적인 것들을 포함한다. 신생 세대에 관해 이야기할 때 우리는 농담으로 피라미드의 맨 아래쪽에 와이파이를 추가해야 한다고 말한다. 그것이 알파 세대의 삶에서 다른 많은 면보다 더 근본적이기 때문이다. 그들에게 스마트폰은 시계이자 타이머이고 카메라인 동시에 연락 수단이며 정보에 접근하는 수단이다. 또한 지불 수단이자 비상 연락망이다. 그들에게 스마트폰은 기기 이상의 의미를 지니며 숨 쉬는 것과 마찬가지로 생존에서 핵심 기능을 수행한다.

소비자로서 고려 사항: 그 제품은 안전한가? 환경에는 안전한가? 광고하는 대로 작동할까? 가격이 적당한가?

2. 안전의 욕구

원래는 신체적 안전을 의미하는데, 알파 세대는 (물론 신체적 안전이 필수적이긴 하지만) 정신적 웰빙과 안전에 초점을 둔다. 그들의 관심사는 인간관계에서 느끼는 안전이다.

소비자로서 고려 사항: 제품의 품질보증 내용은 무엇인가? 고장이 나면 어떻게 할까?

3. 사회적 욕구

전통적으로 이 욕구 단계는 가족과 친구에게서 느끼는 소속감과 사랑과 애정을 통해 충족되는 욕구를 의미한다. 알파 세대에게도 이런 면은 매우 중요하다. 그들이 현재 친구와 가족이 가장 중요한 시기를 거치고 있기 때문이다. 코로나19 기간의 사회적 거리두기와 봉쇄 조치에 가장 부정적인 영향을 받은 이들은 더 어린 세대였다. 떠오르는 세대에게는 사회적 관계가 삶의 많은 영역과 연결돼 있기 때문에 특히 더 중요하다.

소비자로서 고려 사항: 내가 이것에 정체성을 느끼는가? 이 브랜드나 제품이 나에게 맞는가? 이것이 남들과 친하게 해줄까?

4. 자존감의 욕구

자존감은 성취나 숙달로 달성했든 독립이나 지위를 통해 달성했든, 남들에게서 받는 존중·명성·존경으로 요약할 수 있다. 알파 세대에게 이 단계는 소셜 미디어로 공공연하게 자존감을 얻고 자기 삶을 온라인에 기록하는 것을 포함하는 방향으로 바뀌었다. 특히 남들 앞에서 자기를 더 자랑스럽게 느낄 수 있도록 자극하는 동기 부여도 이 단계의 욕구에 포함된다.

소비자로서 고려 사항: 이것이 나를 어떻게 보이게 할까? 이것이 나를 어떻게 느끼게 할까?

5. 자아실현의 욕구

피라미드의 맨 꼭대기를 차지하는 이 욕구는 개인적 성장과 경험을 추구하면서 충족감을 느끼게 하는 개인적 잠재력 실현의 욕구다. 다만, 자아실현은 '오래오래 행복하게 살았답니다'라고 말하는 완벽한 상태가 아니라 그렇게 되어가는 지속적인 과정이라는 점에 주목해야 한다. 알파 세대에게 이는 성취감을 느끼는 개인이 되는 것이며, 잠재력을 완전히 활용하여 큰 변화를 일으키고 목적의식과 삶의 의미를 갖는 것이다. 자아실현은 기여할 수 있는 직업을 통해 또는 사회적으로 영향력 있는 캠페인에 참여할 수 있는 소셜 미디어를 통해 열정을 느끼는 대의명분을 옹호하면서 이룰 수 있다. 그들은 가치 중심 구매를 함으로써(지속 가능한 원료를 공급하는 윤리적 브랜드를 구매함으로써) 쇼핑으로 세상에 변화를 촉구한다고 느낀다.

소비자로서 고려 사항: 이 브랜드의 가치관은 무엇인가? 윤리적 회사인가? 환경에 관해서는 어떤가? 이것이 가장 선한 내가 되는 데 도움이 되는가? 공정무역 브랜드인가?

사회적 교류의 욕구와 소속감, 음식, 주거지, 따뜻함, 안전과 안정성을 향한 욕구는 세대가 바뀌어도 변함이 없을 것이다. 그러나 업계는 알파 세대만의 욕구에 맞춰 상품을 제공하고 마케팅하는 방식을 발전시켜야 한다. 그러지 못하면, 뒤처질 것이다.

민첩성: 미래까지 살아남기

마케터와 제조업자, 서비스 제공업자들은 글로벌한 세상에서 살아남으려면 알파 세대에게 계속 귀를 열어야 하고, 이 미래 소비자들에게 유용한 제품과 서비스를 디자인해야 한다. 그리고 알파 세대와 효과적으로 소통하는 방법을 배워야 한다. 그러려면 무엇을 해야 할까? 우선 그들이 원하는 것과 필요로 하는 것, 어떤 어려움을 겪는지를 알아내기 위해 그들과 친해져야 한다. 만약 세계에서 가장 큰 이 소비자 세대를 이해하지 못한다면, 그 기업은 시대에 뒤처지면서 조금씩 밀려나고 말 것이다.
코로나19 기간에 호주 전역의 크고 작은 기업들이 공중보건 규제가 불러온 광범위한 변화에 대응하고 적응해야 했다. 봉쇄 조치에 가장 심각한 타격을 입은 업계인 서비스 업계에서는 고객에게 제품을 전달하는 방식이나 제품 자체를 바꾼 기업이 많다. 예컨대 호주의 정상급 레스토랑 중 일부는 봉쇄 조치 기간에 테이크아웃으로 전환했다. 또 증류주를 생산하던 공장은 팬데믹 기간에 전국적으로 공급량이 부족했던 손 세정제 제조로 전환하기도 했다.
다가오는 미래에 생존만이 아니라 번성하기를 원하는 기업이라면, 미래의 소비자로서 알파 세대를 이해하고 그들에게 귀 기울여야 하며 그에 적절히 대응해야 한다.

해커톤

기술에 익숙한 능력 덕분에 알파 세대는 혁신을 밀어붙여 현실이 되게 할 것이다. 우리는 그저 그들을 테이블에 앉히기만 하면 된다. 그러면 우리가 미처 깨닫기도 전에 알파 세대는 아이디어와 미래를 만들어낼 것이다.

최근 몇 년간 제품 개발업자와 마케터들이 떠오르는 세대의 관점을 접하게 된 방법 중 하나가 해커톤이었다. 걱정하지 마시라. 해커톤은 이름처럼 사악하지 않아서 컴퓨터 보안을 뚫는 범죄하고는 관계가 없다.

해커톤은 약간 파티 같은 분위기를 띠는 행사다. 회사나 제품 개발자가 24~48시간 정도로 시간을 정해두고 참가자들을 초대해 작은 그룹으로 콘셉트, 아이디어, 시제품을 개발하게 한다. 현재는 Z세대가 가장 많이 참여하고 있는데, 알파 세대 세계에 최적화된 개념이다. 강렬하지만 짧게 참여하고, 대개 사회적 문제를 해결하거나 자선단체를 돕기 위해 이뤄지기 때문이다. 함께 성취를 축하할 수 있는 팀 기반의 벤처 사업이라고 할 수 있다. 목표는 해커톤이 끝날 때쯤에 시제품이 만들어지거나 사업 모델이 개발되는 것이다. 팀은 아이디어를 내고, 공동으로 디자인하고, 시제품을 만든다. 그런 다음 테스트를 반복하면서 판매할 준비가 될 때까지 시제품을 다듬는다. 해커톤에서 테스트한 서비스를 당신도 이미 사용하고 있을 확률이 높은데, 대표적인 곳이 페이스북이다.

페이스북의 해커톤 페이지에는 이렇게 쓰여 있다. "해커톤은 페이스북의 큰 전통입니다. 몇몇 훌륭한(또는 썩 훌륭하지 못한) 아이디어를 위한 기초가 되죠. 해커톤은 우리 직원들에게 새로운 아이디어를 시도하고 재미있는 환경에서 다른 사람들과 협업할 기회를 줍니다." 페이스북은 직책에 상관없이 모든 직원을 참여시키는 해커톤을 실시해 거기서 나온 제품 또는 서비스를 다듬어나간다.

해커톤에서 만들어진 기능 중 하나가 '안전 확인Safety Check'이다. 이 기능은 예를 들어 지진 피해를 본 사람들이 안전하다는 신호를 보내서 자신이 재난당하지 않았음을 가족과 친구들에게 알리기 위해 만들어졌다. 여기서 아이디어를 얻어 대피처, 식수, 응급 처치 같은 지역 자원들에 관한 정보를 게시하고 찾을 수 있는 공간을 사람들에게 제공하기 위해 안전 확인의 확장판도 등장했다.

대학교, 정부, 비정부 기구, 기업들이 모두 새로운 인재나 자라날 인재들을 참여시키기 위해 해커톤을 사용한다. 해커톤은 시간과 돈을 절약하면서 제품을 개발하는 방법이지만, 궁극적으로는 신선하면서 대안이 되는 관점을 불러오고 앞으로 직원이 될 사람들이 재능을 펼칠 장을 만들어주기도 한다. 어떤 이들은 해커톤 덕분에 기업이 보통은 고용하지 않을 사람들에게 문을 열어줘 다양성을 확보할 수 있다고 말한다. 앞서 살펴본 대로, 다양성을 장점으로 여기는 기업이 늘어나고 있기 때문에 알파 세대가 성장함에 따라 해커톤은 다양한 관점을 끌어들이는 데 점점 더 중요해질 것이다.

마케팅과 과학

아이폰과 같은 모바일 기기가 사람들의 삶에 도입된 이후로 마케팅 도구는 급격한 발전을 이뤘다. 어떤 제품을 찾으려고 구글 검색을 했는데 나중에 페이스북이나 인스타그램 피드에 그 제품과 관련된 팝업 광고가 계속해서 뜨는 것을 본 적이 있을 것이다. 마케팅에 데이터과학이 통합된 사례다. 데이터과학은 마케터들이 브랜드를 만들고 그 범위를 확대하기 위해 데이터를 사용하는 것을 포함한다.

이 변화는 전통적 형태의 마케팅을 넘어서 디지털로 변모했음을 의미한다. 데이터과학은 광고를 넘어서서 광고에 대한 우리의 관심을 조사한 뒤 마케터들에게 소비자들이 누구이고 어떤 행동을 하는지 알려준다. 이는 인구통계학에서 사이코그래픽스psychographics로의 변화이고, 궁극적으로는 세분화된 시장에서 단일 시장으로의 변화다.

이런 변화가 알파 세대에게는 큰 이익이 된다. 더 개인화된 마케팅 정보를 전달받아 의사결정과 구매 행동을 더 수월하게 할 수 있기 때문이다. 한편으로 기업들은 다른 세대보다 이 세대를 어린 나이부터 더 잘 알게 될 것이다. 어린이를 상대로 마케팅하고, 정보를 모으는 것에 관한 윤리적 논의는 항상 있기 때문에 기업과 부모들은 이를 알아야 한다. 특히 부모들은 자녀가 온라인에서 무엇을 하는지 잘 인식하고 있어야 하며, 개인정보를 어떻게 보호할지를 가르쳐야 한다.

슈퍼마켓 라이프스타일

쇼핑의 미래에 관해 그리고 미래 구매자들이 보일 미묘한 차이에 관해 발빠르게 대응하고 있는 부문이 슈퍼마켓 산업이다. 콜스Coles와 울워스Woolworths 같은 호주 슈퍼마켓은 식료품 가게에서 정육점, 베이커리, 심지어 초밥집까지 있는 원스톱 매장으로 바뀌었다. 두 업체 모두 기하급수적으로 성장하여 지금은 물류지원팀, 창고, 유통 시스템을 비롯해 다양한 크기의 매장을 운영한다. 예를 들어 교외에는 큰 매장들이 있고, 시내에는 통근자들을 위해 만들어진 더 작은 도심 매장들이 있다. 온라인 쇼핑과 배달이 증가하는 한편, 현대 슈퍼마켓들은 구매자들에게 매장 내에서 쇼핑하는 이유인 감각적 경험을 제공하고자 열심히 노력하고 있다.

당연하게도, 셀프 계산대는 꾸준히 도입되고 있다. 이는 슈퍼마켓에서 빠르고 쉽게 쇼핑하면서 직원들과의 접촉을 완전히 피하고 싶어 하는 알파 세대 구매자들에게 영향을 줄 것이다. 전 세계적으로 세인즈버리Sainsburys, 월마트Walmart, 알디Aldi, 크로거Kroger, 세븐일레븐7-Eleven, 스파Spar 같은 슈퍼마켓들이 모두 비슷하게 발전했다.

새로 등장하는 트렌드는 계산대가 전혀 없는 쪽으로 나아가고 있다. 그 모델이라고 할 수 있는 아마존고Amazon Go에서는 상품을 스캔할 필요 없이 인공지능 센서와 통합된 카메라가 구매자가 선택한 품목을 청구서에 추가한다. 미래에는 자동화된 카트와 매장 기반 기술을 볼 수 있을 것이다. 매장 기반 기술은 소비자의 기기와 통합돼 쇼핑 리스트대로 소비자를 안내하고, 스캔이 가능한 전자가격표시기ESL가 조리법·재료·제안 사항·고객 맞춤식 특별가 등을 알려준다. 또한 매장에서 제공되는 포인트를 환전해 제품 가격이나 주차비에서 자동으로 빼주기도 한다.

현대적 가치관: 로컬, 친환경, 건강한 제품

사람들은 제품과 음식에서 지역 커뮤니티와 더 가깝게 느낄 수 있는 '로컬' 제품을 점점 더 많이 찾고 있다. 호주인의 절반 이상은 현지에서 공급된 음식을 사는 것이 매우 중요하다고 답했다. 응답자의 3분의 2는 다음 세대 아이들이 신선한 음식의 원산지를 모를까 봐 매우 걱정하며, 지역과의 유대감을 유지하려고 한다.

　미래의 가게에서 커뮤니티 간 연계가 눈에 띄게 활발하고 현지 제품을 구매할 때 더 많은 이익을 얻을 수 있다면, 알파 세대는 지역 음식을 더 많이 구매할 것이다. 예를 들어 현지 수산물 시장이 지속 가능하고 환경친화적이라고 알려져 있다면, 알파 세대는 친환경 인증서가 없는 다른 가게나 시장보다 그곳에서 구매할 확률이 높다. 사람들은 계속해서 지역 농부들과 업체들을 지원하고 지역 경제를 뒷받침하면서 환경적 영향을 최소화하기를 원할 것이다.

　또한 구매자들이 지속 가능하고 윤리적인 선택을 하고자 할 것이므로, 소매업자들은 그 수요를 만족시켜야 할 것이다. 알파 세대는 아이 때부터 환경을 우선시했기에 이런 성향이 성장하면서 지속될 것이고, 나중에는 소비자로서의 행동으로 이어갈 것이다. 더 많은 투명성을 요구하고 소매업자나 제조업자들의 식품 이력을 더 많이 추적할 것이다. 소셜 미디어를 사용해 윤리적 걱정과 권고 사항 등을 끊임없이 공유하고, 환경과 사회적 책임을 평가하는 브랜드 등급 평가 사이트를 찾아볼 것이다.

　호주인들이 쇼핑과 관련해 점점 더 많이 고려하는 세 번째 요인은 건강인데, 이는 가치관에도 영향을 준다. 사람들은 과거보다 상품 라벨이나 재료 목록을 더 오래 읽으면서 첨가물을 훑어본다. 미래에 알파 세대 소비자의 선택을 좌우할 고려 사항에는 영양학적인 건강만이 아니라 사회 전체의 건강도 포함될 것이다. 이미 호주 구매자의 3분의 1 이상이 지속 가능한 제품을 기꺼이 구매할 것이라고 대답

이는 미국에 본사가 있는 고객 맞춤식 식단 사이트 해빗닷컴 Habit.com에서 이미 벌어지고 있는 일이다. 사용자들이 회사에 혈액 샘플을 보내면, 그들이 혈액을 분석하여 그 결과를 기반으로 맞춤식 영양 계획을 세운다. 이런 서비스들은 알파 세대의 건강과 웰빙 앱, 라이프스타일 목표와 관련돼 있다. 미래에는 소매업자들이 연결된 기기로부터 받은 데이터를 사용하여 더 개인화된 서비스, 예를 들어 고객의 식이 조건에 일치하는 서비스를 제공할 것이다. IGD가 실시한 '미래의 구매자들Shoppers of the Future'이라는 조사에서 85%의 구매자는 비만에 대응하는 정부 입법과 계획, 더 건강한 제품에 대한 투자, 과민증 및 알레르기의 증가하는 비율(또는 인식)과 관련하여 더 적극적으로 식단을 개선하려고 애쓰고 있는 것으로 나타났다. 이런 앱과 사이트들은 알파 세대 사이에서 큰 인기를 누릴 것이다.

효율적 스토어

알파 세대 구매자들에게 미래의 온라인 상점들은 더 편리해질 것이다. 다시 말해, 제품을 찾아서 구매하는 일이 더 빠르고 쉬워질 것이다. 로그인과 결제는 얼굴이나 음성, 터치 형태의 인식 기술을 사용할 것이다.

알파 세대 구매자들은 낭비가 덜할 것이다. 팩 사이즈가 더 다양하고, 식사 플래너 앱이 음식량을 관리하면서 남은 음식을 사용하라고 조언할 것이기 때문이다. 구매자들은 더 많은 배달 서비스를 받으며 양질의 신선한 재료로 때맞춰 만든 음식을 즐길 것이다. 배달은 더 빠르고 편리해져서 이 세대는 더 많은 자유시간을 누리게 될 것이다.

배달

주인이 없는 집이나 자동차, 심지어 '냉장고로 곧장' 배달해주는 서비스가 인기를 끌고 있는데, 코로나19가 이를 21세기의 일상적인 쇼핑 경험으로 만들었다. 구글의 자회사인 윙Wing과 같은 회사의 드론 배송은 이미 대세가 되어, 단골 배송과 크기가 작은 물품의 배송에서 현실이 되고 있다.

이런 장면을 상상해보자. 미래에 알파 세대가 노동시장에 진입했는데, 잠시 쉬는 시간에 인스타그램을 들여다보다가 제일 좋아하는 요리사가 올린 새로운 집밥 레시피 이미지를 발견한다. 당장 '구매하기'를 클릭한다. 몇 시간 후에 그가 퇴근할 때는 모든 재료가 차에 실려 그날 저녁 기막히게 좋은 식사로 요리될 준비가 돼 있다. 이것이 틀림없는 패스트푸드의 미래로, 사람들은 이제 집에서 요리할 것이다! 이런 효율성은 중요하다. 8~24세의 구매자 중 71%가 자기 삶이 5~10년 후에는 더 바빠질 것으로 생각하기 때문이다.

마찰 없는 상점

미래의 온라인 매장들은 오프라인 매장들과 더 잘 통합돼 마찰 없는frictionless 쇼핑 경험을 만들어낼 것이다. 고객이 계산대 앞에서 줄을 설 필요 없이 제품을 들고 바로 나설 수 있으리라는 얘기다. 오프라인 매장에 방문하기 전에 알파 세대는 온라인에서 매장 내부와 실시간 이용 가능성을 확인하고, 제품 정보에 접속해 제품 사용 아이디어를 얻고 상품평을 읽을 수 있을 것이다. 오프라인 매장에 도착하면, 개인 맞춤식 제안이나 추천을 받을 것이다. 또한 제품을 찾아 현금 없이 쇼핑 물품을 결제하도록 온라인 앱이 도움을 줄 것이다.

보이지 않는 상점

원한다면 온라인 스토어를 방문할 수도 있지만, 제품을 사는 것만이 목적이라면 굳이 그럴 필요는 없을 것이다. 음성 주문과 더불어 그들이 보는 디지털 콘텐츠 대다수에서 구매할 수 있을 테니 말이다. 영상이나 정지된 이미지를 보고 있다가 그 제품을 사고 싶으면 그냥 클릭만 하면 된다. 쇼핑 가능한 시간은 제한이 없을 것이다. 이는 미디어와 오락과 쇼핑의 결합을 의미한다. 그런 트렌드가 알파 세대 소비자에게는 더 편리하겠지만, 무분별한 쇼핑과 제품 소비로 이어지지 않도록 주의를 기울여야 할 것이다. 걷잡을 수 없는 소비지상주의, 충동구매, 위로 쇼핑, 식료품 사재기, 소비자 부채는 이미 우리 시대의 병폐가 됐다. 그래서 부모와 양육자와 교사들이 알파 세대에게 돈, 제품, 장난감, 빚과 건강한 관계를 맺도록 가르치는 것이 중요하다.

변화하는 소비의 본질

제품과 서비스를 소비하는 이런 새로운 방식들은 기술 덕에 가능해진다. 다시 말해 증가하는 연결성, 인공지능, 예측 알고리즘 덕분이다. 이런 기술들은 더 개선된 맞춤식 서비스, 개인화되고 즉각적인 소비자 경험을 제공하면서 서비스를 더 단순하게 하고 서비스에 대한 기대감을 높인다. 기술이 소비자에게 큰 이익을 주는 한편, 소비자로서 우리는 무엇을 돌려줄까? 더 간소화된 소비자 경험의 대가로 소비자 데이터를 넘겨준다.

나이 든 세대는 개인정보 유출을 걱정하지만, 새로 떠오르는 세대는 더 개선된 개인 맞춤형 서비스를 위해 기꺼이 자기 데이터를 넘겨준다. WP 엔진WP Engine과 리서치 업체 제너레이셔널 키네틱스 Generational Kinetics는 다음과 같은 연구 결과를 내놨다. "Z세대는 인터넷이 그들을 연결하고 즐겁게 하고, 그들에게 물건을 팔고, 그들의 디지털 브랜드를 만들어주기를 기대한다. 그들은 5년 이내에 시계, 냉장고, 진공청소기, 식기세척기와 그 외 가전제품을 포함한 모든 것이 온라인으로 연결될 것으로 예상한다. 5명 중 2명 이상은 더 많은 개인 맞춤형 서비스를 위해 개인 데이터를 제공할 것이다. 게다가 41%는 웹사이트가 그들이 필요로 하고 좋아하는 것이 무엇인지 예상하지 못하면 그 사이트를 다시는 방문하지 않을 것이다."

개인 맞춤형 서비스의 대가로 우리 데이터를 더 많이 이용할 수 있게 될 것이므로 알파 세대가 비판적 사고 능력, 디지털 문해력, 안전한 방식으로 소통하고 소비하는 안목을 기르도록 교육하고 준비시켜야 한다. 오늘날 아이들에게 의심하라고 가르치고, 개인정보가 얼마나 많은 정보를 주는지 조심하라고 가르치는 것은 소비자 정보를 더 많이 구하는 세상에서 이 세대가 안전해지도록 돕는 중요한 첫걸음이다.

신생 세대를 정의하는 주요한 특징 중 하나는 비주얼 세대라는 점이다. 그들은 어떤 주제에 관해 읽기보다 그것을 요약한 비디오를 보는 쪽을 훨씬 선호한다. 이런 세대가 시간을 보내는 지배적인 플랫폼은 유튜브, 인스타그램, 스냅챗, 틱톡 같은 비주얼 소셜 미디어 사이트. 알파 세대에게 이상적인 플랫폼은 소셜 네트워크이고, 콘텐츠는 시각적이며, 구성 방식은 스토리를 기반으로 한 것이다. 마케팅 전문가 세스 고딘Seth Godin은 이렇게 말했다. "마케팅은 이제 당신이 만드는 물건에 관한 것이 아니라, 당신이 들려주는 이야기에 관한 것이다." 만약 우리의 마케팅이 시각적이고 매력적이면서 스토리를 전한다면, 알파 세대가 형성되고 있는 지금 지나치게 연결돼 있고 메시지로 포화 상태인 세상에 영향력을 미칠 가능성이 더 클 것이다.

알파 세대에게 권한 부여하기

아이들은 장난감을 테스트하는 데 오랫동안 직접 참여했지만, 최근 우리는 그들의 참여에서 변화를 목격했다. 아이들은 전통적인 광고에서 홍보하는 장난감에 여전히 익숙하지만, 유튜브에서는 '언박싱' 영상이라는 엄청난 트렌드가 존재하고 특히 4~8세 아이들에게 인기가 높다. 주변에 아이들이 있다면 '라이언의 세계'와 같은 유튜브 채널을 본 적이 있을 것이다. 거기서는 장난감 제조사들이 제공한 최신 장난감들을 개봉하는 아이들의 영상을 보여준다. 아이들이 장난감 박스를 개봉한 후 그것을 가지고 놀며 논평을 한다. 영상을 본 아이들은 그들을 통해 간접적으로 언박싱을 경험한다. 장난감을 언박싱하는 아이들은 자기가 어떻게 보여야 하고, 어떻게 느껴야 하고, 무엇을 해야 하는지 알고 있다. 그들이 흥분하면 그 열광이 집에서 시청하는 다른 아이들에게 전염돼, 이 아이들도 나중에 매장에 가서 그 장난감을 사고 싶어 한다.

아이들을 대상으로 한 언박싱은 콘텐츠에 집중하게 될 미래 광고의 한 예다. 언박싱은 유튜브 브이로거와 소셜 미디어 인플루언서들에게 영향을 받는 디지털 세대의 소비자 특징에 맞춰진 것이다. 이런 콘텐츠는 타깃 소비자의 특징을 보여줄 뿐만 아니라 알파 세대가 그 과정에 참여하기 때문에 그들에게 권한을 부여한다. 그들은 수동적으로 소비하는 것이 아니라 공동 크리에이터로 참여한다. 틱톡, 로블록스, 마인크래프트Minecraft 같은 앱과 게임에서 아이들의 이런 행동을 볼 수 있는데, 아이들이 콘텐츠와 솔루션을 제공하고 만들어내고 개발한다.

알파 세대의 목소리는 가정에서만이 아니라 시장에서도 중요하다. 좋은 사례가 유튜브 채널 '라이언의 세계'로 유명한 라이언인데, 그는 이제 자기만의 장난감 브랜드를 개발하여 월마트에 납품하고 있다. 알파 세대는 세상에 목소리를 내고 있고, 소비자로서 그리고 광고 과정에서 힘을 행사하며 적극적으로 참여한다.

신세계적 사고방식으로 무장하다

알파 이전의 세대는 너무나 자주, 여러 각도에서 마케팅의 대상이 됐으므로 마케팅에 영리하고 민첩하게 대응한다. 이를 보고 자란 알파세대도 당연히 모방할 것이다. 이 새로운 세대는 대체로 또래의 추천, 소셜 미디어 인플루언서, 개인적 가치관에 따라 결정을 내릴 것이다. 그들은 자기와 교감하는 회사가 올바른 일을 하기를 원하므로 성장해서도 회사들의 사회적 책임을 살펴볼 것이다. 친환경 인증을 받은 회사들은 환경적·사회적으로 책임 있는 기업이라는 점을 부각하여 소비자의 신뢰를 높일 수 있다.

캔슬 컬처

2019년, 매쿼리 사전편찬위원회는 올해의 단어로 '캔슬 컬처'를 선정했다. 캔슬 컬처는 모욕적인 발언이나 행동을 한 개인 또는 기업에 대해 지지를 철회하는 관행을 말한다. 흔히 캔슬 컬처는 소셜 미디어에서 집단 망신 주기의 형태를 띠고, 어린 세대의 행동을 묘사하는 데 사용되기도 한다. 인플루언서 엘런 드제너러스Ellen DeGeneres가 최근 캔슬 컬처의 대상이 됐다. 그녀의 TV 쇼에서 일하는 전·현직 직원들이 유해한 직장 문화에 대해 그녀를 비난했기 때문이다. 이런 일은 인플루언서에게만 아니라 브랜드에도 일어난다. 펩시는 최근 '흑인의 목숨도 소중하다BLM'를 포함하여 세계적 시위 활동을 도용한 광고로 논란을 일으켜 비난을 받았다. 그리고 닥터 수스는 고정관념을 부추긴다고 여겨지는 일부 삽화와 표현에 관해 비난받은 후, 몇 권의 책에 대한 출판권을 회수했다.

최근 페이스북은 증오 발언에 대한 대응이 느리다고 비난받았는데, 그 여파로 코카콜라와 BMW 같은 브랜드들이 페이스북에서 광고를 철회했다. 미국 국회의사당 폭동이 있고 난 뒤 페이스북과 트위터Twitter가 도널드 트럼프에 대해 내린 퇴출 결정은 논란을 불러일으켰고, 그에 관해 여론도 엇갈렸다. 이런 일들을 보면 알파 세대가 기업들에 사회적으로 책임 있는 방식으로 행동하기를 요구할 뿐만 아니라 그들이 천명한 바를 대담하게 옹호하는 모습을 기대한다는 것을 알 수 있다.

그런데 한편으로는 캔슬 컬처라는 난처한 문제를 강조하기도 한다. 이는 떠오르는 세대의 '신세계적' 사고방식이다. 즉 이런 뜻이다. '내게 뭔가를 팔 거라면, 그 제품의 경험이 당신이 내게 팔려고 하는 제품과 일치하기를 바란다. 나는 당신의 제품이 책임감 있게 만들어지고 팔리고 있으며, 당신들이 기업으로서 사회적 이슈에 책임지고자 최선을 다한다고 믿을 수 있기를 원한다.'

잘 알려진 개인 생활용품 브랜드인 도브Dove는 사회적 이슈에 참여하는 브랜드의 대표적인 예다. 이 기업은 광고와 마케팅을 통해 이상적인 아름다움을 계속 홍보했지만, 정작 소비자에 관해 알게 된 것은 〈여성, 아름다움과 웰빙에 관한 세계적 연구Global Study on Women, Beauty and Well-Being〉를 통해서다. 그 연구는 대중문화에서 아름다움에 대한 묘사가 여성들에게 어떤 영향을 미쳤는지를 분석했고, 대중매체에서 아름다움에 관해 진실하지도 않고 실현할 수도 없는 아이디어를 지속해서 묘사했다고 지적했다. 2017년 도브는 모델이 아니라 실생활에서의 여성들을 출연시킬 것이며, 소녀들이 몸에 자신감과 자부심을 느끼도록 돕겠다는 내용의 브랜드 서약을 발표했다. 도브는 가치 중심의 기업임을 확실히 밝히는 변화를 시도하여, 고객들이 업계의 시각으로 본 아름다움이 아닌 자신의 아름다움을 볼 수 있게 돕는다.

캔슬 컬처가 나쁜 행동을 망신 주고 브랜드에 책임을 추궁하는 것을 의미하지만, 한편으로는 토론을 억압하고 일부 관점을 침묵하게 만들기도 한다. 최근 연구에서 호주인의 65%가 '캔슬 컬처의 증가로 내 의견을 언제, 누구와 말할지를 점점 더 자가 검열하게 된다'

라고 답했다. 캔슬 컬처 때문에 사람들은 남들에게 심판받거나 배제되는 것이 두려워 자신에게 솔직해지려 애쓰기도 하고(52%), 사람들이 어떻게 반응할지 두려워 화제의 이슈에 관해 자기 생각을 감춰야 한다고 느끼기도 한다(54%).

브랜드 또는 사람들에게 마땅한 책임을 지게 하는 것이 가치 있다고 알파 세대에게 가르치는 것은 중요하지만, 이슈에 관해 열린 대화를 하는 것도 중요하다. 2019년에 전 미국 대통령 버락 오바마는 캔슬 컬처를 두고 벌어지는 논란과 관련하여 이렇게 말했다. "그것은 행동주의가 아닙니다. 할 수 있는 일이 돌을 던지는 게 전부라면, 그다지 발전하지 못할 겁니다." 그는 일부 젊은이가 '가능한 한 비판하는 것'이 변화를 불러오는 최선의 방식이라고 느끼는 것 같다고 말하면서 세상은 엉망진창이고 모호함으로 가득하다고 경고했다. 그러니 알파 세대에게 실수한 사람을 계속 비난하라고 가르치기보다 대화에 참여하라고 가르쳐야 한다. 그럴 때 그들은 남에게 완벽함을 기대하지 않고, 대화를 통해 배우고 발전할 수 있다. 부모로서 해야 하는 중요한 역할은 누군가에게 책임을 추궁하는 것과 공개적으로 망신을 주는 것은 다르다는 걸 가르치는 일이다.

알파 세대가 가치 중심의 소비자 문화를 향해 움직이려면, '지지를 철회하기' 전에 신중해야 한다. 그리고 그런 자세가 브랜드와 기업에까지 확장돼야 한다. 목소리를 높이는 것은 절대적으로 격려할 일이지만, 지지를 철회하는 방식으로는 안 된다. 어떤 사람이나 기업이 사과할 기회와 이해하고 변화하기 위해 대화에 참여할 기회를 차단하기 때문이다.

이 신세계에서 알파 세대는 자기 시간과 돈을 어떤 브랜드에 투자하기 전에 그 브랜드를 충분히 알고 싶어 한다. 따라서 기업은 이들의 이야기에 귀를 기울이고, 더 친해지기 위해 노력하고, 제품을 전달하는 모든 과정을 투명하게 하는 것으로 응답해야 한다.

이 장의 핵심

알파 세대는 많은 정보를 알고 있고, 계속 연결된 소비자로서 성장하고 있다. 이는 그들의 태도와 소비 행동이 이전 세대와는 다르고 꾸준히 진화하고 있다는 의미다. 이 장에서는 그들을 오락 미디어와 소셜 미디어, 또래에 영향을 받는 기술 중심 소비자로 정의했다. 알파 세대가 자라면서 사용하는 틱톡, 마인크래프트, 로블록스 같은 플랫폼은 그들을 수동적 소비자라기보다는 적극적 공동 크리에이터로 규정했다. 그들은 자라면서 점점 더 기술을 소비자 행동으로 통합할 것이고, 이는 서비스나 제품을 구매하고 브랜드와 소통하는 방식에 영향을 미칠 것이다. 미래의 온라인 매장은 이전보다 개인화되고 더 쉽게 접근할 수 있게 될 것이다. 알파 세대는 힘이 있는 소비자다. 제품과 광고와 마케팅은 그들을 받아들이고 그들의 기대와 열망, 가치관을 충족시킬 때 그들에게 가장 잘 도달할 것이다.

7

The World of Alpha: A Future Forecast

알파가 살아갈 미래 세상 예측

젊은이들에게 지식이 있고 힘이 있을 때,
자신이 하는 일이 진정으로 변화를 불러온다는 것을 깨달을 때,
그들은 정말로 세상을 바꿀 수 있다.

- 제인 구달 Jane Goodall 박사

중요한 시점에 다음 세대가 물려받을 변화를 촉진하는 세대가 미래를 만든다. 베이비붐 세대를 예로 들어보자면, 그들은 인종 평등부터 여권 운동과 반전 운동 그리고 이제는 세계적 흐름이 된 환경 운동까지 사회적 변화를 선도했다. Y세대도 마찬가지로 구조적 변화를 일으켰다. 성별의 유리 천장을 깨는 것부터 다양성을 옹호하고 차세대 리더십에 힘을 보태는 등 다음 세대에 이익이 될 영향을 미쳤다.

이번 장에서는 알파 세대가 어떤 중요한 논의를 하게 될지, 그들이 기대하는 변화는 무엇인지를 살펴본다. 또한 스크린 시대의 어려움과 지정학적 변화와 인구 변화, 코로나19를 어떻게 헤쳐나갈지도 짚어본다. 아울러 이런 난관들이 있는데도 이들의 장래가 왜 여전히 밝은지를 이야기해보고자 한다.

알파 세대는 어떤 논의를 하게 될까

이전의 모든 세대가 그랬듯이, 알파 세대 역시 길을 찾아 자기 세대를 끌고 나가야 하는 독특한 어려움에 직면할 것이다. 그들은 미래에 어떤 대화를 하게 될까?

가장 중요한 주제는 노령기 삶의 존엄과 위엄이 될 것이다. 의학의 눈부신 발전으로 사람들은 더 오래 더 나은 삶의 질을 경험하리라고 기대한다. 인공 고관절 치환술, 무릎 관절 치환술, 어깨 관절 치환술은 최근에 큰 발전을 보였다. 약학의 비약적 발전과 새로 등장하는 의료기기, 개선된 외과 수술로 미래의 세대는 더 오래 살 것이다. 이는 은퇴를 계획할 나이와 은퇴 이후의 삶을 둘러싸고 국가적 차원의 논의가 더 많이 이뤄져야 한다는 의미다. 논의해야 할 사항에는 노년의 삶에 어떻게 위엄을 줄 수 있을지뿐만 아니라 국가가 장수하는 노인들을 어떻게 돌볼 것인지, 장수가 경제와 사회에 미칠 영향은 무엇일지가 포함된다. 호주 노인요양왕립위원회가 만든 '요양과 위엄과 존중'이라는 부제의 보고서는 노령화된 인구에서 노인 요양 수요가 증가하는 가운데 양질의 돌봄을 위한 자금 마련의 어려움을 강조했다.

국가적 논의로 이어질 내용은 의학의 발전만이 아니라 기술의 발전도 있다. 기계에 인간의 지능을 어느 정도 부여할 수 있는 세상, 잠재적으로는 슈퍼지능까지 부여할 수 있는 세상이므로 생명윤리와 트랜스 휴머니즘transhumanism 같은 이슈들이 알파 세대가 다뤄야 할 어젠다가 될 것이다. 실제로 알파 세대는 현재 우리가 거의 생각해본 적 없는 윤리적 결정, 특히 로봇과 직감에 관한 결정을 내려야 할 것이다. 17세기 철학자들은 추론 능력과 감각 능력을 구분하려고 '직감'이라는 개념을 사용했다. 직감은 인간과 동물의 속성이지만, 로봇들이 발전을 거듭하여 인간과 같은 감정을 보인다면 알파 세대에게는 이런 새로운 상황을 명료하게 정리할 강한 논리와 현명한 카테고리가 필요해질 것이다. 미래의 윤리적 딜레마에 대처할 수 있도록 우리는 알파 세대가 가치관의 체계와 풍부한 지혜를 갖추게 해야 한다.

모든 세대가 변화를 만들어내지만, 종종 시기와 트렌드가 상충하기도 한다. 어떤 세대는 트렌드에 엄청난 영향을 받아 파급력을 가늠할 수 없는 문화를 만들어낸다. 베이비붐 세대가 1960년대에, Y세대가 2000년대에 그런 현상을 경험했다. 알파 세대는 이제 또 다른 변화의 시기에 가장 선두에 서 있다.

알파 세대를 위한 걱정

나이 든 세대는 흔히 세상이 가장 좋았던 시절은 지나갔다고 생각한다. 과거를 '좋았던 옛 시절'로 언급하면서 자녀나 손주들의 미래에 관해 말할 때는 근심 어린 표정을 짓는다. 당신도 어쩌면 "후손들에게 어떤 세상을 남겨줄까?"라거나 "우리 때는 더 좋았지"라는 말을 들었거나 했을지 모른다. 한 엄마가 말했다. "내가 어렸을 때는 자전거를 타고 집에서 1~2킬로미터쯤 떨어진 농구장까지 다녀도 안전했어요. 하지만 우리 아이들은 우리처럼 밖에서 놀 수 없어요."

인간으로서 우리는 앞날을 예상할 때 불행과 어둠을 투사하는 타고난 경향이 있다. 그렇지만 미래를 바라보는 견해에서는 자신의 세계관과 경험에 영향을 받으며, 심지어 기술 같은 것들에 관한 이해력 부족에도 영향을 받는다. 1700년대 후반에 토머스 로버트 맬서스Thomas Robert Malthus라는 영국의 경제학자는 세계 인구 성장이 식량 생산을 추월해 국제적인 식량 부족과 기아가 발생할 것으로 예측했다. 2020년에 코로나19 팬데믹에 대한 반응으로 전 세계 슈퍼마켓에서 패닉 바잉panic buying이 발생했을 때 이런 모습이 살짝 보이기는 했다. 당시 슈퍼마켓 진열대가 텅텅 비었는데 특히 화장지, 파스타와 밀가루(빵 굽기가 전국적인 취미가 됐기 때문이다!)가 동이 났다. 팬데믹 기간에는 식량 부족 직전에 놓인 것처럼 보였지만, 그건 단지 상품 조달의 문제일 뿐이었다. 음식은 충분했지만, 공급 업체와 운송 기사가 수요를 따라잡지 못한 것이다.

인구 증가와 식량 부족 대신에 알파 세대는 완전히 정반대의 상황, 즉 출산율은 낮아지고 비만율은 급격하게 증가하는 현상을 보게 될 것이다. 유엔 보고서는 2050년경에는 사하라 사막 이남의 아프리카만이 인구가 2배가 될 것으로 예상했다. 영양 부족은커녕 현실은 정반대다. WHO는 5~19세 아이들의 비만율이 1975년 4%에서 2016년에는 18%로 증가했다고 발표했다. 그 수치는 1억 2,400만 명의 아이들과 청소년을 의미한다. 우리는 이런 현상을 점점 더 많이 인식하고 있기에 부모와 교사로서 어렵더라도 모범을 보여야 한다.

맬서스는 식량 부족만 걱정한 것이 아니라 길거리에 말똥이 증가해 위험하다고 경고한 것으로도 유명하다. 왜일까? 당시의 교통수단이 말과 수레였기 때문이다. 그는 혁신을 고려하지 않은 논리로 인구가 증가하는 상황을 예상했다. 그에게는 자동차가 개발되리라는 사실을 예측할 능력이 없었다. 거기까지는 괜찮다고 해도, 최소한 인간의 독창성은 고려해야 했다. 사회과학자로서 우리는 예측에 혁신을 포함해야 한다고 배웠다. 혁신은 현재의 어려움을 설명하고, 대안이 될 법한 미래의 상태를 투사하여 우리를 그곳으로 데려간다.

비아콤CBS는 최근 조사 결과를 발표하면서 "오늘날의 아이들은 놀라운 존재가 될 것이다!"라고 선언했다. 조사 결과에 따르면 부모들은 자기 자녀가 기술에 더 능숙하고, 환경에 더 신경 쓰고, 세상에 더 호기심을 보이며, 더 똑똑하고 창의적일 것으로 생각했다. 우리와 나눈 대화에서 한 엄마는 이렇게 말했다. "우리 부부와 아이들 사이의 모든 문제는 어느 세대든 부모와 자녀 사이에 존재했던 문제와 똑같은 것 같아요." 어떤 면에서는 과거나 지금이나 하나도 변하지 않은 듯 보이지만, 다른 면에서 보면 모든 것이 변했다.

우리가 알파 세대의 미래에서 추정하는 문제들이 반드시 현실이 되지는 않을 것이다. 미래의 모델은 현재 우리가 보는 것들을 바탕으로 하는 추정이지만, 그것들이 실제로 적중하지 않을 때가 많다. 추정이 현실은 아니기 때문이다. 현실 세계에서는 사람들이 적응한다. 게다가 우리는 미래 세대가 우리와 다르게 생각할 것임을 기억해야 한다. 그들은 우리가 미래에 투사하는 문제들을 그대로 받아들일 필요가 없다. 알파 세대는 자기 시대를 만들어갈 것이고, 우리는 그 과정에서 가능성을 볼 수 있는 방향으로 그들을 준비시키기만 하면 된다.

알파 세대는 어려서부터 함께 대화하고 기여하라는 가르침을 받았다. 대화는 그들이 번성할 수 있는 미래를 만드는 솔루션에 필수적인 부분이다.

스크린 타임 vs 자연에서의 시간

현시대의 가장 큰 논쟁은 스크린 타임을 둘러싼 것이고, 스크린이 우리 아이들의 미래에 어떤 영향을 미칠지다. 알파 세대 세 아이를 둔 앤절라는 말했다. "저녁 식사 시간에 스크린을 내려놓게 하면, 아이들은 다시 스크린으로 돌아가려고 서둘러서 저녁을 먹어요. 저는 스크린 타임이 가족의 삶에 영향을 준다고 생각해요. 녀석들이 가족보다 스크린에 붙어 있으려고 하니까요. 아이들을 공원 같은 곳으로 데리고 나가면, 집에 가고 싶어서 안달이에요. 이길 수가 없다니까요."

스크린 사용과 그것이 아이들에게 얼마나 해로울지에 관해 많은 의견이 있지만, 최근의 한 연구는 스크린이 불러오는 이익을 강조한다. 물론 자연에서의 시간이 정신건강에 좋지만, 스크린 타임 덕분에 아이들이 또래와 계속 연락할 기회를 얻고, 컴퓨터 게임이 뇌 기능과 신체 조정 능력 같은 것들에 도움이 된다는 증거도 있다고 말한다. 이 논문의 저자들은 186건이 넘는 연구를 검토한 후 자연에서의 시간이 스크린 타임을 상쇄할 수 있음을 보여줬다. 이론상으로는 좋은 얘기지만, 자연에서의 시간을 처음 시작하고 가정에서 아이들이 스크린 타임과 야외 시간의 균형을 맞추도록 돕는 것은 다음 세대를 이끌고 영향을 미치는 우리의 몫이다.

바로 지금

아이들을 이해하고 싶다면 시간을 내어 아이들에게 관심을 기울여야 한다. 학교를 방문해 강연할 때면 학생들에게 이렇게 물어본다. "다른 나라에서 산다면 세계 어디에서 살고 싶니?" 가장 흔한 대답은 "아무 데도 안 가요!"다. 그런 다음 "21세기 말고 역사상 어느 시기에 살고 싶니?"라고 물으면, 아이들은 "오늘이요!"라고 대답한다. 어른들은 흔히 이렇게 말한다. "내가 젊지 않아서 다행이야. 이런 경쟁적인 분위기에서 취직하려고 애쓰지 않아도 되니까." 그러나 현재 젊은이들은 그렇게 생각하지 않는다. 그들은 '정말 멋진 시대야!'라고 생각한다. 그들에게는 젊은이 특유의 이상이 있는데, 솔직히 말해 우리도 모두 삶의 어느 시기에는 그런 때가 있었다.

젊은이들은 자기의 시대에서 이익을 본다. 그들에게는 자기 시대를 과거와 비교할 관점도 없고 과거의 실상도 잘 모르지만, 현재에서 장점과 기회를 보기 때문에 자기 시대가 역사상 최악이라고 생각하지 않는다. 물론 환경적 어려움과 한바탕 휩쓸고 간 청년 실업이 있지만, 그것들은 우리 삶을 구성하는 일부에 불과하다. 지구라는 행성에서 삶이 주는 흥분은 그 이슈들을 다루고, 혁신하고, 해결책을 찾기 위해 조치를 취할 때 온다. 알파 세대는 정확히 그렇게 할 것이다. 그들은 신선한 시각과 다양한 사고방식, 그들 세대의 독특한 관점으로 세상을 볼 것이다. 변화는 한 번에 한 걸음씩 떼는 것으로, 혁신이 아닌 발전을 의미한다.

> 좋은 리더는 나아갈 길을 알고 그 길을 보여주는 사람이라고들 한다.
> 좋은 리더는 새로운 세대가 그 길을 앞장서서 갈 수 있도록
> 준비하고, 자원을 제공하고, 영감을 주는 사람이다.

진정한 글로벌 세대

당신이 어렸을 때를 돌아보라. 모든 세대에게는 그들만의 역사적 사건이 있었다. 일부는 달 착륙처럼 우리가 고대하던 일이었고, 일부

된다.

코로나19의 영향

전 세계 코로나19 사망자의 숫자는 비극적이게도 매우 크지만, 전체 사망 원인으로서 코로나19의 영향은 스페인 독감과 같은 이전 팬데믹의 영향에 비할 바가 못 된다. 코로나19가 정점일 때 전 세계 연간 사망자 수는 250만 명으로, 평소 6,000만 명에 달하는 연간 사망자 수의 4%에 불과했다.

세계적으로 가장 큰 사망 원인은 심장질환(연간 세계 사망자의 22%)이고, 그다음이 뇌졸중(11%)과 호흡기 질환 및 감염(11%)인데, 코로나19로 인한 사망도 이 카테고리에 포함된다. 그러나 코로나19를 독립적인 카테고리로 놓으면, 2020년에는 설사병과 예방 가능한 신생아 질환의 뒤를 이어 일곱 번째로 큰 사망 원인이었다.

코로나19의 경제적 여파는 지금까지 이어지고 있으며, 앞으로도 계속될 것이다. 아마도 알파 세대는 노동시장에 발을 들인 이후에도 그 비용을 부담해야 할 것이다. 하지만 그들의 미래에 미치는 영향은 경제적인 면에 국한되지 않고, 부정적인 것만도 아니다. 코로나19는 알파 세대가 맞이할 직업의 미래를 바꿔놓을 것이고, 그들이 누구를 영웅으로 여기는지를 다시 정의할 것이며, 기술을 삶에 더 많이 통합하고 회복력을 높이고 함께하는 시간이 늘어나 가족이 거듭나는 계기가 될 것이다.

희망이 주는 설렘

세계적으로 우리는 알파 세대를 보면서 그들이 자라서 무엇이 될지에 눈을 뜨고 있다. 알파 세대는 온전히 새로운 세기에 태어난 완전히 새로운 세대다.

> "제 목표는 부모들에게 우리가 할 수 있는 일이 있다고, 알파 세대에게 많은 희망이 있다고 확신시키는 것입니다. 모든 세대는 저마다의 고난에 직면했습니다. 과거 세대는 전쟁이나 기근 등을 겪었지만, 그게 무엇이었든 이 세대가 맞이할 고난은 달라 보입니다. 따라서 양육의 특정한 영역에서 애를 먹는 부모들은 우리만이 아니고, 이건 우리의 과제일 뿐이죠. 저는 어린 친구들과 일하는 게 정말 좋아요. 그리고 알파 세대의 부모님들께 보내는 제 메시지는 아이들이 10대가 되는 걸 두려워하지 말라는 겁니다. 아이들에게는 자기만의 어려움이 있겠지만, 10대는 굉장해요. 그들은 깊이 생각하고, 변화를 일으키길 원합니다. 우리가 알파 세대와 친해질 방법은 많아요." -콜레트 스마트

이 장의 핵심

알파 세대는 과거 세대와 다른 시대에 형성되고 있다. 그들은 이전 세대보다 디지털에 더 능숙하고, 글로벌하고, 이동성이 있으며, 소셜 네트워크와 비주얼에 강하다. 알파 세대가 그들만의 먹구름과 불확실성

에 직면하리라는 사실은 의심의 여지가 없다. 그 난관과 불확실성 일부를 이 책에서 언급했는데, 미처 통찰력 있게 예측하지 못한 면도 있겠지만 한 가지는 확실하다. 그들의 장래는 밝고, 다른 세대처럼 그들이 성장하는 데 필요한 도구를 찾으리라는 것이다. 알파 세대의 미래는 흥분되게도 창의력과 혁신, 기회로 가득 차 있다. 그들은 나이 든 세대가 세워놓은 긍정적인 사례들을 따라갈 뿐만 아니라 행동으로 옮기고, 자기가 믿는 것을 옹호하며 새로운 길을 닦아 나아갈 힘이 있다.

Part 1

Part 2

Part 3

For millennial parents with Alpha generation as their children

알파 세대를 자녀로 둔 밀레니얼 학부모를 위하여

8

Parenting
Generation Alpha

알파 세대 양육법

아이들은 더 중요한 일에 집중하지 못하게 하는 방해 요소가 아니다.
아이들이야말로 가장 중요한 일이다.

- C. S. 루이스

이 장은 알파 세대를 양육하는 부모들의 경험과 이야기로 가득할 것이다. 이 떠오르는 세대를 위한 양육법이 어떻게 바뀌었는지를 비롯해 오늘날 부모들이 직면한 어려움과 기회에 관한 이야기, 양육이라는 측면에서 그간 우리가 관찰한 내용을 모두 담고 싶었다.

부모의 중대한 역할

유아 시절부터 성인이 될 때까지 한 사람의 삶에서 중요한 역할을 하는 사람들과 집단은 많다. 일테면 부모님, 친구, 선생님, 형제자매, 이모, 삼촌, 직장 동료, 배우자 등이다. 물론 가장 중요한 사람은 보통 부모님 또는 보호자일 것이다. 콜레트 스마트는 양육에 관한 책《아이들은 괜찮을 거예요They'll Be Okay》에서 이렇게 말했다. "주요 양육자는 아이들의 삶에서 최초이자 가장 두드러진 롤모델이다. 아이들이 양육자를 선택할 수는 없지만, 양육자는 아이들이 자라면서 형성하는 태도와 윤리 의식, 회복력에 중요한 역할을 한다." 그래서 세계 각국에는 부모님께 감사하는 기념일이 있지 않은가.

당신은 이 직업에 지원하겠습니까

직함: 운영책임자. 그러나 그보다 훨씬 많은 일을 한다.

책무와 요건: 광범위함. 대부분 시간을 서서 일해야 한다. 계속 온 힘을 쏟아야 하므로 체력이 매우 좋아야 한다.

근무 시간: 무제한. 하루 24시간, 1주일 내내 일해야 한다. 휴식 시간이 없고, 동료가 점심을 먹은 후에야 점심을 먹을 수 있다.

필요한 기술: 뛰어난 협상 능력과 대인관계 기술. 세 번째 자격 요건으로 의학, 금융, 예술 능력이 선호된다. 높은 행복감과 긍정적인 관점도 필요하다.

직무 내용: 모두 동료에 관한 업무임. 그 동료에겐 꾸준한 관심이 필요하다. 가끔은 밤에도 옆에 함께 있어야 한다. 혼란스러운 상황에서도 효과적으로 일할 수 있어야 한다. 당신에게 다른 삶이 있다면, 그건 포기해야 할 것이다. 휴가는 허용되지 않는다. 사실 크리스마스 같은 날에는 업무량이 더 많아질 것이다.

임금: 0달러. 맞다, 무보수 노동이다.

이미 알아차렸겠지만, 이것은 가짜 구인 광고이고 연하장 제조 회사인 아메리칸 그리팅스American Greetings가 올린 유튜브 영상 '세상에서 가장 힘든 직업World's Toughest Job'을 각색한 것이다. 그들은 온라인과 신문에 구인 광고를 낸 후, 지원자들과 온라인 면접을 진행하면서 그들의 반응을 녹화했다. 결론을 말하자면, 이미 수십억 명이 이 작업에 종사하고 있다는 말에 모든 지원자가 깜짝 놀랐다. "누가요?"라고 응답자들이 의아해하며 물었다. "엄마들이요"라고 면접관이 대답했다. 어떤 상황인지를 알게 된 구직자들은 미소를 짓거나 웃었고, 몇몇은 자기 엄마를 생각하며 눈물을 흘리기도 했다. 아직 그 영상을 보지 못했다면 한번 볼 만한 가치가 있다. 부모와 양육자들이 아이들의 삶에서 하는 중요한 역할을 창의적으로 보여주는 영상이기 때문이다.

"저는 부모인 것이 (대부분) 좋아요. 굉장히 힘들기도 하지만, 재미도 있어요. 우리 한 살짜리 아들은 장난기 많고 유쾌한 녀석이라 매일 아침 일어나 아들 얼굴을 보는 게 행복해요. 지금까지 힘들고 답답한 시기와 기분 좋고 편안한 시기가 밀물과 썰물처럼 반복됐어요. 특히 처음 몇 달은 엄청난 시행착오를 겪었죠. 하지만 아들에 관해 더 많이 파악하면서 우리의 본능을 믿으며 긴장을 풀자 점점 더 쉬워졌어요. 그냥 내려놓았죠. 일테면 요리, 청소, 수면 시간 같은 것 말이에요. 아들과 즐겁게 놀 때가 가장 좋아요. 그럴 때는 시간이 너무 빨리 가는 것 같아요." - 엠마, 알파 세대의 엄마(둘째 출산 예정)

새로운 세기의 양육

부모들이 하는 가장 큰 실수는 자신이 양육받았던 것과 똑같은 방식으로 자녀를 양육하려 한다는 것이다. 예전과 다름없는 측면(예를 들어 기저귀 갈기)이 일부 있지만, 오늘날의 부모는 자신이 자랄 때 사용됐던 원칙을 똑같이 적용할 수 없다. 시대가 달라졌기 때문이다. 실제로 세기가 다르지 않은가! 예를 들어, Y세대의 부모들은 오늘날의 부모처럼 소셜 미디어를 다룰 필요가 없었다. 시대가 달라진 오늘날의 양육은 과거에 효과가 좋았고 변함없는 방법들을 되돌아보면서도, 변화된 시대에 적절한 전략을 확실히 포함해야 한다. 스크린 타임에 대처할 계획을 세우거나, 부모가 맞벌이할 때 자녀를 어떻게 돌볼지를 결정하는 것들이 이에 속한다. 과거의 부모들이 오늘날의 부모만큼 고민할 필요가 없었던 이슈들이다.

오늘날의 부모들은 한 세대 전의 부모들이 했던 방식과 다르게 보고 다르게 행동한다. 인구통계학적으로 오늘날의 부모들은 과거의 부모들보다 나이가 많다. 대부분 선진국과 마찬가지로, 호주인들도 출산이나 결혼처럼 전통적인 삶에서 치르는 중요한 의례를 뒤로 미루고 있다. 1980년대에는 처음으로 부모가 된 나이가 보통 20대 중반에서 후반이었다. 오늘날에는 30대 초반으로 늦춰졌다. 주로 사회적인 이유 때문인데, 예전보다 더 많은 여성이 교육받아 노동시장에 진입하면서 부모 품에서 독립하는 일은 물론이고 결혼과 출산까지도 미루고 있다. 가족의 집을 사서 필요한 물품을 구비하는 '내 집 마련' 비용은 점점 더 커지고, 이를 위해 저축하는 데에도 시간이 더 오래 걸린다.

또 의학의 발전으로 여성의 출산 가능 연령이 연장됐다. 이는 자녀와 부모의 나이 차이가 더 벌어진다는(대부분 30년 이상이 될 것이다) 의미이고, 부모가 맞벌이하는 모습을 더 많은 아이가 보게 된다는 의미이기도 하다. 알파 세대의 한 엄마는 말했다. "특히 여자아이들에게는 엄마, 아빠가 모두 일하는 모습을 보는 것이 꽤 긍정적일 수 있어요. 자기도 나중에 가족만이 아니라 직업까지 가질 수 있다는 걸 알게 되니까요."

엄마들의 역할

지난 50년간 여성의 노동시장 참여가 상당히 증가했고, 당연하게도 부모 모두 취직해서 가정경제에 기여하는 맞벌이 부부도 증가했다. 2001년 이후만 해도 맞벌이 가정이 10% 증가했다.

자기 경력과 일을 좋아해서 계속 일하는 부모들도 있겠지만, 선택이라기보다는 어쩔 수 없어서 일하는 부모들이 대부분이다. 늘어나는 생계비, 내 집 마련의 꿈(또는 담보대출 상환이라는 현실) 때문에 많은 이들은 일하는 문제에서 선택의 여지가 없다.

보수를 받는 노동과 육아 사이의 균형을 맞추는 것은 모든 부모가 애쓰고 있는 목표지만, 풀타임 근로자에게는 어려운 일이다. '호주의 가구, 소득 및 노동 역학 조사HILDA'는 길어진 근로 시간과 가족 내 더 커진 갈등 간에 분명한 관련이 있음을 밝혔다. 특히 엄마들이 그 영향을 가장 많이 받는 것으로 드러났다. 2001년 이후로 엄마들의 근로 시간이 증가했을 뿐만 아니라, 풀타임으로 근무하는 엄마들은 일과 가정생활에 균형을 맞추는 데 많은 어려움을 토로했다. 일과 가정생활에서 균형을 이루는 것은 또한 막내의 나이, 자녀의 수, 결혼 상태와 같은 가족 상황에 달려 있다. 0~3세의 어린 자녀를 둔 엄마들은 일과 가정생활 사이에서 비교적 낮은 수준의 갈등을 보였는데, 부분적인 이유는 그들의 근무 형태가 주로 아르바이트였기 때문이다.

일과 가족의 상충하는 요구 사이에서 균형을 맞추려는 엄마들을 지지하는 측면에서는 큰 발전을 이뤘지만, 우리 연구에서는 많은 엄마가 여전히 '엄마로서의 죄책감'을 느끼고 있었다.

"엄마로서 우리는 자신에게 압박을 가하고 있어요. 자녀를 좋은 학교에 보내거나 스포츠클럽에 보내지 못하면, 아이가 수업을 따라가지 못할 때 방과 후 활동이나 과외를 시키지 못하면, 좋은 부모가 아닌 것처럼 느껴져요. 그러면서 계속 걱정하죠. '내가 잘하고 있나?' 하고요." - 알파 세대 자녀를 둔 엄마

"부모로서 노력해야 한다는 압박이 더 심해진 것 같아요. 우리 아들은 과외수업을 받고, 테니스팀에 속해 있고, 컴퓨터 코딩을 배워요. 그 모든 스케줄을 조정하려면 시간을 많이 들여야 하죠. 게다가 전 풀타임으로 일하고 있고요."- 알파 세대 자녀를 둔 엄마

양육은 매우 보람 있는 일이지만, 힘들기도 하다. 부모로서 최선을 다하려면, '엄마로서의 죄책감 또는 아빠로서의 죄책감'을 덜어야 한다. 어려울 수 있지만, 자신과 주변 사람들에게 연민을 느끼는 것부터 시작해서 육아라는 여정을 함께하는 서로를 격려하면서 희망을 주어야 한다. 한 살짜리 자녀를 둔 한 엄마는 말했다. "육아의 단계마다 저와 남편에게 많은 힘을 준 가족과 친구들에게 매우 고마워하고 있어요. 육아의 부담과 스트레스를 다른 사람과 공유한 덕에 어려운 시기에 균형 잡힌 시각을 유지할 수 있었어요."

오늘날의 삶은 몇십 년 전보다 더 바쁘고 복잡하다. 한 엄마는 "저는 농구를 하는 문어처럼 느껴져요. 계속 뭔가를 하고 있으니까요"라고 표현하기도 했다. 알파 세대의 엄마인 젠도 비슷한 경험을 들려줬다. "저는 여자들이 전보다 더 힘들어졌다고 생각해요. 예전에는 집에 머물면서 아이들을 돌봤지만, 지금은 풀타임으로 일하면서 아이들을 돌보고 집안일까지 전부 해야 하니까요. 그래서 본업 외에 부업을 몇 개나 하는 기분이에요. 당연히 스트레스가 많죠. 이 모든 일을 해내는 건 힘든 일이니까요."

자료가 젠의 경험을 뒷받침한다. 최근 HILDA 조사에 따르면 여자들의 유급노동 참여가 늘어나고 있지만, 남자들의 무급 가사노동 시간은 늘지 않았다고 한다. 여성들은 가정의 소득 구조와 관계없

이 집안일과 육아를 남성보다 여전히 더 오래 한다.

　　부양할 자녀가 있고 남성이 가장인 가구에서 여성은 집안일과 육아에 주간 평균 55시간을 일한 데 비해 남성이 기여한 시간은 26시간이었다. 이 가구들에서 유급노동과 무급 가사노동 시간을 합했을 때 여성은 76.5시간인 데 비해 남성은 76.8시간으로, 남성과 여성의 노동 시간에 별 차이가 없었다.

　　여성이 가장인 가정에서는 여성들이 유급노동을 더 오래 했을 뿐 아니라 무급 가사노동도 더 오래 했다. 이들 가구에서 여성은 집안일과 육아에 평균 43시간을 썼고, 이에 비해 남성은 무급 가사노동에 30시간을 썼다. 호주에서는 부양할 자녀가 있고 여성이 가장인 가구에서 여성이 더 바빴는데, 남성이 주간 평균 68시간인 데 비해 평균 81시간을 일했다.

　　자녀가 있고 부부의 수입이 대략 비슷한 가정에서도 여성이 (유급 및 무급 가사노동을 포함해) 남성(76시간)보다 더 오래(81시간) 일했다. 이 카테고리에서도 유급노동에 투자한 시간은 남성과 여성이 비슷했지만, 노동 시간의 차이를 만든 요인은 집안일과 육아였다.

　　여성의 유급노동 참여율이 점점 더 증가하고 있지만, 남성은 (육아에 적극적으로 쓰는 시간이 늘어나고 있다고 해도) 무급 가사노동에서의 차이를 메울 만큼 노력하고 있지 않다. 이는 호주 전역의 가구에서 개선해야 할 부분이 어디인지를 보여준다. 또한 집안일과 육아의 책임을 더 고르게 분배하여 바쁜 엄마의 부담을 덜어주고 항상 감사를 표현해야 한다는 생각을 다시 한번 일깨워준다.

아빠들의 역할

'아빠다움'이라는 개념은 시간이 지나면서 바뀌었다. 역사적으로 아빠들은 가족 내에서 주된 권위가 있어서 아빠들이 내린 결정에는 이의를 제기할 수 없었다. 다만 '두 번째 양육자'로서 아빠가 자녀에게 미치는 영향은 엄마보다 덜 중요하게 여겨졌다. 엄마가 양육자였다면, 아빠는 부양자였다.

20세기는 사회·경제적으로 엄청난 변화가 일어났고, 이것이 아빠들의 관점과 자녀의 가치관을 바꿨다. 부모가 모두 일하면서 아빠의 역할은 동떨어진 부양자에서 육아에 더 많이 참여하는 부모로 바뀌었다.

> "저는 삶의 대부분을 집에 계시는 엄마에게 보살핌을 받으며 자랐어요. 아빠는 늦게까지 일하셨고, 심지어 주말까지 일하셔서 얼굴도 자주 못 봤어요. 부모님이 저를 키우시느라 각자의 방식대로 해주신 모든 일에 감사드리지만, 저는 이제 두 살 된 딸 (그리고 배 속에 있는 둘째)의 아빠로서 육아 책임을 아내와 동등하게 분담하고 있어요. 우리가 맞벌이하는 이유는 언젠가 내 집을 마련하겠다는 목표를 위해서지만, 아내가 열정을 가진 직업을 계속할 수 있기 때문이기도 해요." - 피터, 알파 세대 자녀를 둔 아빠(둘째 출산 예정)

가족 구조의 변화는 아빠들에게 자녀의 삶에 참여할 기회를 더 많이 제공했는데, 이 참여의 이익은 상당히 크다. 육아에 참여한 아빠들이 인지 발달에서부터 행동, 버릇, 전반적인 웰빙까지 자녀의 삶에 매우 중요한 역할을 했음을 보여주는 연구가 엄청나게 많다. 긍정적인 남성 롤모델이 있는 것이 딸들에게는 특히 중요하다고들 한다. 더 넓은 의미에서 딸들이 남성들과 긍정적인 유대관계를 형성하도록 도움을 주기 때문이다. 그런데 아들들에게도 긍정적인 남성 롤모델이 있는 것은 똑같이 중요하다. 시간이 흐르면서 아빠의 역할이 더 중요해짐에 따라, 아빠가 자녀의 삶에 엄마와 똑같이 중요한 역할을 한다는 인식이 널리 받아들여지고 있다. 그리고 이는 자녀의 삶에 관여하고 싶어 하는 아빠들에게 용기를 불어넣고 있다.

> "남편이 일 때문에 바빠서 아이들이 이틀 정도 아빠를 못 보면 저는 그 차이를 대번에 알아차려요. 아이들이 약간 불안해하고 신경질적으로 변하거든요. 세 살인 막내딸 클로이는 아빠한테 자기가 자고 있더라도 꼭 인사를 하고 가라고 해요." - 모니크, 알파 세대 세 아이의 엄마

협력적이고 적극적인 아빠는 자녀가 사랑과 보살핌을 받는다고 느끼게 해서 가족 간 유대를 튼튼하게 한다. 남성과 여성이 다르므로, 육아에 참여하는 아빠들은 다양한 문제에 대해 엄마들과 다른 관점을 지닌다. 육아 스타일도 다른데, 대표적으로 자녀와 노는 방식에서 차이가 난다. 자극을 주고 도전적인 놀이는 자녀의 사회적·정서적 발달을 돕고, 감정 조절 능력을 키우며, 회복력을 발달시키는 데 도움이 된다. 아빠들은 활동적인 놀이를 할 수 있을뿐더러 자상하게 돌볼 수도 있다. 자기와 친한 아빠가 있는 아이들과 청소년, 청

년들이 더 나은 교육적 결과를 보인다는 사실이 증명되고 있다. 연구 결과는 활동적이면서도 자상한 아빠들이 자녀의 언어 기술, 학업 성취와 지적 기능에 긍정적인 영향을 미친다는 점을 보여줬다.

이런 결과가 우리에게 시사하는 바는 좋은 부모가 된다는 것이 성별의 문제라기보다는 투자한 시간과 노력의 문제라는 것이다. 아빠들이 알파 세대와 계속 친밀하고 활동적으로 함께하려면, 자녀와 상당한 시간을 보내면서 필요할 때 옆에 있어 주어야 한다. 그리고 병원 예약이나 방과 후 일정을 짜는 등 자녀의 스케줄을 계획하는 책임도 나눠야 한다. 부모는 어쩌면 자녀와 보내는 '양질의 시간'을 목표로 삼을지 모르지만, 자녀에게 더 중요한 것은 '많은 시간'이다. 유대감을 느끼는 순간은 미리 계획할 수 없다. 그건 그냥 일어나는데, 그러려면 옆에 있어야 한다.

> "저는 아빠들이 아들과 딸에게 긍정적인 사고를 심어주기 위해 훨씬 많은 일을 해야 한다고 생각해요. 아이들을 잘 준비시키는 것, 그것이야말로 아빠들의 중요한 역할이죠." - 매릴린 콕스, 초등학교 교사

더 넓게는 아빠들이 자녀를 돌보는 데 엄마만큼이나 유능하다고 여겨지고, 그 능력을 신뢰받는 것도 중요하다. 또한 아빠들에게도 육아 능력을 발전시킬 시간과 여지를 줘야 한다는 사실을 인정해야 한다. 그러려면 아빠들이 육아휴직을 더 수월하게 할 수 있도록 개선하는 등 직장에서의 조정이 필요하다.

2018년 6월, 뉴질랜드의 총리 저신다 아던은 딸 니브 테이 아로하Neve Te Aroha를 낳았다. 그녀는 출산휴가를 떠난 최초의 선출직 세계 지도자가 됐고, 공직에 있는 동안 아기를 낳은 두 번째 지도자가 됐다. 배우자인 클라크 게이포드Clarke Gayford는 집에 머물며 아기를 돌봤다. 물론 그가 집에서 아기를 돌보는 첫 번째 아빠는 아니지만, 이 부부는 세계 정계에서 롤모델이 되고 있다. 영국의 온라인 일간지 〈텔레그래프〉에는 다음과 같은 논평이 실렸다. "게이포드가 영향력이 엄청난 성명을 발표했다. 세상에는 아빠들이 존경할 만한 긍정적인 롤모델이 필요하다. 성공한 언론인이라는 경력을 뒤로한 채, 육아를 위해 근무량을 곧바로 줄인 남자가 여기 있다."

핵가족으로의 변화

오늘날 육아가 달라 보이는 또 다른 이유는 전통적인 핵가족(부모와 자녀로 이뤄진 가족) 구조가 매우 다양해졌다는 데 있다. 호주 역사상 처음으로 핵가족이 더는 가장 흔한 가구가 아니다. 오늘날 핵가족은 전체 가구의 30%를 차지하지만, 몇 년 후에는 부부로만 이뤄진 가구(현재 25%)가 가장 흔한 유형이 될 것이다. 이 변화에 영향을 주는 요인은 많다. 예를 들어, 아이를 늦게 낳는 Y세대 부부가 있고, 자녀가 독립해서 나간 베이비붐 가구도 기록적으로 늘고 있다.

첫아이를 낳는 부모의 중위연령이 현재는 엄마 32세, 아빠 34세다. 첫 출산의 중위연령이 올라간다는 것은 부부끼리만 있는 시간이 더 길다는 뜻이다.

부부로만 구성된 가구 이외의 가구 유형이 증가하면서 여러 세대가 혼재하는 가구도 늘어나고 있다. 예를 들어 X세대는 부모(베이비붐 세대)와 자녀(Z세대) 사이에 끼어 있는데, Z세대 자녀가 집에 계속 남아 있거나 독립한 후 늘어나는 생계비에 고군분투하다가 지쳐서 부모 집으로 돌아오기도 한다. 부양할 자녀가 있는 가족은 본래 여러 세대가 혼재돼 있지만, 호주에서 5명 중 1명은 모든 구성원이 18세 이상이며 여러 세대로 이뤄진 가구에서 산다. 여러 세대 중에서 현재 가장 빠르게 증가하는 연령대는 65세 이상이다. 이에 따라 노후를 보내고자 노인 보호 시설을 찾아보는 사람들이 증가했다. 또 한편으로는 사회적 이유와 재정적 절약을 이유로, 아니면 육아를 도와주기 위해 성인인 자녀 집으로 들어가기도 한다. 한편 1인 가구의 수도 증가하고 있다. 인구 노령화의 영향으로 2036년쯤에는 1인 가구의 숫자가 핵가족보다 많아질 것이다.

세 아이의 엄마인 대니얼이 말했다. "핵가족은 항상 엄마·아빠·자녀로 구성됐고, 아빠가 직장에서 일하는 동안 엄마는 집에 있었죠. 지금은 완전히 달라졌어요. 정말 많은 조합이 있습니다. 아이들을 돌보는 조부모님들이 있고, 싱글맘들도 있고, 다양하게 혼합된 가족이 모두 용인되고 있어요. 아이들 교육도 이제 부모에게만 달려 있지 않아요. 사람들이 여기저기서 도와주니까요." 또 다른 엄마인 카라는 이렇게 말했다. "가족의 역학이 다르니, 양육 방식도 달라요. 예전에는 양육 유형이 틀에 박혀 있다고 생각했어요. 아빠는 가장이고 엄마는 아이들을 돌봤죠. 하지만 요즘은 정말 어떤 종류의 조합이든 있을 수 있어요. 가족에게 가장 잘 맞는 조합이라면 뭐든지요."

현대적 가족은 TV 드라마에서 보는 것 이상으로 다양하다. 다양한 가구와 가족이라는 현실 역시 알파 세대에게 영향을 주고 있다. 부부로 구성된 모든 가족(자녀가 있든 없든) 중 1.4%가 동성이다. 게다가 최근에 결혼한 20쌍 중 거의 1쌍이 동성 부부다. 호주는 세계에서 문화적으로 가장 다양한 나라로, 호주인 4명 중 1명 이상이 외국 태생이다. 외국 태생 호주인 중 가장 높은 비율을 차지하는 5개국은 영국, 중국, 인도, 뉴질랜드, 필리핀이다. 전국적으로 집에서 영어 이외의 언어를 사용하는 사람은 5명 중 1명이고, 멜버른과 시드니의 도심 지역에서는 3명 중 1명 이상이다.

한부모에게 감사드립니다

저글링을 하듯 다양한 책임을 떠맡아야 하는 육아는 힘든 일이지만 그보다 더 힘든 일이 하나 있다. 이걸 혼자 하는 것이다. 우리는 여기서 잠시 시간을 내어 부모 역할을 혼자서 하는 100만 가구(호주 전체적으로 7가구 중 1가구꼴)의 싱글맘과 싱글대디에게 감사를 표시하고 싶다. 아이의 삶에서 엄마와 아빠의 중추적 역할에 관한 연구가 많은데, 아이가 자라서 어떻게 될지를 예측하는 변수 중 하나는 아이들이 부모 중 적어도 한 사람과 확실한 애착을 갖느냐 아니냐다. 이것이 옆에 있어 주는 부모의 힘The Power of Showing up 에서 대니얼 J. 시겔Daniel J. Siegel과 티나 페인 브라이슨Tina Payne Bryson이 탐구한 개념이다. 그들은 바쁜 세상에서 부모가 할 수 있는 가장 중요한 일은 아이를 위해 옆에 있어 주는 것이라고 말했다. 왜일까? 부모가 옆에 있으면 확실한 애착을 형성해 늘 부모의 시선과 위로를 느끼며 안전하다고 여길 수 있기 때문이다.

알파 세대를 양육하는 데 가장 큰 변화는 정서적 소속감과 아이와의 놀이에서 볼 수 있다. 알파 세대의 한 엄마가 이런 얘기를 들려줬다. "세대마다 행동하는 방식이 있어요. 자라면서 우리는 감정에 관해 말하지 않았지만, 요즘에는 매우 달라요. 저는 아이들이 자기가 느끼는 감정을 말해도 된다는 걸 알게 하려고 노력하는데, 제게는 그게 중요해요. 제가 자랄 때는 그저 조용히 있으라는 말을 정말 많이 들었거든요."

빅토리아 시대의 속담인 '아이들은 눈앞에 있되, 목소리가 들리면 안 된다'는 오늘날에는 맞지 않아 보인다. 지금은 아이들이 눈에 띄고, 목소리도 들려야 한다고 여긴다. 세 아이의 엄마가 말했다. "요즘 아이들은 거침없이 말해요. 우리가 자랄 때는 어른들 등 뒤에 숨거나 구석 자리에 가만히 앉아 있었지만, 지금 아이들은 대화에 참여하고 소속되기를 원해요. 상황이 어떻게 돌아가는지 알고 싶어 하죠." 어른들 눈에 띄고 목소리를 내는 아이들은 자신감이 커진다. 토론의 장이 만들어져 아이가 다양한 관점의 아이디어를 제시할 수 있고, 어른의 안내를 받아 결정을 내릴 수 있기 때문이다.

"오랜만에 온 가족이 도시로 나갔어요. 가게 주위를 걷고 있을 때, 열 살짜리 아들이 갑자기 길 한가운데 서서 울기 시작했어요. 아들 앞에는 어떤 노숙자가 있더군요. 저는 아이가 놀라서 그랬으려니 생각하고 아들에게 팔을 두르고는 안심시켰어요. 하지만 아들은 두려워서 운 게 아니었어요. '이 아저씨는 왜 이렇게 된 거예요? 아저씨가 길거리에서 살아서 슬퍼요'라고 말하더군요. 저는 아들에게 감동했어요! 아들은 항상 공감 능력이 뛰어났지만, 노숙자와 마주쳤을 때 보인 정서적 반응을 보고 저와 아내는 아들에게 무엇이 중요한지를 깨달았습니다. 이때부터 우리는 그런 사람들을 도울 방법을 아들과 함께 얘기했어요. 자선단체에 기부하거나, 다음에 노숙자를 마주치면 그들에게 음식이나 담요를 주는 방법 등요. 이건 우리에게 매우 중요한 순간 중 하나였어요. 이 사건으로 우리는 아들의 따뜻한 마음씨를 알게 됐을 뿐만 아니라 아들이 사회문제를 보고 해결책을 찾도록 도울 수 있었어요. 그리고 아들에게 영향을 미치는 것이 무엇인지를 깨달을 수 있어서, 더 나아가 아들에게 중요한 사회문제에 참여하라고 긍정적인 영향을 줄 수 있어서 굉장히 기뻤습니다." - 벤, 알파 세대 세 아이의 아빠

최근에는 가정 내에서도 상당한 변화가 일어났다. 예전에는 부모와 자식이 분명히 분리돼 있었지만, 요즘은 온 가족에게 영향을 미치는 결정을 내릴 때 아이들도 참여시킨다. 예를 들어 어떤 학교에 갈지, 휴가를 어디로 갈지, 가정에 어떤 기기를 도입할지 등이다. 실제로 가족의 결정에서 12세 미만의 아이들이 점점 더 적극적인 역할을 하고 있다. 자녀를 결정에 참여시키면 공동체 의식과 일체감, 소속감을 쌓을 수 있을 뿐 아니라 자녀에게는 가르침을 얻는 엄청난 기회가 된다. 호주유아교육협회ECA가 최근에 이에 관해 말했다. "아이들을 참여시킬 기회가 있을 때 어떻게 참여시킬지를 제대로 이해하면, 미래에 대한 자신감을 쌓게 할 수 있다. 이런 일은 아이와 이해를 공유하고, 아이를 소중한 시민이자 사회적 행위자로 여길 때만 가능하다. 의사결정을 함께한다고 해서 아이들의 자신감이 하룻밤 만에 생기는 건 아니다. 그런 경험을 반복할수록 차근차근 쌓여간다."

부모들은 아동 발달과 육아 조언, 정서적 지능에 관한 이해라는 면에서 지금만큼 정보에 쉽게 접근할 수 있었던 적이 없다. 이 압도적인 정보를 활용해 자녀를 제대로 이해할 수 있고, 빠르게 변화하는 세계에서 최고가 되도록 도울 수 있다. 그러나 이 모든 정보에 묻

혀 부모와 양육자가 아이에게 가장 많은 영향을 미친다는 사실을 잊기 쉽다. 우리는 다양한 육아 블로그와 웹사이트, 우리가 진행한 연구를 통해 부모들이 자녀를 훈육하고 양육하는 방식을 계속해서 수정하고 보완한다는 걸 알게 됐다. 일률적인 접근법은 이제 소용이 없다. 부모가 많은 자격증을 지닌 전문가보다 우월한 것이 있다면, 자녀와의 일상적인 소통과 자녀에 관한 개인적 지식이다.

유아 돌봄 서비스 비용

많은 부모가 증언하듯, 아이를 돌보는 건 돈이 많이 드는 일이다. 그래서 육아와 유급노동의 균형을 찾아갈 때, 돌봄 서비스 비용은 부모 또는 양육자들에게 주요 걱정거리다. 지난 몇십 년간 보육 시설에 관한 이해가 증가하고 필요한 직원의 비율과 보육 비용이 올라갔기 때문에 돌봄 비용을 감당하지 못하는 사람들이 늘어나고 있다. HILDA 조사에서는 2002~2017년 미취학 아동의 돌봄 서비스에 쓰인 주간 지출액의 중윗값이 계속해서 오른 것으로 나타났다. 상승 폭이 상당한데, 대략 145%에 달한다.

호주 부모들은 세계적으로 다른 국가의 부모들보다 돌봄 서비스에 거의 4배 이상을 지출한다. 국제 기준에 따르면 호주는 뉴질랜드, 영국, 미국 다음으로 돌봄 서비스 비용이 높은 나라다. 높은 비용 때문에 많은 부모가 비공식적인 돌봄 대책을 마련하거나 돌봄 서비스비와 버는 돈의 차이가 미미하면 유급노동에 참여하지 않는다. 이런 현상 때문에 학습에서 유리하게 출발할 기회를 놓치는 아이들이 많다.

코로나19가 이 문제를 수면 위로 끌어올렸다. 팬데믹 기간에 정부는 이 필수적인 보육 서비스를 유지하고 공급 업체가 도산하지 않도록 유아 돌봄을 무료로 제공했다. 몇 달 후에 연방 정부가 무료 돌봄 계획을 원래대로 돌리겠다고 발표하자 많은 부모가 육아와 직업을 저울질해야 하는 어려운 상황에 놓였다.

호주에서 돌봄 서비스가 비싼 이유 중 하나는 보육의 질이 높아서다. 하지만 이 양질의 돌봄 서비스는 맞벌이 부모라는 대가를 치러야만 누릴 수 있다. 이제는 부모들이 유급노동에 참여하면서 자녀를 돌보는 저글링을 계속할 수 있도록 저렴한 돌봄 서비스가 필요하다. 돌봄 서비스는 공식적인 교육으로 사회화와 학습을 시작할 수 있으므로, 아이들에게 이익이 될뿐더러 노동시장에 다시 진입하고 싶어 하는 부모들에게도 이익이 된다.

돌봄 서비스 비용 부담으로 고민하는 부모들

알파 세대를 양육할 때 돌봄 서비스가 힘든 부분임은 우리의 연구 과정에서도 언급됐다.

"저는 직장에 다니지 않고 혼자서 아이들을 키워요. 어린이집은 아이 1명당 하루에 100달러가 들기 때문에 당장은 일을 할 수가 없어요. 저도 일하고 싶은 마음은 굴뚝같지만, 일을 한다면 오히려 적자가 날 거예요." - 앤절라, 알파 세대 세 아이의 엄마

"막내가 네 살인데 돌봄에 거금이 들어요. 내년이면 학교에 가는데요, 그날이 하루라도 빨리 왔으면 좋겠어요." - 로미, 알파 세대 두 아이의 엄마

부모의 본능이 지닌 가치

의사들이 전문가니까 항상 옳다고 생각하던 시절은 지났다. 사실 그들도 의대에 다닐 때는 부모들의 본능에 귀 기울이라고 배웠다. 퀸즐랜드는 라이언 원칙Ryan's Rule을 도입했고, 호주의 대부분 관할권뿐 아니라 세계 여러 나라에서도 그와 비슷한 정책을 시행하고 있다. 그 법은 2007년, 볼거리로 오진을 받은 후 비극적으로 숨진 라이언 선더스Ryan Saunders의 이름을 따서 지어졌다. 그의 부모는 라이언을 데리고 병원에 갔지만, 병원에서 자신들의 걱정에 귀를 기울이지 않는다고 느꼈다. 그들이 조치를 취해달라고 탄원했지만, 라이언은 입원한 지 30시간 만에 숨졌다. 사인은 제때 확인하지 못한 박테리아 감염이 악화하여 독성 쇼크를 일으킨 것으로 추정됐다. 라이언 원칙은 환자와 부모들에게 우려를 제시할 권한을 주는 조치다. 환자와 보호자가 만족하지 못한다면 담당 임상의와 논의할 수 있고, 그래도 만족하지 못하면 임상적 재검토를 요구할 수 있다. 만약 어떤 부모가 자녀에게 또는 배 속에 있는 아기에게 뭔가 잘못됐다고 말하면, 의사들은 반드시 들어야 할 주의의무가 있다. 부모의 본능은 특히 자기 증상을 분명히 표현할 수 없는 어린아이들의 진단을 내릴 때 중요한 관점이다. 부모의 본능은 과거에는 덜 중요하게 여겨졌지만, 최근에는 진료실에서 부모의 목소리에 힘이 실리고 있다.

우리는 이제 자녀에 관한 어떤 문제든 온라인에서 전문가들에게 도움을 청할 수 있다. 정신과 의사부터 물리치료사, 영양사는 물론이고 닥터 구글도 온라인 전문가에 포함된다. 한 엄마는 이렇게 말했다. "예전에는 부모로서 어떻게 해야 할지 모를 때나 아기가 울 때, 엄마한테 전화해서 물어보면 엄마가 하나부터 열까지 다 가르쳐주셨죠. 이제는 소셜 미디어나 닥터 구글이 있어요."

알파 세대 훈육하기

가족과 아이의 안전에 관한 핵심 가치를 강화하는 것은 아이들이 잘 적응하는 성인으로 성장하는 데 매우 중요하다. 미국 소아과협회는 오늘날의 부모를 위한 몇 가지 훈육 지침을 제시했다. 차분한 말과 차분한 행동으로 자녀에게 옳고 그름 가르치기를 비롯해 행동의 모범 보이기, 자녀가 기대 행동과 일치하지 않는 행동을 했을 때 결과에 관해 일러주기 등이 있다. 이해하기 쉽고 연령에 적합한 일관된 규칙도 도움이 된다.

　'discipline(훈육)'이라는 단어의 라틴어 어원은 '지도와 지식'을 의미하고, 'disciple'이라는 단어는 '학습자'를 의미한다. 대니얼 J. 시겔과 티나 페인 브라이슨은 《아직도 내 아이를 모른다》에서 이렇게 서술했다. "우리는 훈육이 벌주는 것이 아니라 가르치는 것임을 너무 자주 잊는다. 'disciple'은 '학생'이라는 뜻으로, 행동에 따른 결과를 받는 사람이 아니다. 벌을 줄까 갈등하는 순간에 잠깐 멈춰서 그 순간을 학습과 기술 습득, 뇌 발달의 기회로 바꿔라."

　　"부모로서 우리는 자기 훈련이 돼 있어야 하고, 끝까지 훈육의 결과를 완수해야 해요. 그런데 직장에서 정신없는 하루를 보냈다면, 그러기가 정말로 쉽지 않죠. 저는 훈육의 결과로 아이들에게 작은 벌을 줄 때 예의 바르게 행동하라고 훈육하는 것만이 아니라 아이들이 착하고, 적응을 잘하고, 공손한 어른이자 사회에 기여하는 사람이 되도록 훈련하는 것이라고 속으로 되뇝니다. 아이로 사는 기간보다 어른으로 사는 기간이 훨씬 더 기니까요." - 훈육에 관한 어느 엄마의 접근법

미국 소아과협회는 자녀에게 개입해서 온 관심을 쏟기 전에 자녀의 말을 들어줘야 한다고도 강조했다. 돕거나 훈육하기 전에 전체 이야기를 들으면, 그저 어떻게 하라고 지시하는 대신 아이를 이해하고 함께 대화할 수 있다. 부모는 자녀의 잘못된 행동을 보자마자 호되게 나무라기 쉽지만 좋은 선택과 잘한 일을 칭찬하고, 좋은 행동을 확인시켜서 행동을 바로잡게 도와야 한다. 그렇게 하기가 늘 쉬운 건 아니겠지만, 요령을 터득해 그냥 내버려 둬도 좋을 때가 언제인지 알아내야 한다.

"우리 집 정원에는 화덕이 있는데, 많은 남자아이와 마찬가지로 우리 다섯 살짜리 아들도 불에 매료됐어요. 아내는 기겁했지만, 저는 성냥으로 불을 붙일 때 아들이 돕겠다고 하면 허락해줍니다. 아들이 불가로 너무 가까이 다가가서 뜨거워하면, 그때 경솔하게 위험한 짓을 하면 안 된다고 말해주죠. 아이가 제가 안 볼 때 성냥을 가지고 노느니 제 앞에서 사용하는 것이 낫다고 생각합니다. '가능한 한 비밀을 만들지 말자'가 제 아이들에게 길러주려고 하는 태도이고, 저는 아이들이 행동의 결과를 직면할 때 그 옆에 있어 주려고 합니다." - 알파 세대 두 아이의 아빠

자녀들을 보살피면서 지켜보려면, 부분적으로는 아이들이 왜 잘못된 행동을 하는지 알아봐야 한다. 지루한가? 아니면 자극이 부족한가? 만약 아이들이 나쁜 행동을 한다면 고치라고 일러줘야 할 것이다. 조용한 곳에서 혼자 반성하게 하는 '타임아웃'은 자녀가 규칙을 어겼을 때 사용하는 흔하고 유용한 도구다. 처음에는 경고로 시작해서 아이가 무엇을 잘못했는지를 간단히, 최대한 감정이 실리지 않게 설명해라. 그 행동으로 인한 결과를 설명한 다음, 아이가 다시 경계를 넘어서는지를 끝까지 확인해라. 어린아이들이 자기 관리 기술을 배우고 연습할 수 있는 이 전략은 10대에게도 효과가 좋다.

내 아이의 친구들은 누구인가

집에 전화가 있던 때를 기억하는가? 지금은 집 전화가 필요 없어 보이지만, 자녀의 친구들이 누구인지를 알 수 있었다는 점에서는 전화가 수행했던 중요한 역할을 되돌아볼 가치가 있다. 집 전화는 자녀와 친구들의 통신에서 중앙 통제 기능이나 병목의 역할을 자주 했다. 집 전화 덕분에 부모들은 자녀의 동성 친구들과 이성 친구를 알 수 있었다. 전화가 걸려 오면 바꿔줘야 했으니 말이다. 집 전화가 줄어들고 개인용 스마트폰과 소셜 미디어 사용이 증가하면서 그런 접속 기회도 사라졌다. 이제는 부모들이 자녀의 친구가 누구인지 또는 자녀가 언제 친구들과 소통하는지를 알려면 큰 노력이 필요하다. 더욱이 사회적 활동이 집 밖에서 일어나기 때문에 대면 소통 기회도 적다.

"눈으로 보는 것이 아이의 친구들을 알 수 있는 가장 쉬운 방법입니다. 남편과 저는 아이들이 참여하는 행사에 최대한 함께하려고 하며, 아이의 친구들이랑 이야길 나누려고 노력해요. 행사에 참석하면 저는 아이에게 친구들을 손가락으로 가리켜달라고 해요. 아이가 먼저 친구를 소개하거나 하진 않을 테니, 그건 전적으로 우리 부모들에게 달려 있죠. 딸이 트윈덤에 접어들자 저는 아이의 친구들을 알고 싶어서 아이 친구들까지 함께 댄스 대회에 데려다주기 시작했어요. 트윈의 기사 노릇을 하다 보면 엄청나게 많은 사실을 알게 된답니다!" - 알파 세대 두 아이의 엄마

"아내는 딸의 농구팀 매니저이고, 저는 아들의 축구팀 코치예요. 그런 역할을 맡은 덕분에 우리는 아이들의 친구들을 알 기회가 많이 생겼을 뿐만 아니라, 친구 부모들까지 알 수 있는 바비큐 파티와 사교 모임도 시작하게 됐어요." - 알파 세대 두 아이의 아빠

자녀의 학교생활과 사회생활에 적극적으로 참여하는 방법

자원해라: 당신이 할 수 있는 것이 있다면, 무엇이든 자원해라. 학교운영위원회에 가입하거나, 학부모 대표에 자원하거나, 자녀의 반을 돕거나, 자원봉사자가 필요할 때 돕겠다고 손을 들어라.

참석해라: 자녀의 스포츠 경기, 공연, 모임과 기타 자녀가 흥미를 보이는 활동에 참석해라.

제안해라: 자녀에게 파티나 사교 모임에 데려다주겠다고 제안하고, 거기서 자연스레 친구들 부모와 만나라.

질문해라: 자녀의 친구들에 관해 질문하고 아이들이 친구 관계를 터놓고 이야기할 수 있도록 장려해라. 하지만 늘 냉정을 유지해야 한다! 과잉 반응을 보이면 아이들은 마음의 문을 닫아버릴 것이다.

중립을 유지해라: 자녀가 친구와 겪는 갈등을 말하면 중립을 유지하고, 끼어들어 행동을 취하고 싶다는 충동을 견뎌라. 그 대신 아이들에게 문제를 해결할 지혜와 조언을 주어라.

알고 지내라: 자녀 친구의 부모들을 알고 지내고, 괜찮다면 그들과 사교 모임을 시작해라.

기회를 찾아라: 자녀가 속한 스포츠팀을 코치하는 것처럼 자녀의 사회생활에 관여할 기회를 찾아라.

부모들은 학교나 지역 행사에서 자녀 친구들과 소통하면서 또는 사교 모임을 주최하면서 아이의 친구들을 알 수 있다. 자녀에게 친구들과 어울릴 때 무엇을 하는지, 무슨 얘기를 하는지 물어라. 단, 꼬치꼬치 캐묻지 않도록 조심해라. 자녀를 들볶거나 간섭하는 부모가 되고 싶진 않을 테니 말이다. 자녀 친구들의 부모를 전화상으로 또는 행사에서 직접 만나서 알고 지내라. 이렇게 하는 좋은 방법은 아이 친구의 부모가 아이를 데려다주러 왔을 때 집으로 들어오라고 초대하는 것이다. 당신이 아이 친구를 데려다주러 갈 때도 초대받을 기회를 만들어라. 자녀와 자녀의 친구들, 친구들 부모와의 소통이 비결이다. 그러려면 상당한 노력이 필요하지만, 자녀를 이해하고 보호하고 싶다면 그럴 만한 가치가 있다. 어떤 행동이 용인되고 어떤 행동은 용인되지 않는지, 어려운 상황에 어떻게 대처할지에 관해서는 경계를 강조하는 것도 좋다.

아이들이 나이가 들수록, 친구 관계는 새로운 의미와 중요성을 띤다. 이런 의미 있는 관계가 발달하면서 아이는 가족 단위 밖에서 신뢰와 정직, 그 밖에 높이 평가하는 가치에 관해 교훈을 얻는다. 친구 관계는 정말 중요하다. 어릴 때의 친구 관계는 발달이라는 면에서 중요한 시기에 맺어지므로 성격 형성에 영향을 미치기도 한다. 일정이 빠듯하게 관리되면서 아이들이 스포츠클럽이나 방과 후 활동 같은 모임에서 친구들을 사귀는 일이 흔해졌다. 하지만 심리학자들은 아이들이 친구를 발견하고 우정을 쌓아가려면 스케줄에 포함되지 않은 자유시간이 필요하다고 말한다. 만약 10대라면, 우정이 나중에 이성 관계로 발전할 수도 있다.

알파 세대는 트윈덤과 10대로 진입한 후 친구 관계와 대인관계를 통해 장기간의 유대감을 쌓는 훈련을 한다. 자녀는 물론이고 자녀의 친구들과 친해지는 방법은 그들을 집으로 초대하도록 격려하는 것이다. 우리의 연구에서 이 아이디어를 표현한 많은 부모 중 한 사람은 이렇게 말했다. "아이들이 우리 집을 친구를 데려올 수 있는 편하고 열린 공간으로 여기면 좋겠어요. 우리 아이들이 여기만큼은 안전하다고 느끼고, 친구를 데려와도 괜찮다고 여길 수 있다는 게 우리에게는 중요해요."

우리는 자녀의 행동을 안내하고 아이들이 번성하도록 준비시키는 간단한 5단계 접근법을 개발했다. 이 과정은 알파벳 ABCDE를 따라가므로 기억하기도 쉽다.

받아들임Acceptance: 당신이 자녀를 사랑하고 있는 그대로 받아들인다는 것, 자녀의 본성과 자녀가 보이는 나쁜 행동을 분리할 수 있다는 것을 분명한 말과 행동으로 보여라.

경계Boundaries: 당신의 기대와 규칙, 가치관과 그 뒤에 숨겨진 이유를 분명히 소통해라.

대가Consequences: 합의된 합리적 경계를 넘어서면 대가가 따른다는 것을 가르쳐라. 양육의 주요 목표는 아이들이 시간제한을 설정하고 자기 행동의 기준을 관리하는 것인데, 여기서 중요한 부분은 삶에서 나쁜 선택을 하면 나쁜 대가가 따른다는 사실을 인식하는 것이다.

발달Development: 자기 행동이 남들에게 미치는 영향을 이해할 수 있도록 아이들이 소셜 스킬을 익히게 도와라. 이는 의사소통 기술을 발달시키는 데 도움이 되므로, 갈등을 해결하고 좌절감에 대처하며 남들의 부정적 행동을 저지하려 할 때 행동보다는 말을 사용할 수 있다.

격려Encouragement: 실수는 삶에서 꾸준히 일어나는 일이다. 아이들이 실수할 때, 실수에서 배우도록 격려해라. 이 ABCDE 과정은 시작과 끝이 같다. 당신이 사랑하고 받아들이고 있음을 표현해서 아이들을 격려해라.

코로나19 팬데믹 기간의 양육

코로나19 팬데믹은 전 세계 사람들이 역사의 한 부분으로 기억할 사건으로, 세계적이면서도 개인적인 유일무이한 경험이었다. 아이들은 결과적으로 삶에서 상당한 변화를 경험했다. 이를테면 집에서 수업을 들었고, 친척이나 친구 집을 방문할 수 없었으며, 밖에 나가 운동을 하거나 공원에 갈 수도 없었다.

알파 세대에게 시간은 그들이 살아온 햇수와 관계가 있다. 코로나19 팬데믹 기간에는 꼼짝없이 집 안에만 갇혀 있어야 했으니 하루하루가 길게 느껴졌을 것이다. 여덟 살짜리의 코로나19 경험을 생각해보자. 삶의 기억은 단편적이나마 보통 네 살 정도에 시작된다. 이제 이 아이들이 코로나19를 1년 겪었다고 생각하면, 그 1년은 평생 기억의 4분의 1에 해당하니 이것만으로도 매우 중요하다.

2020년에는 팬데믹 때문에 대부분 학교의 기념행사나 통과의례가 취소됐다. 무도회와 졸업식, 운동회, 콘서트, 시상식, 캠프, 여행, 축제 등 모든 행사가 취소되거나 제한적으로 치러졌다. 아이들의 세계에서 이 중요한 순간들이 완전히 사라진 것이다. 이런 상실감은 부모나 양육자가 생각하는 것보다 더 클 수 있다. 어른들에게는 그것이 굳이 참석할 필요 없는 학교 행사일 뿐이지만, 아이들에게는 학교에서의 경험을 정의하고 보람을 느낄 중요한 기회다. 아이의 관점에서 생각해보자. "제 인생에서 6학년은 한 번밖에 없을 거예요. 이번이 초등학교 졸업식에 참석할 유일한 기회라고요." 부모와 양육자로서 이런 문제에 공감하고 민감하게 대처하는 것이 중요하다.

시간이 절대적으로 중요하지만, 인내심은 여전히 미덕이다

당신은 알파 세대 아이가 미식축구 경기를 처음부터 끝까지 시청하는 모습을 본 적이 없을 것이다. 그 대신 알파 세대는 모든 골과 태클, 위기일발의 순간을 요약한 3분짜리 하이라이트 동영상을 본다. 이들은 그저 누가 이겼는지, 누가 득점했는지, 언제 그리고 무엇에 관해 사람들이 가장 많은 댓글을 다는지를 알고 싶어 한다.

이는 아이들이 디지털 세계에서 어떤 경험을 하는지를 보여준다. 디지털 경험은 빠른 히트와 즉각적인 접속, 짧은 동영상을 포함해 아주 강렬하다. 하지만 이런 속성은 인생의 희로애락을 반영하지 못하며, 부모들은 알파 세대에게 이 점을 열심히 알려줘야 한다. 비유하자면, 디지털 삶은 항상 단백질 바를 먹는 것과 같다. 단백질 바는 영양소가 매우 조밀하게 압축돼 있지만, 그것만 먹고 살 수는 없다. 삶에는 자연에서와 같은 리듬이 있다. 씨를 뿌리고, 물을 주고, 햇볕을 쪼이고, 잡초를 제거하고, 성장하고 수확할 시기가 있듯 교육에도 비슷한 리듬이 있다. '영양분이 농축된' 교육이란 있을 수 없고, 반성과 학습의 시간이 필요하다.

인내심과 현재에 충실히 임하는 능력을 키우는 것은 부모의 책임이다. 물론 24시간 언제든 이용할 수 있는 기술이 있고, 주머니 안에 있는 기기로 언제든 일할 수 있는 세상에서는 틀림없이 힘들겠지만 말이다.

"처리해야 할 일이 너무 많아요. 이메일, 학교 일, 문자 메시지와 소셜 미디어가 스마트폰에 다 들어 있잖아요. 어른인 우리만이 아니라 이제 아이들도 자기 스마트폰에 처리해야 할 것들을 담고 있어요. 저는 모든 것에 곧장 답변해야 한다는 압박감이 있어요. 그래서 긴장을 풀기가 어렵습니다. 스마트폰을 내려놓고, 그 모든 것을 멀리하고 휴식을 취하면 죄책감이 들어요. 게다가 그렇게 쉬고 나면, 처리해야 할 일이 훨씬 늘어나 있죠." - 세 아이의 엄마

인내심을 기르기는 어려울 수 있지만, 인내심은 꼭 필요한 덕목이다. 학습과 마찬가지로 삶도 벼락치기로 해낼 수 없다. 그런데 빨리 유대감을 느끼게 해주는 앱이 많아서 친구 관계가 관계 맺기보다는 일처럼 느껴지는 지경에 이르렀다. 소셜 미디어 덕분에 우리는 인간관계를 대량으로 관리하고, 클릭 몇 번으로 일상을 업데이트하고, 휴가 사진이나 음식 사진 등을 친구와 팔로워들에게 공유할 수 있다. 본질적으로 소셜 미디어는 개인적 홍보 수단이자 표면적인 인간관계의 한 형태가 됐다. 그러나 현실에서는 우정과 인간관계를 쌓으려면 시간과 관심을 투자해야 한다. 이것이 알파 세대가 배워야 할 중요한 교훈이다.

그렇다면 아이들에게 어떻게 인내심을 길러줄 수 있을까? 두 아이의 엄마가 말했다. "우리가 먼저 모범을 보여야 해요. 함께 있을 때 아이들이 조바심을 내는 듯하면, 우리는 아이들에게 하던 걸 그만두고 심호흡을 한 다음 성취하려는 것을 생각하라고 말해줘요. 조바심은 아이들이 빠른 답을 원하기 때문에 생겨나는 거니까요. 인내심을 가지라는 건 아이들에게 속도를 늦추고, 생각한 다음 행동하고, 시간과 질과 양의 관점에서 성취할 수 있는 것이 무엇인지 현실적

인 기대를 품으라고 가르치는 것입니다. 아이들이 뭔가를 도와달라고 부탁할 때, 나는 지금 하던 일을 끝낼 때까지 잠시 기다리라고 하고는 조금 후에 도와주러 가요. 아이들은 세상이 자기를 중심으로 돌지 않는다는 것, 다른 사람들의 문제도 똑같이 중요하다는 것을 이해해야 합니다. 인내심은 잘 기다리는 법을 배우는 것이잖아요? 그래서 나는 아이들에게 남들의 욕구, 의견이나 삶에 대한 접근법을 더 배려하라고 자주 말해줍니다."

경험 많은 부모는 아이들에게 예의 바르게 부탁하고, '~해주세요'와 '감사합니다'라는 표현을 사용해야 한다고 가르친다. 그것이 공손하고 바른 예절이라서가 아니라, 그래야만 남이 주는 간식에 손을 뻗기 전에 잠시 감사함을 느끼고 짧으나마 인간적인 소통을 경험할 수 있기 때문이다.

인내심은 또한 가정에서 아이들과 지낼 때, 말다툼이 있거나 좌절이나 분노가 치미는 강렬한 순간에 해독제가 된다. 그럴 때는 자동 차단기가 필요한데, 현명한 부모는 "질문 하나 해도 될까?" 또는 "내가 이야기 하나 해줄게" 같은 말로 혼돈 속에서도 정지 버튼을 누른다. 이렇게 끼어드는 말과 뒤에 이어지는 문장들은 복수심으로 치닫는 감정을 일시적으로 멈춰 자신을 돌아보고 상황을 다른 방향으로 향하게 할 수 있다. 아이가 잠시 멈추면 부모는 자신이 과거에 실수했거나 나쁘게 대응했던 순간들을 교훈으로 들려주면 된다.

책임감의 기술

가정 내에서의 역학은 여러 해에 걸쳐 변화했다. 맞벌이 가정이 증가하면서 아이들의 방과 후 활동이 늘었기에 가족 모두의 스케줄을 관리하는 것만으로도 풀타임 직업처럼 느껴질 것이다.

> "처음 코로나19가 엄습했을 때, 남편과 저는 아이들을 집 근처에 있는 스포츠 교실에 보내기로 했어요. 전에는 등하교와 통근 외에도 아이들을 유명하다는 스포츠 교실에 내려주고 데리러 가느라 1~2시간을 더 썼거든요. 코로나19 덕분에 늘 피곤함에 절지 않고도 어떻게 하면 가족을 관리할 수 있을지 다시 생각하게 됐어요. 할 일은 많고, 우리에겐 도움이 많이 필요해요!" - 칼리, 알파 세대 세 아이의 엄마

바쁜 스케줄 때문에 알파 세대의 형제자매는 서로 소통할 기회가 더 적다. 가족 구성원들에겐 각자 자기만의 스케줄이 있으므로, 언니·오빠가 꼭 알파 세대의 예비 보모나 양육자가 될 필요는 없다. 게다가 많은 외부 활동이 연령대별로 이뤄지고 있어서 언니·오빠들은 스포츠 캠프와 휴가처럼 집단으로 모여 있는 환경에서 동생들을 보살필 기회가 적을 것이다. 부모와 양육자가 적극적으로 격려하지 않는다면, 언니·오빠들은 맏이로서의 전통적인 역할을 하지 않을 것이다. 실제로도 롤모델이자 보호자, 리더이자 친구라는 맏이의 고정관념이 알파 세대에게는 꾸준히 약해지고 있다.

가정에서 기술의 향상은 알파 세대가 책임감을 발달시킬 기회

를 감소시킨다. 이제 많은 가정은 식기세척기, 세탁기, 건조기, 청소기를 비롯한 전자기기와 강아지 산책이나 원예를 돕는 기술을 갖추고 있어서 예전에 아이들에게 배정됐던 집안일의 강도가 많이 약해졌다. 물론 바쁜 삶을 사는 사람들에게는 반갑고 안심되는 일일 것이다. 하지만 우리 아이들이 책임감과 리더십을 발달시키도록 도우려면 이제 어떤 방법을 써야 할까? 부모들은 이런 기회를 주도적으로 찾아내야 한다. 결정을 내리고, 자기 행동의 결과를 이해하고, 신뢰받을 수 있는 활동이 책임감을 가르치기에 좋다. 오늘날 많은 가정이 일을 기계에 맡기고 있지만, 알파 세대를 집안일에 참여시켜 주체 의식을 갖도록 가르치는 것은 여전히 중요하다. 예를 들어 빨래 개기, 방 청소하기, 식기세척기에 그릇 넣고 빼기 등을 시키는 것만으로도 책임감을 기르는 데 도움이 된다.

오늘날의 갈등

비아콤CBS는 부모들의 현재 걱정거리에 관해 광범위한 연구를 했다. 16개국에서 요약된 최대 다섯 가지의 걱정거리는 아이들의 미래, 아이들의 정신건강과 행복, 대면 괴롭힘, 스크린 타임 및 소셜 미디어, 세계의 상황이었다. 이것들이 바로 오늘날의 부모들이 헤쳐나가고 있는 갈등의 원인이다.

아이들에게 독립성 주기 vs 아이들을 안전하게 지키기: 많은 부모가 아이들이 자유롭고 독립적이기를 원하지만, 동시에 대부분 부모(91%)는 자녀가 무엇을 하는지 알고 싶어 한다. 이런 생각이 서로 대립하는 것 같긴 하지만, 자녀를 위험에 처하지 않게 하는 한편 배우고 성장할 기회를 막지 않아서 회복력을 키우려는 부모의 의도를 보여준다.

아이들을 현실 세계에 노출하기 vs 아이들 막아주기: 연구에 따르면, 92%의 부모가 아이들은 세상을 이해해야 하므로 모든 것에서 보호받아서는 안 된다고 생각했다. 동시에 60%의 부모는 아이들이 어린 시절을 즐기기를 바라며 보호받아야 한다고 생각했다. 부모들은 자녀가 세상을 보고 경험하길 바라는 한편으로, 세상에 너무 많이 노출되지 않도록 균형을 잡아야 한다.

정규교육 vs 놀이: 아이들이 어떻게 배워야 하는지를 묻자, 부모들은 정규교육과 자유 놀이에 모두 가치를 두었다. 조사 집단에서 77%는 체계적인 수업이 가장 좋다고 생각했고, 88%는 놀이를 통해 가장 잘 배운다고 생각했다. 두 접근법이 서로 대립하는 듯 보이지만, 아이들에게는 사실 두 가지 유형의 혼합이 필요하다.

전통적 교육 vs '삶'이라는 학교: 73%의 부모가 자녀를 최고의 초중등학교나 대학교에 보내려 많은 것을 희생하지만, 80%는 자녀가 공부를 잘하는 것보다 실질적인 삶의 기술을 배우는 것이 더 중요하다고 생각했다.

스크린 타임 제한하기 vs 스크린 타임을 보상으로 사용하기: 아마도 알파 세대의 부모에게 가장 중요한 문제는 스크린 타임을 둘러싸고 존재하는 갈등일 것이다. 80%의 부모가 스크린 타임을 최대한 제한한다고 답했지만, 한편으로는 58%의 부모가 스크린 타임을 자녀의 동기 부여 도구로 사용한다고 답했다. 중요한 것은 부모들의 태도다. 많은 이들이 스크린 타임을 장점으로 여기고 있다. 84%의 부모는 TV가 가족의 유대감에 유익하다고 답했고, 65%는 비디오 게임이 자녀의 발달에 도움이 된다고 생각했다.

"아이들이 걸음마를 할 때 우리는 아주 작은 집에 살았어요. 아이들이 장난감을 가지고 놀 때면 장난감 상자 한두 개를 꺼내 줬고, 그러면 아이들이 그걸 갖고 놀았죠. 아이들이 두 번째 상자에서 장난감을 가지고 놀려면, 첫 번째 상자의 장난감들을 먼저 정리해야 했어요. 한두 살 나이가 들수록 정리하는 능력이 눈에 띄게 향상되더군요. 아이들이 초등학교에 들어가자, 저도 풀타임 근무를 시작할까 하는 생각이 들었어요. 남편과 저는 의사결정 과정에 아이들을 참여시켰어요. 우리는 아이들에게 선택권을 줬죠. 제가 집에서 전업주부로 남아 모든 일을 처리하면서 아이들을 학교에 데려다주고 데려오는 일을 맡을지, 아니면 내가 풀타임으로 일하고 아이들이 집안일을 도우는 대신 매년 정말로 멋진 가족 여행을 갈지를요. 아이들은 가족 여행을 원했고, 그래서 청소나 빨래 같은 집안일에서 항상 자기 임무를 다 했어요. 우린 닭도 몇 마리 키웠는데 아이들이 닭장을 청소하고, 모이를 주고, 달걀도 꺼내 오면서 도왔죠. 아이들에게는 소박한 용돈을 보상으로 줘서 원하는 걸 사게 했어요. 아이들이 나이를 먹고 바빠질수록, 집안일을 하는 타이밍에 융통성이 생기더군요. 우린 소통의 창을 계속 열어두려고 최선을 다하고 있어요." - 알파 세대 두 아이의 엄마

자연결핍장애

'자연결핍장애Nature Deficit Disorder'는 2005년에 출간된 리처드 루브Richard Louv의 《자연에서 멀어진 아이들》에서 처음 소개됐다. 루브가 최근 세대에게서 자연과의 상호작용이 부족한 경향을 발견하고 이를 설명하려고 만든 용어다. 루브는 이렇게 말했다. "농업이 시작된 이후로 인간 생활이 도시화와 함께 실내로 옮겨졌으며, 과거 30년간 사회적·기술적 변화는 자연 세계와의 단절을 가속해왔다."

우리 아이들이 자연과의 상호작용이 부족한 원인은 '무기력

의 만연'과 '독립적 놀이가 평가절하되는 경향'이다. 한 부모는 이렇게 말했다. "그건 우리 아이들이 밖에서 노는 것이 안전한지의 문제예요. 게다가 경제적 문제이기도 하죠. 아이에게 마당을 선물할 여유는 없지만, 포트나이트 게임은 줄 수 있거든요." 알파 세대의 부모와 인터뷰할 때, 한 엄마는 이렇게 말했다. "다들 스크린에 얼굴을 박고 있는 게 지긋지긋해요. 어디를 가든 사람들이 스마트폰을 들여다보느라 서로 부딪히죠. 우리 딸 친구들이 놀러 오면, 게네들도 모두 앉아서 스마트폰을 보느라 서로 대화도 나누지 않아요. 그럴 때면 저는 아이들에게 음악을 연주하거나 밖으로 나가서 놀라고 말해요. 스크린에서 멀어지게 하려고 얼마 전부터는 아이들을 데리고 등산하러 다니기 시작했어요."

자연결핍장애에 관한 연구는 자연에 대한 경험이 사라질 때 잃어버리는 것들뿐만 아니라 도시 공간에서의 자연을 포함해 자연환경에 더 많이 노출되면 얻을 수 있는 이익에도 초점을 둔다. 자연에서 더 많이 시간을 보내게 하면 아이들이 자신감을 쌓는 데 도움이 되고, 창의력과 상상력이 촉진되며, 책임감을 가르치고 다양한 자극을 제공하면서 아이들을 움직이게 할 수 있다. 또한 아이들을 생각하게 할 수 있으며 스트레스와 피로를 줄일 수 있다. 자연에서의 시간은 아이들에게 경이로움과 자연 세계에 몰입하는 능력을 가르친다. 알파 세대 세 아이의 아빠인 앤드루는 말했다. "제 가장 큰 즐거움은 아이들을 데리고 현실 세계의 야생으로 나가서 자연의 아름다움을 탐험하는 것입니다. 저는 주말이면 되도록 아이들을 데리고 자연으로 나가는데, 아이들은. 탐험에 신이 나서 매번 더 멀리 가고 싶어 해요. 저는 아이들에게 모험이 우리가 하는 일이자 배우는 방식이라는 것을 가르치려고 노력 중입니다."

- 화단이나 화분에 식물을 심어라.
- 공원에 가라.
- 자연에서의 주말 산책을 즐겨라.
- 자연으로 가족 여행 또는 휴가를 떠나라.
- 캠핑을 가라.
- 경이로움과 경외감을 주는 전망 좋은 곳을 방문해라.
- 레스토랑에서 먹는 점심이나 브런치를 소풍으로 바꿔라.
- 모닥불을 피워놓고 둘러앉았거나 뒷마당에서 별을 봐라.
- 야외에서 게임이나 스포츠를 해라.
- 숙제나 독서 같은 실내 활동을 야외에서 해라.

리처드 루브의 또 다른 저서 《지금 우리는 자연으로 간다》는 '만약 우리가 기술에 몰두하듯 자연에 밤낮으로 몰두한다면, 우리와 아이들의 삶은 어떻게 될까?'라는 핵심 질문을 탐구한다. 그의 후속작 《비타민 N Vitamin N》은 개인과 가족과 커뮤니티가 자연과의 유대를 일상생활에 통합할 수 있는 500가지 방법을 제안한다. 그리고 그의 최근 저서인 《야생의 소명 Our Wild Calling》은 동물과 친해지는 것이 어떻게 우리의 삶을 변화시키고, 동물의 생명을 구할 수 있는지를 분석한다.

동물과 친해지는 것은 중요한 주제다. 어떤 세대에 속하는지와 관계없이 동물 사랑은 아이들의 변치 않는 특성인 것 같다. 당신이 부모라면 자녀에게 강아지나 고양이를 사달라는 얘기를 아마 100번쯤은 들었을 것이다. 반려동물은 귀엽고 껴안고 싶다는 점에서도 좋지만, 아이들에게 책임감과 공감 능력, 자존감, 사회적 역량을 북돋는다는 간과할 수 없는 이점이 있다. 가족 중 누군가와 반려동물에 대한 사랑과 돌봄을 공유하면 유대감을 형성해서 스트레스와 불안감, 외로움을 줄일 수 있다. 그리고 점점 더 앉아서 지내는 시간이 많아지는 세상에서 자연으로 나가는 시간을 대체로 늘려준다. 부모인 이안은 이렇게 말했다. "강아지 록시를 입양했을 때, 우리 가족의 역학이 정말로 바뀌었어요. 록시는 우리를 하나로 묶어줬죠. 록시가 집에 온 후 우리 가족은 산책을 더 많이 나갔고, 함께 더 많은 시간을 보냈어요."

학교 교육에서 부모의 역할

아이의 삶에서 가장 큰 부분은 학교이고, 학교는 시간이 흐름에 따라 진화해왔다. 뒤에서 교육에 초점을 맞춰 다시 살펴보겠지만, 여기서는 복잡해진 학교 교육과 기술의 통합에 부모들이 어떻게 대처해야 할지 간단히 짚어보고자 한다.

우리의 연구에서 호주 부모의 절반 이상(55%)은 자녀가 과제나 학습을 할 때 또는 학습 기술을 다룰 때 도와줄 준비가 돼 있지 않다고 대답했다. 이유는 두 가지다. 첫째, 부모들은 학교 교과과정의 수준이 자기가 경험한 것보다 훨씬 높아졌다고 생각한다. 둘째, 학교 교육이 앱을 기반으로 한 프로그램이나 학교 인트라넷처럼 익숙하지 않은 플랫폼으로 이뤄지기 때문이다.

어떤 부모가 우리에게 털어놓은 말에 많은 부모가 공감할 것으로 확신한다. "딸들이 배우고 있는 것들을 볼 때마다 저는 '우와!' 하는 소리가 절로 나와요. 뭐랄까, 우리는 자랄 때 컴퓨터도 없었잖아요. 세대가 다르니까 부모들은 자녀가 배우는 걸 보고 항상 놀라는 것 같아요." 또 다른 엄마는 이렇게 말했다. "우리 아이들이 제가 이해하지 못하는 것들을 학교에서 배우고 있더라고요. 여덟 살인 우리 아들이 상황을 이렇게 말하면서 잘 요약해줬어요. '엄마가 학교 다닐 때는 인터넷이 생기기 전이라 정말 힘들었겠다!'라고요."

점점 더 복잡해지고 기술적으로 통합된 세상에서, 교육 부문이 온라인 플랫폼을 통해 더 복잡한 교과과정을 전달하며 기술에 잘 대응하고 있다는 것은 긍정적이다. 비록 부모들은 기술을 따라잡고 자녀의 학업을 돕기 어려워하지만 말이다.

자녀의 학교에서 최고의 결과 얻기

학교를 자녀 교육의 동반자로 여겨라: 교육을 학교에 맡긴 기능이라기보다 학교와 함께 만들어가는 과정으로 여겨라. 가능한 한 학교에서 최신 정보를 들으며 쌍방향으로 소통해라. 학교와 자녀의 선생님들과 최대한 많이 소통하는 것이 좋다.

자녀에게 학습에 관해 물어라: 어떤 과목과 분야에 가장 자신감이 있는지, 어디에서 도움이 필요한지를 알아내라. 아이들의 관심이나 성취도가 낮은 영역을 발견하면 초기에 개입해서 추가 지원을 하고, 담당 선생님과 이야기를 나눠라.

학교와 소통해라: 학부모 간담회에 되도록 참석해라. 참석할 수 없다면, 선생님들과 통화나 영상통화를 해서 아이의 교육에 관해 피드백을 받아라.

학교에 대한 부모의 기대는 과거보다 더 복잡해졌다. 오늘날 부모들은 학교가 학업만이 아니라 자녀의 사회적 역량과 삶의 기술 발달에도 기여하기를 기대한다. 지난 5년간 부모의 거의 절반인 48%가 자녀의 학교가 웰빙을 뒷받침하리라는 기대감을 높였다. 기대감이 올라가고는 있지만, 부모들은 여전히 교육적 동반자 관계를 소중하게 여긴다. 부모들이 학교와 동등한 책임이 있다고 여기는 부문은 학업 발달(46%), 사회적 역량 개발(41%), 사회적 이슈 논의하기(39%)였다. 실제로 부모와 교사 쌍방이 자녀가 이런 영역들에서 발달하는 데 중요한 역할을 한다.

낡은 것이 사라지고, 새로운 것이 들어오다	
무엇이 사라졌는가?	무엇이 들어왔는가?
친구 집에서 하는 밤샘 파티	파자마 파티(밤 10시에 끝남)
사탕 봉지	식품 알레르기
학교에 자전거 타고 가거나 걸어가기	학교까지 차로 태워주기
전화 통화	문자 메시지
스포츠팀: 시즌별 최우수 선수상	스포츠팀: 주간 최우수 선수상
전교생 수영 대회	선수만 참가하는 대회

즐겨라!

부모가 되는 것은 힘들 수 있지만, 또한 엄청나게 보람 있는 일이다. 알파 세대 세 아이의 아빠인 제프는 이렇게 말했다. "우리 여섯 살짜리 딸 올리비아가 오늘 학교에서 아빠의 날 카드를 써서 가져왔는데, 원래 카드에는 최신 유행어인 BFRN_{Best Friend Right Now}(지금 최고의 친구)가 반복해서 쓰여 있었어요. 그런데 그 카드에는 BDRN_{Best Dad Right Now}이라고 고쳐 쓰여 있더군요. '지금 최고의 아빠'라는 뜻이라고 딸이 알려줬어요. 저는 그 말에 웃음이 터졌죠. 알파 세대를 양육하는 것은 최고의 경험이에요."

당신에게도 제프와 같은 순간이 분명히 있었겠지만, 지금 당장은 수면 부족을 겪으며 수많은 일에 시달리고 다음 세대를 키우는 책임감에 짓눌리고 있을지도 모르겠다. 만약 그렇다면 당신이 지금 22세기까지 전해질 영향력을 행사하고 있음을 기억해라!

사려 깊은 부모가 되는 법

우리의 연구와 경험에서 부모들이 많이 표현하는 정서 중 하나는 아이들이 얼마나 빨리 자라는지와 아이를 키우는 시절이 얼마나 빨리 지나가는지다. 사려 깊은 부모가 되어 소중한 순간을 받아들이고, 의식적으로 유대감을 쌓아간다면 긍정적인 영향이 지속될 것이다.

사진이나 동영상을 찍지만 말고, 가끔 아이들과 함께 그것들을 봐라: 사진이나 동영상을 보며 그 여정을 돌아봐라. 또한 아이들이 어릴 때, 스마트폰이나 앱을 사용해서 가끔 아이들과 작은 인터뷰를 녹음해라. 나중에 아이들이 크면 함께 즐겨 듣게 될 것이다.

쉽게 기록할 수 있는 메모장을 만들어라: 거기에 귀여운 표현이나 틀렸지만 재미있는 발음 등을 기록하고, 아이가 크면 같이 봐라.

가족이 함께 있을 때 가족의 경험에 관해 이야기를 나눠라: 재미있고 즐거운 시간을 다시 떠올리는 것은 가족의 훌륭한 전통이 되어 그 기억이 강화된다. 또한 아이들이 기억하지 못하는 아기 때와 유아 시절의 이야기들을 함께 나눠라. 성장하는 아이들에게 어려서부터 사랑과 보살핌을 듬뿍 받았다는 사실을 느끼게 해줄 것이다.

변화를 인식하고 축하해라: 양육이라는 혼돈의 한가운데서 부모는 자녀가 좋은 습관을 들이게 하려고 노력한다. 그런데 종종 아이들이 배운 것을 제대로 적용했을 때나 실망스러웠던 행동을 바로잡았을 때는 잘 알아차리지 못한다. 자녀에게 변화가 있는지 세심히 관찰하면서 이런 성취를 축하해라.

'예스'라고 말해라: 기회가 생겼을 때, 야구 같은 활동에 도와달라는 요청을 받으면 '예스'라고 말해서 그 순간을 함께해라. 어쩌면 당신은 하필이면 바쁠 때 아이들이 그런 요청을 한다고 생각할지도 모르겠다. 하지만 시간을 쏟아야 할 다른 일이 항상 있을지라도, 순식간에 지나가는 이 기회를 꼭 붙잡아라. 결국 우리에게 남는 것은 그런 순간순간의 기억이다.

이 장의 핵심

부모들이 하는 중요한 역할과 21세기 양육은 무엇이 다른지, 엄마와 아빠의 역할은 무엇인지, 핵가족 유형의 변화, 부모의 본능이 지닌 가치, 훈육과 통과의례, 책임감과 자연결핍장애가 알파 세대에게 미칠 영향 등을 살펴봤다.

양육은 인생에서 큰 어려움 중 하나이지만, 가장 큰 특권이기도 하다. 만약 아이들이 부모의 보살핌과 유대감, 보호받는다는 느낌을 경험한다면 언젠가 맺게 될 자기 아이들과의 관계를 포함해 미래의 인간관계를 위해 준비시켰다고 할 수 있다. 우리가 알파 세대의 양육에 노력을 쏟는 것은 곧 아이들과 그들의 미래, 그다음에 올 세대에게 노력을 쏟는 것이다.

자라면서 알파 세대는 행동을 취하고, 주변 세상을 개선하고, 자신들이 믿는 것을 지지하며, 세상에 기여하는 삶을 살도록 힘을 부여받을 것이다. 그들은 계속 진짜 세상에 노출되면서 정보에 둘러싸일 것이다. 그리고 진실과 가치의 진정성을 기대할 것이다. 알파 세대는 힘을 부여받은 세대이므로, 부모와 양육자는 아이들이 최고의 삶을 살고 성공할 수 있도록 올바른 도구를 갖춰주는 중요한 역할을 해야 한다.

9

Educating
Generation Alpha

알파 세대 교육법

교육은 세상을 바꾸기 위해 사용할 수 있는 가장 강력한 무기다.

- 넬슨 만델라

교육은 아이들의 삶에 근본적인 역할을 한다. 직업 세계를 위해 아이들을 준비시키는 것뿐만 아니라 사람으로서 발전시킨다. 이 장에서는 알파 세대를 위한 교육과 학교생활이 어떠해야 하는지를 살펴본다. 기술의 통합부터 다양한 학습 스타일, 기술 교육과 코로나19의 영향까지, 교실이 어떻게 바뀌고 있는지를 이야기할 것이다. 또한 미지의 미래를 준비해야 하는 알파 세대에게는 어떤 교육이 필요하고, 어떻게 해야 학교가 알파 세대를 성공적으로 교육할 수 있는지를 자세히 알아볼 것이다.

호주에서 교육은 거의 150년 전에 제정된 빅토리아와 뉴사우스웨일스 식민지 교육법이 무료 공교육과 의무교육을 도입한 이후 지속적으로 발전해왔다. 초창기 교육은 수리 능력과 읽기·쓰기 능력 이외에도 도덕적 행동과 종교에 큰 비중을 두었다. 이후 교육의 중점이 도덕적 행동에서 사회적 기여로 바뀌었다. 현재 호주 인구의 약 15%를 차지하는 390만 명의 아이들이 학교에 다닌다.

오늘날의 교육

학창 시절은 세대를 불문하고 삶에서 중요한 단계다. 학교는 아이들이 직장 생활을 준비하도록 돕는 한편, 소셜 스킬과 같은 사회적 역량을 배우도록 돕기도 한다. 학교는 친구 관계가 형성되고 다뤄지는 곳이자 삶에서 중요한 기술과 특징들을 배울 수 있는 곳이기 때문이다. 학교는 주변 세상을 비판적·창의적으로 생각할 기회, 관심사를 탐험할 기회, 학구열을 발달시킬 기회를 제공한다. 교육이 학생에게 줄 수 있는 가장 중요한 선물이 바로 이것이다.

> "기술이 언어에 미치는 영향은 엄청납니다. 우린 교사지만 아이
> 들이 유튜브를 보면서 사용하는 단어 중 일부는 알아듣지도 못
> 합니다." - 조너선, 초등학교 교사

3R을 넘어서

부모들이 전인교육에 더 큰 비중을 두고 있긴 하지만, 2019년에 발표한 〈미래 교육〉 보고서에 따르면 5명 중 4명의 부모가 학교의 가장 앞선 우선순위로 학생들에게 읽기·쓰기 능력과 수리 능력을 갖추게 하는 것을 꼽았다. 다른 우선순위로는 학생들이 모든 상황에 적용할 수 있는 이전 가능한 역량 발달시키기, 노동시장에 진입하는 데 필요한 기술을 가르쳐서 미래 경쟁력 갖추기 등이 있다.

학생들의 읽기·쓰기 능력과 수리 능력을 10년 전과 비교했을 때, 부모의 3분의 1은 현재 학생들이 더 못한다고 생각한다. 최근 '전국 평가 프로그램: 읽기 능력과 수리 능력NAPLAN' 결과에서도 확인됐는데, 7학년과 9학년의 쓰기 능력은 지난 10년간 실제로 퇴보했다. '국제학업성취도 평가PISA'에서 호주의 수학, 읽기, 과학 영역의 점수는 최근 몇십 년간 지속적으로 하락하고 있다. 겨우 OECD 평균을 넘긴 호주는 이 세 영역 모두에서 상위 15개국에 들지 못했다.

물론 학교 교과과정이 3R(읽기, 쓰기, 수리 능력)에서 전인교육을 하는 쪽으로 확대된 것은 환영할 만하다. 교습 방법도 주입식 교육과 지도형 방식에서 덜 효율적인(그러나 많은 학생에게는 더 효과적인) 공동 연구 접근법으로 바뀌었다. 하지만 연방 교육부 장관이 PISA의 결과를 발표할 때 "이 결과가 경종을 울려야 한다"라고 말한 것처럼, 더 참여적이고 전인적인 학교 교육의 대가로 기본 교육이 쇠퇴해서는 안 된다.

호주에는 전국에 1만 개 가까운 학교가 있다. 학생들 대부분은 공립학교에 다니며 5명 중 1명은 가톨릭학교에, 7명 중 1명은 사립학교에 다닌다. 많은 부모가 자녀의 학업 성취뿐만 아니라 성격과 리

더십 기술을 발달시킬 학교를 찾으면서 지난 몇십 년간 이런 학교들이 부쩍 늘었다.

이렇듯 새로운 교습법과 학습의 어려움이 섞여 있는 가운데, 온전히 21세기에 태어난 이들로만 구성된 새로운 세대가 등장했다. 교사들은 이 세대가 디지털 기기를 통해 고도로 연결돼 있고, 소셜 미디어에 몰두한다는 사실을 알고 있다. 정규교육이 끝난 후에도 알파 세대는 절반 이상이 대학에 진학하여 추가적인 교육과 훈련을 받을 것으로 예상된다.

기술의 발전, 기술적 능력을 요구하는 직장의 증가, 고난도 수학·과학을 공부하는 학생들의 감소 때문에 알파 세대의 생애에는 STEM에 초점이 집중되고 있다.

STEM이란?

STEM은 과학Science·기술Technology·공학Engineering·수학Mathematics을 의미하며, 이런 영역 전체를 아울러 학습한다. 로봇공학과 인공지능, 자동화에서 이룬 최근의 발전 덕분에 이런 과목을 현실 세계와 관련짓는 방식으로 가르치게 되면서 지난 10년간 이 학습법이 인기를 끌었다. STEM 접근의 주요한 부분은 이 과목들을 단독으로 여기지 않고, 서로 관련지어 어떻게 현실 세계와 연결되는지를 보는 것이다. 웨스턴오스트레일리아 교육부는 이렇게 말했다. "STEM을 통해 학생들은 문제 해결 능력, 창의력, 비판적 분석, 팀워크, 독립적 사고, 진취성, 의사소통과 디지털 문해력을 비롯한 주요 기술을 발달시킬 수 있다."

"우리는 21세기 기술과 STEM 과목에 훨씬 많이 집중하고 있어요. 미래에는 어떤 직업이 있을지, 무엇이 학생들에게 이익이 될지를 생각하죠. 새로운 과목들이 생겨났고, 과목 간에 훨씬 많은 통합이 이뤄지고 있습니다. 이제 영어와 음악이 별도의 과목이 아니라, 범교과적 수업이 됐어요." - 초등학교 교사

기술과 교실

1980년대와 1990년대에 학교에 다녔던 사람들은 '컴퓨터 수업'을 들으러 갔던 특별한 교실이나 건물을 기억할 것이다. 아마 상급 학교로 올라갈수록 컴퓨터가 학생들 생활에 더 많이 통합됐을 테지만, 컴퓨터는 여전히 일상적인 수업에서는 비교적 분리돼 있었다. 어떤 교실에만 있거나, 도서관에만 몇 대 있을 뿐이었다. 지금은 유치원에서 2학년까지 대부분 교실에 아이패드가 있고, 초등학교 고학년 아이들은 수업용 기기를 사용하며, 고등학생들은 개인용 기기를 가지고 있다. 우리는 학습 현장에 기기가 도입되던 장면을 기억하고 있지만, 알파 세대에게는 삶에 포함된 일부로서 그 자리에 항상 있었을 것이다. 가정에서는 아이들이 기기를 끄고 스크린에서 떨어져 지내길 원하지만, 학교에서는 (당연하게도) 다음 세대의 학습 과정에 기술을 점점 더 많이 도입하고 있다.

기술은 다른 어떤 세대보다 알파 세대의 삶에 더 많이 통합되고 있다. 이럴 때 학교에서 그들이 무엇을 가장 좋아하는지 알아보는 것은 매우 흥미롭다. 알파 세대는 기술과 IRL('현실 세계에서 in real life'라는 의미의 Z세대 속어)의 혼합을 가치 있게 여긴다.

"저는 글씨를 또박또박 잘 써서 글쓰기가 좋아요. 수학도 좋아

하고요." - 조지(8세)

"저는 학교에서 쉬는 시간이 좋아요. 노트북을 사용하는데, '매스레틱스Mathletics'가 수학이나 뭐 그런 걸 가르쳐줘요. 오후에는 노트북을 쓰고, 오전에도 가끔 써요." - 비앙카(9세)

"제가 제일 좋아하는 취미는 숙제예요. 제일 싫어하는 건 비디오 게임이고요." - 바이런(8세)

이익

교육 부문은 기술의 이익을 최대한 활용하고 문제점을 최소화하기 위해 기술을 관리해야 하는 과업에 직면했다. 앞서 살펴본 대로 기술은 무수한 이익을 제공하는데, 교실에서도 마찬가지다. 교실에서 기술이 주는 이익은 온라인과 원격학습을 위한 훈련뿐만 아니라 효율적 학습과 공동 학습의 더 커진 기회, 비디오와 쌍방향 소통 방식의 사용으로 학생들을 참여시키는 능력, 독립적 학습과 과제의 확대까지 포함한다. 코로나19를 통해 봤듯이, 교실에 기술을 도입하는 것은 거의 경고도 없이 일어날 수 있고, 학생들의 미래에도 큰 부분을 차지할 것이다. 직업을 위한 미래 경쟁력을 갖추려면 학생들은 기술적 문해력과 새로운 디지털 플랫폼에 적응하는 능력, 기술적 역량을 발달시킬 필요가 있다. 이것들은 새로 등장할 많은 직업에 필수적인 요건이 될 것이다.

문제점

교실에서의 기술은 안전 문제, 온라인 괴롭힘, 산만함이라는 중요한 문제를 만들어낼 수 있다. 한 교사는 이렇게 말했다. "기술은 우리가 올라야 할 산과 같아요. 집중을 방해하는 것들을 꾸준히 제공하죠. 당신이 10대라면, 삶에서 가장 중요한 것은 인구 피라미드가 아니라 또래 친구들일 거예요. 내가 말하는 어떤 것도 그보다 중요하지 않기 때문에 저는 그것들과 경쟁이라도 하려면 수업을 새로운 수준으로 끌어올려야 해요. 스프레드시트는 스냅챗이나 인스타그램에서 벌어지는 일과 비교할 때 그다지 흥미롭지 않으니까요."

교사와 부모들은 모두 전자기기가 손으로 필기하는 능력의 발달을 저해한다는 데 동의하는데, 손으로 필기하는 능력은 미래에도 여전히 중요하다. 연구 결과 손으로 필기할 때의 이익이 기억 보존, 창의력, 비판적 사고, 문제 해결 능력에서 타이핑보다 우월하다는 것이 드러났다. 기기의 장점은 다중 모드이고, 영상이 풍부하며, 상호 소통이 가능하고, 쉽게 참여할 수 있는 경험을 제공한다는 것이다. 이는 문제가 될 수 있다. 그런 경험이 집중력을 손상하고, 주의 지속 시간을 줄일 수 있으며, 우리와 인터뷰했던 많은 교사가 말한 대로 학생들의 전반적인 집중력을 방해하기 때문이다.

그렇다면 교습 방법은 오늘날의 학생들에게 적합할까? 절반 가까운 교사와 그보다 약간 더 높은 비율의 부모들은 주요 교습 방법이 오늘날 학생들의 트렌드를 따라잡았다고 본다. 대략 절반의 교사와 부모는 기술을 교실에 통합한 수업 관리 절차에 만족한다고 답했다.

학교에서의 스크린 타임은 얼마나 되는가

교실에 기술의 통합이 증가했다는 점을 고려할 때, 아이들이 학교에서 얼마나 오래 전자기기를 사용하는지 생각해보는 것은 흥미로운 일이다. 교사들은 '적을수록 좋다'라는 쪽으로 기우는 것 같다. 10명의 교사 중 거의 7명은 스크린 타임이 정규 수업 시간의 40% 미만으로 제한돼야 한다고 생각하고, 절반 이상의 부모(51%)도 마찬가지로 답했다.

학교에서 가장 적절한 스크린 타임에 관해 부모와 교사들의 의견이 왜 다른지 궁금한가? 부모들은 자녀가 학습과 생산적 목적으로 스크린을 더 오래 사용해야 한다고 생각하는 경향이 강하다. 자녀가 기술로 특징지어질 미래 직업을 위해 잘 준비되기를 원하기 때문이다. 그러나 교사들은 기술이 학습의 효율을 높이면서도 어떻게 종종 산만함을 부추기는지 직접 경험한다. 게다가 그들은 교실에서 이런 문제 행동을 관리해야 하는 어려움에도 직면해 있다.

그렇다면 태블릿과 노트북은 언제 교실에 도입돼야 할까? 교사들은 학교에서 기기를 사용하는 시간이 '전반적으로 적을수록 좋다'고 생각하며, 도입 시기는 7~8학년이 적절하다고 생각한다. 부모들도 대개 동의한다. 그러나 삶의 방식으로 기술의 통합을 받아들여야 할지 어떨지 갈등하면서 한편으로는 기술의 경계가 어디까지인지를 자녀에게 제시하고 싶어 한다.

현실에서 알파 세대는 미래에 취직하려면 스크린 기반의 기기들을 사용할 줄 알아야 한다. 부모로서 당신은 이 기기들이 사용하기 쉽다는 점에는 마음이 놓일 것이다. 그렇다고 자녀가 기기 사용법을 배우는 나이가 정말로 중요치 않다는 말은 아니다. 자녀의 선호도뿐만 아니라 자녀가 다니는 학교의 상황과 학교에서 수업에 스크린을 도입하는 시기가 부모로서 언제, 어떻게 스크린을 자녀 교육의 정규적인 부분으로 도입할지를 결정하는 데 지침이 될 것이다. 완벽한 시기란 없다. 당신의 가족과 자녀에게 무엇이 가장 효과적인지에 대해서도 정답은 없다는 걸 명심하고, 교사들에게 조언을 구해라.

또한 스크린이 교육에 더 통합됨에 따라 학교 밖에서 스크린과 떨어져 지내는 활동이 더 중요해졌다는 것을 기억해라. 기기를 꺼두는 시간을 정해놓고, 야외 활동을 장려하고, 스크린에서 멀어지는 자유 놀이를 우선시하고, 자녀의 침실을 스크린 없는 구역으로 지정해라. 이런 방식으로 부모는 스크린 타임과 비스크린 타임 사이에 건강한 균형을 유지하도록 도울 수 있다.

균형 유지하기

앞서 살펴본 대로 알파 세대가 물려받을 미래의 유형이나 인공지능 같은 기술과의 상호작용을 둘러싸고 걱정이 될 수도 있다. 기술을 어느 정도 의심하면서 바라보는 것은 좋지만, 미래에는 개선된 효율과 업무의 수월함 같은 이익도 있을 것이다.

호주 정부는 150만 달러를 투자하여 교과과정에 따른 다양한 자료를 개발하고 있다. 인공지능 및 기타 신생 기술을 교과과정에 도입하는 과정을 지원하기 위해서다. 이는 직업의 종류와 알파 세대가 참여할 콘텐츠가 상당히 발전하리라는 의미다. 교실은 변화를 거듭하면서 새로운 기술에 적응할 것이고, 교사들은 알파 세대가 미래를 위한 직업에 대비하도록 새로운 콘텐츠와 교습 방법을 배우고 가르칠 것이다.

> "알파 세대는 우리가 아직 모르는 직업들을 갖게 될 거예요. 그래서 집과 학교에서 기술 사용법을 배우면서 다른 사람들을 따라잡아야 해요. 만약 옆의 아이가 컴퓨터 프로그래밍 방법을 아는데 우리 아이는 모른다면 그만큼 뒤처지니까요. 저는 아이들이 기술 사용법을 알아야 하고, 학교가 그 기술을 따라잡아야 한다고 생각해요." - 크리스티나, 두 아이의 엄마

현재 구인 중인 미래의 직업들

사이버 보안 전문가, UX(사용자 경험) 매니저, 드론 조종사, 블록체인 개발자, 데이터 디자이너, 가상현실 공학자, 로봇공학 기술자, AI 전문가, 의료 나노기술 연구원, 앱 개발자

교육을 지원하는 기술

인공지능이 자기 직무와 직업을 쓸모없게 만들까 봐 걱정하는 이들이 많다. 하지만 기술과 인공지능은 인간을 방해하는 것이 아니라 인간을 도우려고 존재한다는 사실을 기억해야 한다. 미래의 학습은 인공지능으로 이동할 것이고, 이것이 교사들에게는 직접적인 이익이 될 것이다. 만약 인공지능이 표준화된 시험과 채점 같은 행정 업무의 부담을 떠맡아 교사들을 자유롭게 한다면, 그래서 교사들이 수업의 인간적인 면에 초점을 맞출 수 있다면 두 팔 벌려 환영할 일이다.

구글의 조너선 로셸Jonathan Rochelle은 표준화된 많은 시험, 계속 확장되는 교과과정과 관료제의 특성을 비롯한 현재 교육 시스템이 교사들에게 지나친 부담을 안긴다고 말했다. 현재의 시스템은 교사들에게 더 많은 일을 하라고 요구하지만, 기술과 교습의 혁신 덕분에 몇 십 년 후에는 이 문제가 해결될 것이다.

인공지능을 가장 효과적으로 작동시키려면 교사들이 훈련을 받아야 하고, 학교에는 기술 지원 직원들이 추가로 필요해질 것이다. 교육 컨설턴트인 앤 노크Anne Knock 박사는 인터뷰에서 이렇게 말했다. "인공지능은 기술을 따라잡기 위해서만 시행돼서는 안 됩니다. 교사와 수업을 돕고, 교사들이 가르치는 방식을 향상시키는 데 도움이 돼야 합니다. 궁극적으로 인공지능은 학생들의 성과와 결과를 개선하는 도구입니다."

인공지능은 공감을 보이며 아이를 이끌고 교육하는 인간 교사의 필요성을 없애버리지 못할 것이다. 그보다는 오히려 교사가 학생들과 1:1로 소통할 기회를 늘려주고, 학생들에게 공동으로 작업하고 혁신할 기회를 더 많이 부여할 것이다.

코로나19의 영향

코로나19 봉쇄 기간에 학교는 유연한 학습 방식을 재빨리 채택해야만 했다. 코로나 팬데믹과 관련한 우리의 연구에서 온라인 학습으로의 변화에 대해 사람들은 전반적으로 매우 긍정적으로 답했다. 10명 중 9명이 직업훈련소(90%), 직장(90%), 대학교(89%), 초중등학교(86%)에서 온라인 학습의 증가가 긍정적이라고 대답했다.

몇몇 긍정적 결과

온라인 교육이 많은 교사에게는 매우 힘든 과정이었지만, 그 노력이 허사가 아님이 분명하기에 그들의 대응 방식은 칭찬받아 마땅하다. 온라인 교육에 참여했던 아이들의 부모에게 그 경험이 어떠했는지를 묻자, 71%가 긍정적이었다고 대답했다. 이는 주로 학교가 제공한 지원 덕분이고, 부모들이 자녀와 함께 시간을 보낼 기회가 더 많아진 덕분이기도 하다. 자녀의 학습에 더 많이 개입한 부모들은 자녀의 기술과 능력, 학습의 어려움을 더 깊이 이해하게 됐다.

> "학교가 지원을 아끼지 않아서 우리 아이들은 선생님과 학교가 제공한 온라인 교육의 수준에 만족했습니다." - 초등학생의 부모

> "아이들이 학교에서 무엇을 배우는지를 이제 더 많이 이해하게 됐어요." - 중학생의 부모

또 다른 긍정적인 면은 팬데믹 기간에 교사들이 받은 존경과 감사다. 교사들과 교육 부문이 코로나19에 적응한 속도는 우리가 모두 불확실한 시대에 살고 있다는 것, 필요하다면 변화하는 환경에 맞춰서 유연하게 적응해야 한다는 것을 가르쳐줬다. 교육 부문에 대한 이 국가적이고 국제적인 테스트가 진행되는 동안, 교사들은 온라인으로 양질의 교육을 하는 데 필요한 기술적 기반 시설과 다양한 기

술에 잘 대응했다. 아니나 다를까, 2020년의 이런 발 빠른 대응에 교사들을 향한 존경심을 강조하는 많은 밈이 생겨났다. 그중에는 이렇게 쓰인 밈도 있었다. '2019년 선생님들께 드리는 선물: 머그잔, 사과, 감사 카드, 사탕과 꽃다발. 2020년 선생님들께 드리는 선물: 다이아몬드, 롤렉스 금시계, 스파 1일 이용권과 휴가.'

어려움

그러나 집에서 받는 학교 교육에는 어려움이 있다. 많은 부모가 자녀에게 동기를 부여하고, 집중력을 유지하게 하며, 자신에게 맞춰 학습량을 조절하게 하기가 어렵다고 말한다. 심지어 교사들도 가끔 그러기 어렵다는 것을 인정했다.

고등학교 교사인 개비는 이렇게 말했다. "원격으로 가르치는 데에는 어려움이 있어요. 보통의 수업에서처럼 자주 확인할 수가 없거든요. 온라인 수업을 할 때는 하나의 기량만 가르치고, 수업이 끝날 때 그 기량을 확인할 수 있도록 내용을 좁혀야 했어요. 제 학생들 중 추가 설명을 필요로 하는 학생들은 대개 개별 지도를 해야 하는 학생들이라서 온라인 환경에서는 그런 아이들이 정말로 힘들어했죠."

흥미로운 사실은 떠오르는 세대가 최신 기술에 매우 능하면서도, 나이 든 세대보다 온라인 학습에 관해 약간 덜 긍정적이었다는 것이다. 10명 중 6명의 학생은 가정에서의 학습이 더 어렵다고 생각했고, 3분의 2가 집보다는 학교에서의 공부가 더 생산적이라고 생각했다. 학생 대다수는 이런 원격 수업 방식이 필요하다는 것은 이해했지만, 37%는 온라인 학습이 영구적인 학습 방식은 될 수 없다고 생각했다. 이 세대가 정규교육을 받는 삶의 단계에 있고 대부분이 온라인 학습 환경에 참가했으므로, 이런 태도의 차이를 주목하는 것이 중요하다. 교사들은 학생들이 온라인 수업에서(69%)보다 교실 학습에서(90%) 더 적극적으로 참여한다고 답했다.

전통적으로 현장에서의 수업은 교사들이 학습 과정을 안내하고 학생들과 더 쉽게 소통할 수 있기 때문에 더 좋은 결과를 낸다고 여겨진다. 온라인 학습 환경이 접근성과 유연성은 제공할지라도, 덜 생산적일 수 있다.

온라인 학습이 코로나19 기간에 많은 이들에게 축복이었고 52%의 학생과 교사들이 미래에는 교육이 온라인으로 더 광범위하게 이뤄질 것으로 예상할지라도, 많은 학생과 교사는 친구들, 동료들과 직접 소통할 수 있는 학교로 돌아가길 고대했다.

학습 그 이상의 장소

학교가 그저 학습을 위한 장소 이상이라는 점은 분명하다. 학교는 스포츠를 비롯하여 재미있는 활동에 참여할 기회를 제공할 뿐만 아니라 아이들의 대인관계 기술과 리더십 기술, 교우 관계를 발달시키는 데 중요한 역할을 한다. 많은 부모는 자녀가 다니는 학교의 가장 큰 힘이 커뮤니티라고 생각한다. 10명 중 거의 9명(88%)이 학교 커뮤니티가 자녀 교육에 긍정적인 영향을 미친다고 봤고, 비슷한 맥락에서 87%도 학교 커뮤니티가 자녀에게 좋은 롤모델을 제공한다고 응답했다(87%).

학교는 아이들의 사회성뿐만 아니라 부모들의 사회성에도 이익이 되는 것으로 드러났다. 한 부모가 말했다. "우리 아이들은 많은 친구를 사귀었고, 우리도 다른 부모들을 많이 사귀었어요." 다행스럽게도 부모들 대부분은 자신이 속한 학교 커뮤니티가 자신에게 좋은 친구를 사귈 기회를 제공하고(75%), 학교 커뮤니티 덕분에 자신이 알려졌다고 느끼며(82%), 도움이 필요할 때 학교 커뮤니티에 의지할 수 있다(82%)고 생각한다. 바쁜 생활과 잦은 이사 때문에 사람들은 점점 더 이웃을 알기 어렵고, 커뮤니티에 봉사할 기회가 적으며, 스포츠클럽이나 봉사단체 또는 종교 커뮤니티의 멤버가 될 확률이 낮다. 이런 시대에 학교는 학생과 부모, 교직원들에게 유대감과 소속감을 다질 공간을 제공한다.

고등학교 교사인 크리스는 말했다. "우리 학교는 학생과 교직원 간에 아름다운 문화가 있는데, 아마 부모들도 그렇게 느낄 거라고 생각해요. 건강하게 경쟁하고, 재미있게 놀고, 열심히 공부하는 문화죠. 전교생이 함께하는 훌륭한 행사도 다양해요. 학교는 늘 바쁘게 돌아가는데, 그 모든 면이 신나고 풍요로워요."

새로운 교습 스타일을 위한 새로운 교실

교실에서의 교습 스타일은 새로운 교습 방법과 학습 스타일을 통합하면서 변화하는 세계에 적응하고 있다. 교사 중 83%와 부모 중 71%

는 학생들과 그들의 다양한 학습 스타일을 반영한다는 면에서 오늘날의 학교가 훨씬 낫다고 생각한다. 경험적·실천적 학습을 장려하는 학교들은 학생들이 직장에서 필요한 기술을 쌓도록 도움을 주기 때문에 이는 큰 발전이다. 그러나 해야 할 일이 아직 많다. 비슷한 비율의 교사(81%)와 부모(88%)는 학교가 학습을 더 흥미롭게 만들려면 더 열심히 노력해야 한다고 생각했다.

한 세대 안에서도 학교 교육은 극적으로 변했다. 오늘날의 교사와 부모들이 학생이었을 때는 교사가 거의 또는 전혀 소통 없이 내용만 전달하는 수업을 경험했고, 교실의 구조도 이를 반영했다. 전통적 교실은 책상과 의자가 열과 행으로 배치된 구조였다. 이 스타일은 개인적 학습과 교사 중심의 모델을 보여준다.

그러나 오늘날의 학생들은 교사가 조력자가 되어 상호 소통하는 학습자 중심의 환경을 경험하고 있고, 이를 반영할 수 있도록 교실 배치가 디자인된다. NBRS건축의 건축가인 멜라니 커래카Melanie Karaca는 인터뷰에서 이렇게 말했다. "학교를 건축할 때는 협력적 교습과 통합된 기술 쪽으로 변화하는 현재의 움직임을 반영해서 유연한 공간을 디자인해요. 우린 교사들이 아이들을 감독하기 쉬운 공간을 만들죠. 아이들은 방해받지 않는 구석에 있을지, 적극적으로 나설 수 있는 공간에 있을지를 스스로 결정할 수 있어요. 이런 환경에서 학생들은 권한을 부여받고, 권위 있는 인물에게 정보를 받기보다는 스스로 배우고 탐험하도록 격려받아요. 학교는 통제하는 공간이 아니라 아이들이 환경을 헤쳐나가면서 자신의 학습과 사회화에 책임을 지도록 격려하는 공간이죠."

이런 환경은 학습자로서 알파 세대를 발달시키는 데 집중하고, 자기 학습에 책임을 지도록 격려하는 교습 스타일에 도움이 된다. 초등학교 교사인 조노는 이렇게 말했다. "우리가 이 아이들에게 원하는 것이 무엇인지를 알아야 한다고 생각해요. 제게는 그것이 양질의 학습자를 만드는 일이었어요. 우리가 아이들에게 전할 수 있는 최고의 가르침은 공부하는 방법이지만, 아이들은 어떻게 스스로 알아낼지를 배워야 해요. 우리는 알파 세대에게 학습 과정을 가르쳐야 하는데, 그 과정이 조금 더 전략적이어야 한다고 생각해요."

학생의 상호작용과 공동 연구의 결합은 오늘날의 교사와 부모들이 가장 선호하는 교습 스타일이다. 오늘날의 학습자를 가장 효과적으로 참여시키는 교습 스타일과 기술은 프로젝트와 탐구 기반의 학습, 그룹 과제, 교사가 조력자인 학생 중심의 학습이라고 교사들은 생각한다.

10명 중 9명 이상의 교사와 부모들은 실용적이고 직접 경험하는 활동을 가장 매력적인 형태의 교습법으로 여겼다. 그다음으로는 사례 연구와 증명을 꼽았는데, 여기서는 실제 사례가 제시되고 상호 소통하는 토론과 집단 연구가 이뤄진다. 교사들과 더불어 부모들은 가장 매력적인 교습의 형태가 상호 소통하는 학습 스타일이라고 확신한다.

10명 중 9명의 교사는 오늘날 학교가 효과적으로 교육하고 있다고 생각한다. 한 초등학교 교사는 이렇게 말했다. "우리는 탐구와 공동 연구에 정말로 더 많이 집중하고 있어요. 제가 본 변화는 아이들이 계속 탐구하는 자세를 갖게 된다는 것과 더 협력적으로 변한다는 것입니다. 그러려면 정말로 기술이 필요하죠. 저희 반에는 그룹 과제를 할 때마다 테이블 아래 숨는 학생이 있었어요. 그런데 우리가 구글 독스Google Docs를 사용해 문서를 공동으로 작업하자, 그 학생이 '그룹 과제가 너무 좋아요'라고 말하더군요."

그러나 이 모든 교육적 혁신과 개선이 이뤄지려면 부모와 더 잘 소통해야 한다. 5명 중 2명의 교사는 참여에 따른 대가로 학생들의 태도가 10년 전보다 더 나빠졌다고 말하기 때문이다. 교장들은 교사들의 자질이 향상되고 학습이 전보다 더 매력적이고 상호 소통하는 방식으로 변했지만, 한편으로는 그런 문제가 있다는 점을 인정한다.

세인트필립스쿨 교장인 그레임 어윈Graeme Irwin은 이렇게 말한다. "그건 인식의 문제일 뿐입니다. 오늘날 학생들은 우리 때보다도 훨씬 잘 준비돼 있고, 훨씬 예의 바르고 똑똑하죠. 지금 학생들을 가르치는 방식은 단지 정보를 전달하는 것만이 아닙니다. 교사와의 관계부터 우리가 사용하는 교습 스타일까지 예전보다 훨씬 나아졌어요. 우리는 매우 효과적인 프로젝트 위주의 교습법을 많이 사용하는데, 학생들도 그런 어려움에 잘 대처하고 있습니다."

개인 맞춤형 자기 주도 학습

개인 맞춤형 자기 주도 학습은 교육 부문에서 현재 사용되는 흔한 접근법이다. 자기 주도형 학습은 교사가 조력자가 되고, 학생이 적용할 자료와 전략과 기술을 검색해서 학습에 주도권을 쥐는 학습이다. 예를 들어, 어떤 교사가 기후변화라는 주제를 제시했다고 해보자. 그러면 자기 주도형 학습에서 학생들은 기후변화의 어떤 영역과 시간대, 결과에 초점을 맞출지를 결정할 것이다. 한 학생이 녹고 있는 북극의 빙산에 관해 영상을 발표하면, 다른 학생이 기후변화 협정에 관한 보고서를 쓰기로 한다. 이런 방식으로 학생들은 자기 장점에 맞춰서 공부하고, 창의력을 연습하며, 의사결정 과정과 학업 관리에 더 큰 책임감을 느끼게 된다.

개인적·개별적 접근법에서는 교사들이 학습의 건축가가 되어 고차원의 상호작용을 할 수 있다. 교사는 여전히 자기 역할을 하면서도 학생들이 자기 학습의 결과에 더 많은 책임을 지는 이 접근법은 온라인 수업과 원격학습으로 변모하는 이 시대에 안성맞춤이다. 교사는 국가적 교과과정이 요구하는 지식과 기술 면에서 각 학생의 발전을 추적한다. 그러나 개별적 계획을 세우고 학생을 꾸준히 평가해서 계획을 업데이트해야 하므로 교사들에게 엄청난 압박을 준다. 초등학교 교사인 제스는 이렇게 말했다. "교사로서 우리는 열정과 관심으로 더 많은 일을 떠맡고 싶지만, 그런 바람이나 열정에 따라오는 업무량이 어마어마해요. 그러다 보면 가르치는 즐거움까지 잃는 지경에 이르죠. 교사들이 여러 방면에서 계속 압박을 받게 되면, 어떤 것도 만족스러운 수준으로 해낼 수 없습니다."

공동 연구

다방면에 능한 개인을 양성하기 위해 학교는 교육과 학습 결과 이외에도 사회적 역량과 관계의 기술을 발달시키는 데 헌신하고 있다. 가족과 가정의 삶부터 커뮤니티와 직장에서 성공하는 것까지 알파 세대가 살아갈 미래의 모든 영역에서는 남들과 잘 어울리고, 남들로부터 최선의 결과를 얻어내는 능력이 필요하다. 그룹 과제와 팀 기반의 학습은 단지 공동 연구를 통해 배우는 것만이 아니라 협력에 관해서도 배운다는 목표로 학교에서 점점 더 많이 시행되고 있다. 알파 세대는 이전 세대보다 더 다양한 문화와 사회적 다양성을 지닌 다양한 세대와 함께 일할 것이기 때문이다.

탐구 기반형 학습

전통적 학습 방법	현대적 학습 방법
구두 수업	비주얼 수업
앉아서 듣기	체험하고 보기
권위주의적	참여적
교과과정 중심	학습자 중심
책을 덮고 보는 시험	오픈 북 시험
책과 종이	스크린과 스마트 기기
이론적 사고	실용적 기술
직접 지도	탐구 기반형 학습

암기가 핵심인 주입식 교육과 반대로, 탐구 기반형 학습은 교육 시스템에 개인화를 통합한 적극적인 학습법이다. 이는 곧 교사가 설명하면 학생들이 강의를 필기하던 방식에서 정보를 찾아 사용할 줄 아는 방식으로 바뀌고 있다는 의미다. 교사들이 곧장 정답을 알

려주는 대신, 학생들이 다양한 관점에서 생각해보도록 장려한다. 예를 들어 '광합성'이 수업의 주제라면, 교사가 아이들을 데리고 학교 운동장으로 나가서 다양한 형태의 잎을 관찰하게 한다. 그런 다음 학생들에게 나뭇잎의 모양을 그리게 하고, 그 잎들이 나무의 나머지 부분을 위해 어떻게 에너지를 만드는지 토론하게 한다.

탐구 기반형 학습은 지난 10년간 전 세계의 교사들과 교육 시스템에서 높이 평가받고 지지받으며 성공적인 방식으로 증명됐다. 교사가 학생들에게 정보를 반복해서 가르치는 대신 질문을 제기하면서 처음부터 학생들을 참여시키는 적극적 형태의 학습이 이뤄진다. 교사는 '어떻게', '무엇을', '왜'라는 유도적인 질문을 한다. 그러면 학생이 분석, 심사숙고, 공동 연구와 소통을 통해 탐구하면서 질문에 대답한다. 이 방법에는 호기심이라는 요소가 필요하고, 학생을 학습 과정의 중심에 놓기 때문에 흔히 '학생 주도 학습'이라고 불린다. 교사는 그 과정을 용이하게 하면서 교과과정에 있는 주제에 관한 개념이나 연구 결과, 사실 등을 소개하고, 실용적인 요소들을 사용하여 학생들의 호기심을 키운다.

탐구 기반 학습의 예

교사가 3학년 아이들에게 '동물의 왕국'에 관해 수업하고 있다고 상상해보자. 미술과 과학을 결합하기 위해 교사는 학생들에게 치타를 그리라고 요구한다. 아이들은 그림을 그리기 전에 치타의 서식지, 생태계에서 치타의 역할, 치타가 먹는 음식, 골격과 근육 시스템 등을 조사한다. 그리고 이를 바탕으로 구체적으로 상상하면서 그림을 그려나간다. 이는 사실에 기반을 둔 교과서의 반복 학습과 반대되는 탐구 기반형 학습으로, 전체적 시각으로 접근하고 이해할 기회를 제공한다.

이 접근법의 목표는 학생들이 자기만의 질문을 개발하고 제기하는 환경을 만들어내는 것이다. 교사의 역할은 질문을 장려하고, 수업 시간에 학생들이 조사 과정을 검토하게 도와준 다음, 학생들이 연구 결과를 발표하게 하는 것이다. 이 과정이 학생들에게 뿌리박히게 하려면, 성찰을 위한 여지를 마련하는 것이 중요하다. 그래서 교사는 학생들의 연구 결과와 그런 결과에 도달하려고 학생들이 취했던 과정을 질문해서 되돌아보게 한다.

인터넷 덕분에 학습의 많은 부분이 교실 밖에서 이뤄질 수 있게 되면서 교사들이 학습을 전부 담당했던 방식에서 조력자가 되는 방식으로 변화할 수 있었다. 탐구형 모델은 정보와 지식을 스스로 찾도록 학생들을 참여시키기 때문에 성공적인 방식으로 증명되고 있다. 이는 삶의 모든 영역에 활용될 수 있는 매우 귀중한 기술이다. 탐구 기반형 교습은 학생들이 평생 학습자가 되도록 장려하고 준비시키므로 학생들이 경쟁력을 갖추게 해준다. 이슈의 범위를 정의하고, 사실을 탐구하고, 분석하고, 워크숍을 거치며 아이디어를 논의하고, 제안된 해결책을 소통하는 기술은 이후 직장 생활에서 이들이 사용할 많은 기술 중 일부다.

미지의 미래를 위해 준비시키기

"사회적인 면에서 우리는 많은 변화를 겪는 시점에 놓여 있어요. 그래서 다가오는 미래가 무엇이든, 어떻게 해야 학생들을 가장 잘 준비시킬지 예측하기가 어려워요." - 고등학교 교사

의심의 여지 없이 세상은 변하고 있다. 블록체인 개발자나 드론 조종사처럼 오늘날 존재하는 많은 직업은 알파 세대가 처음 태어나던 해(2010)에는 존재하지도 않았다. 변화의 규모와 속도로 보아 알파 세대가 진입할 직업의 세계는 오늘날과 매우 다르리라는 사실을 알 수 있다.

5명의 교사 중 3명 이상은 현재의 많은 직업이 미래에 디지털 파괴digital disruption로 사라질 위험이 크다고 생각하며, 따라서 학생들이 직업과 학습 둘 다에서 미래 경쟁력을 갖추게 하기 위해 학교가 기술을 받아들여야 한다고 응답했다.

> **디지털 파괴**
>
> 디지털 파괴는 새로 출현하는 디지털 기술 때문에 기존의 제품과 서비스, 사업 모델에 변화가 생기는 걸 가리킨다. 디지털 파괴에 대응하지 않았던 회사 중 가장 유명한 사례가 코닥이다. 소형 카메라의 선두였던 코닥은 아날로그 카메라와 필름이 대중에게 계속 인기를 누릴 것으로 확신하며, 디지털카메라와 카메라폰의 도입을 대단치 않게 여겼다. 1996년 디지털카메라가 소비자 환경에서 잔물결에 불과했을 때, 코닥의 가치는 300억 달러에 달했지만, 불과 16년 만인 2012년에 그 잔물결은 쓰나미가 되어 코닥을 무너뜨렸다.
> 이와는 정반대로 자신들만의 디지털 솔루션으로 기존 시장을 무너뜨린 기업의 예로는 페이스북, 아마존, 넷플릭스가 있다.

이전 가능한 역량

미래가 불확실하긴 하지만, 우리는 학생들이 삶에서 번성하려면 무엇이 필요할지를 제법 많이 알고 있다. 학생들을 많은 직종(평균 여섯 가지)에 걸친 많은 직업(평균 18개)에 준비시키려면, '이전 가능한 역량' 또는 '진취적 기술'이라고 알려진 기술에 집중해야 한다. 용어가 암시하듯, 이는 다양한 직업과 업계에서 적용할 수 있는 기술을 말한다. 이는 '평생 직업'이라는 사고에서 '평생 기술'이라는 사고로 전환하는 것을 의미한다.

만약 당신이 15~20년 전에 한 고등학생에게 자라서 무엇이 되고 싶은지 물었다면 간호사, 의사, 조종사, 소방관, 선생님 같은 대답을 들었을 것이다. 오늘날은 많은 학생이 자기가 무엇이 되고 싶은지 모른다. 기술과 지식 경제가 너무나 많은 진로를 열어놓았기 때문이다.

알파 세대의 삶에서 필요할 이전 가능한 역량

- 팀워크
- 공감 능력
- 리더십
- 의사소통 기술
- 개인적 동기 부여
- 시간 관리
- 적응력
- 기술 문해력
- 문제 해결 능력
- 직업윤리
- 학습 능력
- 창의력
- 비판적 사고
- 회복력

21세기 아이들은 20세기 아이들과 매우 다른 세상에서 성장하고 있다. 기업과 직장, 소비자 제품, 기술, 교육의 변화하는 환경 때문에 분야와 산업을 넘나들 수 있는 이전 가능한 역량이 더욱 필요해졌다. 이런 트렌드는 세계경제포럼이 〈교육의 새로운 비전 New Vision for Education〉에서 평생 학습을 위한 21세기 역량으로 채택한 것들로 교육의 초점을 옮겨놓았다.

21세기 역량

기본적 문해력 (핵심 기술을 일상적 과업에 적용하는 방법)	주요 역량 (복잡한 과업에 접근하는 방법)	성격 특성 (학변화하는 환경에 접근하는 방법)
읽기·쓰기 능력	비판적 사고, 문제 해결 능력	호기심
수리 능력	창의력	진취성
과학적 문해력	소통 능력	끈기, 투지
정보통신기술 문해력	공동 연구	적응력
금융 문해력	집중력	리더십
문화적·시민적 문해력	사람들과 특별한 행사를 하는 것	사회적·문화적 의식

우리가 21세기의 역량에 관해 질문했을 때, 부모들은 학생들이 정보통신기술 문해력(60%)과 창의력(57%)을 가장 많이 갖추고 있다고 생각했다. 가장 많이 개선해야 할 영역은 비판적 사고로, 부모 중 43%만이 학생들이 이 영역을 갖추고 있다고 생각했다.

디지털 파괴와 빠른 자동화의 시대에 고용주들은 이전 가능한 21세기 역량을 폭넓게 갖춘 직원들을 찾고 있다. 이렇게 다방면에 적용할 수 있는 기술은 창의력, 문제 해결 능력, 비판적 사고를 요구한다. 기술과 자동화가 노동시장을 계속 파괴할지라도, 대체될 위험이 낮은 직업들도 있다. 이 대체 불가능한 직업들은 소통 능력과 공감 능력, 개성을 요구한다. 2030년경의 근로자들은 현재의 근로자들과 비교할 때 직업에 관해 배우는 데 30%, 직장에서의 문제를 해결하는 데 100%, 비판적 사고를 하는 데 41%, 과학과 수학 기술을 사용하는 데 77%, 구두 의사소통과 대인관계 기술을 사용하는 데 17% 더 많은 시간을 쓸 것으로 예상된다. 5명 중 거의 4명의 교사는 창의력, 사람에게 초점을 맞추는 리더십, 고차원적 의사소통이 미래에 경쟁력을 가장 많이 갖추게 해준다고 답했다. 이런 능력은 기술이 대체할 수 없기 때문이다.

긍정적인 면은 5명 중 3명의 부모가 학생들이 매우 호기심이 있다고 생각하고, 절반의 부모가 학생들이 매우 적응력을 갖추고 있다고 생각한다는 점이다. 리더십은 오늘날의 학생들이 더 성장해야 할 영역으로, 학생들이 이 영역에 준비가 잘돼 있다고 대답한 부모는 5명 중 2명 정도에 불과했다.

미래 경쟁력을 갖춘 학생들

교사들은 미래를 위해 학생들을 가장 잘 교육하는 방법이 변화해가는 것을 직접 경험하고 있다. 한 교사가 말했다. "무슨 일이 벌어질지 예측하기는 어렵지만 우리는 학생들이 유연해야 하고, 비판적으로 사고해야 하며, 새로운 차원과 다양한 방식으로 정보를 이해해야 한다고 말합니다. 어떤 과목을 공부하느냐와 관계없이, 학생들이 그걸 할 수 있다면 우리는 우리의 핵심 역할을 잘 해낸 것입니다."

　이렇듯 복잡한 환경에서는 미래 경쟁력을 갖추는 데 초점을 두기에 연령대별로 꼭 필요하다고 생각되는 기본적인 학습이 제대로 되지 않을지 모른다고 우려하는 이들도 있다. 그 교사는 덧붙여 말했다. "전체적으로 '미래를 대비해 아이들을 준비시키자'라는 분위기가 있어요. 제가 학교에 다닐 때는 '너는 이걸 알아야 해. 너는 일곱 살이고, 이게 네 발달 단계에서 배우는 내용이니까'라는 분위기였던 것 같아요. 그런데 지금은 어른들처럼 대안을 제시하고 문제를 해결하는 데 더 중점을 두죠. 이 아이들에게는 그게 더 중요하니까요."

교육 부문의 과제

고용주들의 변화하는 수요를 충족시키고 다음 세대가 경쟁력을 갖추게 하기 위해 교육 부문은 다음과 같은 일에 힘을 쏟아야 한다.

- 참여적인 수단과 학습 스타일로 학생들 참여시키기
- 계속 변화하는 직업 관행과 직무에 적응할 수 있는 이전 가능한 역량과 성격 특성 준비시키기
- 학생, 학교, 기업과 부모들에게 교실 안팎에서 교육을 공동으로 설계할 수 있는 권한을 부여하기

　교사 71%는 고등학교의 가장 중요한 기능이 모든 상황에 적용할 수 있는 평생의 역량을 학생들에게 제공하는 것으로 생각한다. 부모들은 가장 중요한 기능으로 '직장에서 필요한 기술 준비시키기'로 생각하는 비율이 교사보다 높았다. 교사들은 5%인 데 비해 부모들은 21%였다. 둘 다 오늘날 학교에서 중요한 기능이다.

교사이자 엄마인 재스민은 양면을 다 본다. 그녀는 이런 갈등이 우리가 아이들에게 무엇을 원하는가 하는 더 큰 질문으로 이어진다고 설명했다. "맞아요, 21세기 기술 중요하죠. 저는 핵심 가치가 문제 해결 능력과 공동 연구라고 생각해요. 그저 협력하는 것만이 아니라 실제로 함께 일하는 것 말이죠."

기술이 직업 창출을 이끌고 있고 STEM 기술이 중요하긴 하지만, 창의력과 공감 능력처럼 인간만의 특징이면서 상황에 따라 달라지는 역량이 알파 세대가 갖춰야 할 가장 중요한 능력이다. 컴퓨터가 따라 할 수 없는 능력이기 때문이다.

어떤 과목을 공부하는가

현재 유치원에 들어가는 학생들은 2030년대 후반에 대학을 졸업하고, 2080년대 이후에 은퇴할 것이다. 2080년의 노동시장이 어떤 조건을 필요로 할지 예측할 수 있는 공식이나 컴퓨터 코딩은 없지만, 기술이 빠르게 발전하리라는 것만은 분명하다. 이를 명심한 채로, 우리가 자신에게 던져야 할 가장 중요한 질문은 이것이다. 미래 세대가 학교를 졸업한 후 성공하도록 준비시키기 위해 지금 무엇을 해야 할까?

앞서 언급한 대로, 이 세대는 기본적인 읽기 능력과 수리 능력에서 탁월함을 추구하는 동시에 변화하는 기술의 미래를 위해서도 준비가 돼 있고자 한다. 포커스 그룹에서 부모들이 알파 세대 자녀에 관해 가장 많이 하는 한탄은 "아이들이 암산을 하지 못하고, 글씨를 알아보기 쉽게 또박또박 쓰지 못해"라는 것이다. 이런 우려는 어디에나 들고 다니는 스마트폰의 등장과 함께 확산됐다. 우리는 아이들이 기본적인 암산과 손 글씨 기술에 자신감을 느끼도록 해야 한다. 하지만 어른으로서 우리가 얼마나 자주 계산기 앱에 손을 뻗고, 컴퓨터에 입력하며, 스마트폰을 두드리는지를 먼저 돌아봐야 한다.

〈전국 STEM 교육 계획National STEM School Education Strategy〉 보고서는 "국제적 연구를 보면 전 인구에 걸쳐 STEM 능력을 쌓는 것이 직업이나 산업과 관계없이 혁신과 생산성을 뒷받침하는 데 매우 중요하다는 사실을 알 수 있다"라고 밝혔다. 이 연구와 일치하는 업계의 조사들에서도 STEM 문해력이 점점 더 고용주들이 요구하는 핵심 능력이 되고 있음을 알 수 있다.

이 목표를 이루는 데 핵심이 되는 요소는 학교와 교사와 학생들이 교과과정에서 STEM 과목들의 가치를 이해하고, 그것을 바람직한 선택으로 확신하는 것이다. 하지만 이런 과제를 학교에만 맡길 수는 없다. 부모들은 실용적인 사례와 실험으로 과학을 삶에 적용하는 매력적인 유튜브 채널이나 기타 동영상 콘텐츠를 아이들에게 소개해서 아이들이 STEM에 관심을 키워가도록 도울 수 있다. 아이들이 등록할 수 있는 많은 코딩 캠프와 로봇공학 활동들도 있다. 또한 아이들이 앱이나 플랫폼에서 직접 코딩해서 작동시키는 저가의 기술 학습 장난감도 있다. 만약 당신이 박물관이나 미술관, 과학 센터 같은 곳에 가본 지 한참 됐다면 방문해보는 것도 추천한다.

평생 학습자 만들기

비록 과목의 선택이 아동의 학교 경험과 미래에 중요할지라도, 무엇보다 중요한 것은 알파 세대에게 학구열을 불러일으키는 것이다. 교사 대부분은 학교를 졸업한 후 성공하려면 평생 학습자가 되어야 한다고 생각한다. 앞서 봤듯, 학생들에게 모든 상황에 적용할 수 있는 평생의 학습 기술을 제공하는 것이 고등학교의 가장 중요한 기능이라고 생각하는 교사가 부모들보다 2배는 많았다. 한 교사는 이렇게 말했다. "제게 그건 양질의 학습자를 만드는 일입니다. 아이들에게 줄 수 있는 최고의 가르침은 공부하는 방법이지만, 결국 아이들은 스스로 배워야만 합니다. 알파 세대에게 우리는 배우는 과정을 가르쳐야 하죠."

그러나 부모들은 고등학교의 가장 중요한 기능이 노동시장을 위한 기술을 갖추도록 준비시키는 일이라고 말한다. 현실은 둘 다 중요하지만 더 오래 살고, 더 나중에 은퇴하고, 더 자주 직업을 바꾸고, 기계의 도움으로 더 많이 일함에 따라 평생 배우는 것이 갈수록 중요해지고 있다.

오늘날 우리가 받는 교육과 훈련은 80% 이상이 21세 이전에 이뤄진다. 이 20년 동안 완성된 교육으로 이후 50년 이상 직업을 유지할 수 있다는 생각은 이제 타당하지 않다. 고용 자격을 계속 갖추려면, 근로자들은 '새로운 기술을 습득하는 습관'을 들여야 한다. 한 교사가 말했다. "최고의 교습 스타일은 학생들이 생각하는 사람이 되어 변화하는 환경을 포용하고, 특히 미래 직업이 어떤 능력을 요구할지 알게 하는 것입니다."

부모 참여의 증가

"부모들은 자녀에 관해 점점 더 많은 정보를 받고 있어요. 예를 들어, 우리는 매주 금요일에 학생이 1주일간 받은 모든 위반 사항과 상벌 사항 등을 부모에게 발송해요. 이렇게 소통이 너무 많아졌기 때문에 기대도 더 높아진 것 같아요. (…) 가끔은 아는 것이 많아질수록 압박도 늘어날 수 있죠." - 중학교 교사

삶이 더 바빠지면서 부모들은 자녀를 교육 '시스템'에만 맡겨두기 쉽다. 하지만 아이들이 교육을 최대한 활용하게 하려면 양육자가 아이들과 교사, 학교에 열의를 보이며 교류해야 한다. 우리의 〈미래 교육〉 보고서에 따르면, 부모의 학교 교육 참여가 증가하고 있다. 5명 중 2명의 부모가 지난 2년간 자녀의 학교 일에 더 많이 참여하고 있다고 대답했다.

이는 우선순위의 변화를 반영한다. 절반 정도의 부모가 학교와 교실에서 무슨 일이 일어나고 있는지 알고, 교사들과 규칙적으로 소통하는 등 자녀의 학교 교육에 참여하는 일을 앞선 우선순위로 두고 있다. 조사에서 응답자의 3분의 1은 자녀의 학교 교육에 참여하는 시간을 늘렸거나 더 큰 책임을 맡았다. 그리고 10명 중 3명은 학교가 전보다 부모의 참여 기회를 더 많이 제공하기 때문에 참여가 늘었다고 말했다.

부모의 참여는 단지 교육적 성취뿐만 아니라 사회적 교류와 개인적 웰빙에도 도움이 된다. 5명 중 거의 3명이 자녀의 학교에서 무슨 일이 일어나고 있는지를 매우 잘 알고 있다고 답했다. 부모들은 자

녀와 학교에서 무슨 일이 일어나는지에 관해 주기적으로 대화하고, 학부모 면담에 참석하며, 자녀를 등·하교시키면서 보통 교육에 참여한다.

학교와 부모 간 소통이 늘어나면서 5명 중 3명의 부모가 자녀의 학교와 매주 소통하길 기대하고, 14명 중 1명의 부모는 매일 소통하길 기대한다고 말했다. 학교의 유형과 부모의 연령이 그들이 기대하는 의사소통의 양에 영향을 미쳤다. 사립학교 부모들은 공립학교 부모들보다 더 잦은 소통을 원했고, Y세대가 X세대보다 더 잦은 소통을 원했다.

부모들이 자녀 학교와의 의사소통을 감사하고 바라는 한편, 10명 중 3명은 자신들이 받는 정보의 양에 중압감을 느낀다고 말했다. 흥미롭게도, Y세대 부모들은 더 잦은 소통을 원하면서도 정보의 양에 중압감을 느낀다고 말했다. 공립학교와 사립학교 모두 마찬가지였다.

"우리 아이들은 '구글 클래스룸Google classroom'과 '도도Dodo' 앱으로 공부하는데, 세 아이가 저마다 다르게 로그인해야 해서 머릿속이 복잡해요. 실제로 저는 학교 앱을 제외하고는 가입한 앱이 거의 없는데, 그조차도 할 일이 너무 많다 보니 들어가 보는 걸 깜빡해요." - 알파 세대 세 아이의 엄마

"우리 아들이 무엇을 배우고 있는지에 관여하는 것은 좋은 일이지만, 정보의 출처와 온라인 포털이 하나로 통합돼서 번거로움을 좀 덜어주면 좋겠어요." - 알파 세대 자녀를 둔 아빠

의사소통에 관해서 학교가 직면한 어려움은 부모들이 취학 전 교육기관에서 겪은 일에 영향을 받기 쉽다는 것이다. 학교에 다니기 전에 돌봄 서비스에 자녀를 보냈던 부모 5명 중 1명은 당시 자녀에 관해 매일 업데이트되는 정보를 받았다.

부모들이 자녀 교육에 핵심 역할을 한다는 사실은 의심의 여지가 없지만, 자녀를 숙련된 전문가에게 맡기고 있다는 사실을 기억하는 것이 중요하다. 우리가 겪었던 교실의 경험은 오늘날의 경험과는 다르다. 교육의 혁신과 개인화 덕분에 아이들은 우리가 학교에서 경험했던 교육과 매우 다른 방향으로 발달하고 있다. 학교는 성공적인 고등교육을 위해 우리 아이들을 준비시킬 뿐만 아니라 미래 직장의 복잡함에도 대비시키고 있다.

긍정적인 학교 만들기

하나의 학교 커뮤니티로서 비전과 방향을 통일하는 것이 긍정적인 학교 문화를 발달시키는 방법이다. 학교 커뮤니티들은 학교를 통합하는 공통의 가치관이 있을 때 번성한다. 이런 가치관은 무엇이 용인되고 기대되는지에 관한 경계도 세워준다.

긍정적인 학교는 학생들이 실수해도 안전하게 느끼고, 어려움을 극복하면서 차근차근 회복력을 배울 수 있는 곳이다. 실패를 대체로 회피하는 사회에서 학교는 알파 세대가 과감히 모험하고 혁신할 환경을 만들어준다. 그런 경험은 학교를 졸업한 후 아이들이 번성하는 데 도움이 될 것이다.

"나는 교직원들에게 학생들이 실패하기를 원하고, 아이들이 위험을 무릅쓰길 바라고, 엄청난 실패담을 나와 공유하길 원한다고 자주 이야기할 겁니다. 그리고 우리는 실패를 축하하면서 실패에서 무엇을 배웠는지를 이야기할 겁니다. 그건 다르게 교육하려는 우리의 문화, 위험을 무릅써도 괜찮다는 문화를 만들어낼 겁니다. 그래서 항상 나 자신부터 본보기가 되려고 합니다." - 스콧 마시 박사, 윌리엄클라크대학 학장

"모든 학교에는 학생들이 있지만 모든 학교가 그럴 자격을 갖춘 건 아닙니다. 학교는 커뮤니티를 만들어서 모든 학생이 그저 학교에 다니는 것만이 아니라 학교에 소속돼 있다고 말할 수 있게 해야 합니다." - 그레임 어윈, 세인트필립스쿨 교장

"앞으로의 10년에 총체적인 영향을 줄 가장 큰 이슈는 변화입니다. 저는 '학습에 무엇이 필요한가?'라는 관점에서 기존의 모델이 너무 낡았다는 사실을 인정하는 것이 변화에 대응하는 출발점이라고 봅니다. 우리가 시험을 학교 교육의 목적으로 여기는 한, 시험은 계속해서 교과과정을 부정적으로 인도할 겁니다." - 스티븐 해리스 박사, 런라이프 바르셀로나

학교는 혁신 능력과 창의력, 유연성을 가르치기만 하는 것이 아니라 학생들이 새로 등장하는 길을 통해 변화하는 노동시장에 잘 적응할 수 있도록 이것들을 연습시켜야 한다.

우리의 연구에서 10명 중 9명의 부모가 자녀의 학교 교육 경

험에 만족한다고 답했는데, 매우 긍정적인 일이다. 교육 부문에 대한 순고객추천지수NPS는 14로, 꽤 높은 점수다. 교육 부문에 대한 전망 역시 긍정적으로, 39%의 부모가 교육 부문이 5년 후에는 지금보다 더 나아질 것으로 봤고 나빠질 것으로 예상한 부모는 16%에 불과했다.

성공적인 교육

성공적인 교육이 어떤 모습일지 묻자 교육 컨설턴트인 앤 노크 박사는 "아이들이 행복한가요?"라는 질문을 제기했다. 노크 박사는 학생들이 행복하다면 신이 나서 학교에 갈 것으로 생각한다. "왜 아이들이 행복할까요? 주요 요인 중 하나는 학습에 목적과 의미가 부여됐기 때문입니다. 일을 생각해보세요. 사람들은 돈을 받고 일하기 때문에 직장에서 행복하지 않죠. 사람들은 목적의식이나 공동의 목적과 같은 것에 기여한다는 느낌을 받을 때 행복해합니다. 학교 교육도 마찬가지라서 학생들에게 부여된 의미와 목적이 있어야만 해요. 그렇지 않으면 아이들은 공부하길 그만둘 거예요. 또래와의 사회적 교류도 학생들의 행복에 기여하는 요인이죠."

학생이 학교에서 긍정적인 경험을 많이 할수록, 고등교육과 삶에서 성공할 준비가 더 폭넓게 이뤄질 수 있다. 호주는 학생들이 개인으로서 성장할 기회와 가장 번성할 진로를 찾을 기회를 많이 제공한다. 알파 세대가 미래 직업에서 번성할 수 있도록 준비시키는 데 교육이 중요한 역할을 하겠지만, 성공적인 교육은 단지 학업을 성취하고 미래의 직장을 위해 잘 준비시키는 것 이상을 의미한다. 이 세대에게 학구열을 불러일으키고, 새로운 사고방식에 눈뜨게 하며, 평생 지속될 우정과 유대감을 쌓고, 비판적 사고 및 리더십과 같은 기술을 발달시키는 것이다. 그럴 때 알파 세대는 이 모든 것을 학교를 졸업한 후의 삶에까지 가지고 갈 수 있다.

이 장의 핵심

기술이 교실로 들어오면서 오늘날의 교육이 과거와 어떻게 달라졌는지를 살펴봤다. 기술이 제시하는 이익과 문제점들을 분석했고, 코로나19가 가져다준 긍정적인 결과와 어려움을 모두 살펴봤으며, 알파 세대를 담당하는 교사들의 교육 스타일이 어떻게 바뀌고 있는지도 알아봤다. 기본적 읽기 능력과 수리 능력이 여전히 주요한 우선순위지만, 학교가 이전 가능한 역량에 집중하여 알파 세대에게 미지의 미래를 준비시키고 있다는 점도 확인했다.

빠르게 변하는 시대에 교육이 계속 적응하면서 부모들이 학교 교육에 더 많이 참여하고 있으며, 이는 학교가 커뮤니티와 알파 세대의 삶에 긍정적인 기여를 하는 데 도움이 되고 있다. 성공적인 교육은 알파 세대가 평생 의미 있는 일에 참여하도록 준비시키는 것뿐만이 아니라, 변화하는 세계에서 적극적이고 글로벌한 시민으로서 번성하도록 돕는 것이다.

10

The Future of Work

미래의 일과 직업

자라서 무엇이 되고 싶나요?

"아빠 같은 일을 할래요. 아빠가 무슨 일을 하는지는 모르지만요."
- 조지(8세)

"고등학교를 졸업하면, 여행을 다니고 대학에 갈 거예요.
대학을 졸업하면, 요리사와 의사로 취직할래요."
- 올리비아(8세)

"대학에 가고, 여행 다니고, 결혼할 사람을 찾아 아이를 낳을 거예요.
그리고 취직도 해야죠. 전 카레이싱 선수가 되고 싶어요.
스파이더맨도 되고 싶은데, 될 수가 없어요."
- 제이든(8세)

"학교를 졸업하면 여행을 할 거예요."
- 비앙카(9세)

"수의사나 선생님이 될 거예요."
- 클레어(9세)

직업의 미래에 관해서 사람들이 정말로 알고 싶어 하는 것은 '로봇이 내 일자리를 빼앗아 가진 않을까?' 하는 것이다. Y세대에게 이는 자신만이 아니라 알파 세대 자녀를 생각할 때도 중요한 문제다. 알파 세대에게 직장이라니 먼 미래의 이야기처럼 들리지만, 우리가 미처 알아차리기도 전에 그 시기가 가까이 다가와 있을 것이다. 특히 가장 나이 많은 알파 세대는 다음 10년 안에 (학생 신분이라고 해도) 직장에서의 첫 경험을 시작하게 될 것이다.

이 장에서는 오늘날의 트렌드에 비추어 미래에 발생할 일들, 알파 세대에게 영향을 미칠 일들을 분석하고 예측한다. 먼저 학교를 졸업한 이후에 어떤 길이 펼쳐져 있는지를 알아보고자 한다. 예를 들어 대학교 vs 직업교육훈련VET 논쟁, 자녀를 위한 의사결정에서 부모의 역할 등을 살펴볼 것이다. 알파 세대가 미래의 변화하는 직업 속성에 맞춰 학교 졸업 이후 어떤 진로로 미래를 준비할지 예측해보고, 알파 세대가 어디서 어떻게 일할지와 함께 어떤 종류의 직업을 갖게 될지도 분석할 것이다.

알파 세대는 전 세계적으로 정규교육을 가장 많이 받은 세대가 될 것이다. 대학교에서부터 VET, 도제, 훈련생, 성인 커뮤니티 교육까지 미래의 졸업생들을 위한 선택지는 많다. 오늘날 학생들은 각각의 학습 방향으로 진입하려면 필요한 조건을 충족해야 한다는 많은 압박에 직면한다. 하지만 선택할 수 있는 진로가 이전보다 많아져서 직업이나 경력을 추구하기가 훨씬 쉬워졌다.

2018년 호주 통계청은 〈교육과 직업 조사Survey of Education and Work〉라는 보고서를 내놓았다. 그에 따르면, 20~64세 호주인 중 거의 1,000만 명이 고등학교 졸업 후에 자격증(면허증, 수료증이나 학위)을 취득한 것으로 나타났다. 이는 그 인구 집단의 3분의 2를 차지한다. 나머지 중에서 절반 이상은 12학년이나 그에 상응하는 자격을 갖추고 있었다. 한편 피고용자 중 거의 4분의 3이 고등학교 졸업 후 자격증을 취득했는데, 그중 거의 3분의 1이 학사 학위나 그 이상이었다.

15~64세의 호주인들 중에서 거의 5명 중 1명은 조사 당시 학업을 진행 중이었다. 고등학교 졸업 후 자격증을 획득하기 위해 공부하는 사람 중에서 5분의 2는 학위를 가지고 있었고, 10명 중 1명 이상이 대학원에 다니고 있었으며, 비슷한 숫자의 사람들이 학사 이전 단계의 취업 자격증인 '자격증 레벨 3certificate Ⅲ'을 따기 위해 공부하고 있었다. 졸업 후 자격증에서 가장 인기 있는 학문 분야는 사회와 문화이고, 경영·무역·건강이 그 뒤를 이었다. 한편 15~24세 중 5분의 4는 학교나 직장에 다니고 있었다.

이상의 결과를 고려하면, 교육이 우리의 직업과 고용이라는 여정에서 중요한 역할을 한다는 사실을 분명히 알 수 있다.

자녀의 미래를 위한 부모들의 꿈

많은 부모가 자녀에게 최고의 것을 주고 싶어 하고, 자신은 꿈도 못 꾸던 기회를 제공하고자 한다. 자녀에게 가능한 한 최고의 삶을 주고, 그들을 성공하고 행복하게 만들려고 열심히 일한다. 대부분 부모가 자녀가 대학교에 가면 이런 목표를 이룰 확률이 높아진다고 생각한다. 대학교는 학생들의 훌륭한 자질을 계발하고 많은 직업과 직무를 위해 잘 준비시키지만, 모든 학생에게 적합하지는 않고 모두에게 올바른 길인 것도 아니다. 어떤 부모들은 자녀가 어떤 진로를 선택하든 괜찮다고 말하지만, 2020년 우리의 조사 결과에 따르면 호주 부모 중 65%는 자녀가 대학교에 가기를 원하는 것으로 나타났다(직전 해에는 72%였다). 한 부모는 말했다. "우리 사회에서 학위가 있는 사람과 없는 사람 사이에 차이가 있어야 한다고 생각해요. 저는 대학 교육이 직업으로 이어지든 아니든, 우리 아이가 대학교에 가기를 원하기 때문에 열심히 일하고 있습니다."

자녀에 대한 부모의 기대와 희망이 어떻든 아이들이 자신의 직업과 삶의 결정에 관한 조언과 안내, 지지를 구할 때 부모에게 의지한다는 점을 주목해야 한다. 항상 그런 것 같지는 않다고 해도 말이다.

교사들은 부모 이외에 자녀의 삶에 영향력을 미치는 중요한 사람이다. 많은 교사가 오늘날 학생들이 대학교에 가야 한다는 압박감을 느낀다는 걸 잘 알고 있다. 우리와 인터뷰한 한 교사는 이렇게 말했다. "대학교에 진학하지 않을 아이들이 분명히 있는데도, 우리는 대학 교육을 너무 많이 강조하고 있어요. 그런 사고방식은 고등학교를 넘어서 직업에까지 부정적인 영향을 미칠 수 있습니다."

노동시장이 지식 경제로 바뀌고 고등교육 시스템이 더 입학하기 쉬운 수요 주도형으로 바뀌면서 대학교 등록 비율이 지난 10년간 크게 높아졌다.

알파 세대는 이제 졸업 이후의 삶에 관해 다양한 메시지를 받는 시대에 자라고 있다. 최근에는 정부 차원에서 졸업 이후의 초점을 취업 쪽으로 옮기고 있다. 이런 흐름은 정부 지출에도 영향을 미쳐, 취업과 직접적이고 분명하게 연결되는 영역에 기금이 늘어나고 있다.

2020년에 연방 정부는 대학교의 자금 모델을 바꿔 예술처럼 취업과 직접 연결되지 않는 강좌에 대해서는 공공 자금 지원을 줄였다. 그래서 기본적으로 그런 과목을 배우는 학생들에게는 수업료가 더 비싸졌다. 그 대신 교육, 간호, 농업, 심리학과 기타 건강 관련 분야 등 국가적으로 중요한 우선순위로 인식되는 강좌들의 자금 지원은 늘어났기에 이런 강좌는 상대적으로 덜 비싸졌다.

젊은이들은 이런 메시지를 듣고 자랐기에 취업하기 쉬운 강의를 수강했을 때의 이익을 인식하고 있다. 그래서 대학학비대출제도 HECS라는 금융 혜택을 받아 대출금이 낮은 강의 쪽으로 쏠리고, 학비가 더 많이 드는 강의에서는 멀어질 것이다. 그러나 HECS는 애초에 학비가 비싼 강의를 위해 만들어진 제도다. 학생들의 수입이 일정 수준에 도달하기 전에는 대출금을 갚기 어렵기 때문이다. 또한 초기의 지표에서 학생들은 학비의 변화에 동요치 않았으며, 장래의 빚보다는 대개 자신의 흥미에 영향을 받았다.

연방 정부는 기술 영역에도 발을 내딛고 있는데, 기술 영역은 훨씬 많은 관심과 자금을 받고 있다. 현재는 국가기술위원회 National Skills Commission에서 어떤 영역에 국가 기술이 부족한지, 이를 해결하려면 어떤 노력을 기울여야 하는지에 대해 분명한 메시지를 내놓는다. 그리고 국가직업협회 National Careers Institute에서는 고등교육보다 직업교육에 집중한다. 코로나19에 대응하여 도입된 '구직자 지원금 JobSeeker'과 '취업자 지원금 JobKeeper' 외에 이제는 '직업훈련자 지원금 JobTrainer'도 마련해서 학생들이 무료 또는 저비용 기술 훈련으로 빨리 기술을 익히게 돕는다. 게다가 디지털 세계에서도 숙련된 직업이 제공하는 기반 시설이 필요하기 때문에 도제에도 초점이 맞춰져 있다.

정부의 이와 같은 경제적 장려책에 응답하는 것 이외에도 부모들은 졸업 이후의 진로에 대한 태도를 바꾸고 있다. 알파 세대의 부모들은 자녀의 대학교 진학과 관련하여 이전 세대의 부모들만큼 열렬한 관심이나 간절한 열망을 보이지 않는다. 이제는 대학교에 가는 방법이 많을뿐더러 평생교육이 이 세대의 한 축이 됐기에 학위는 삶의 어느 단계에서든 취득할 수 있기 때문이다. 부모들은 자녀가 고용 자격을 갖춰 돈을 벌고 절약하도록 독려해야겠다는 동기를 부여받는다. 더욱이 내 집을 마련하는 데 드는 비용이 감당하기 어려워지고 생계비 압력이 늘어나는 시대이므로 더 실용적으로 변하고 있다. 부모들은 자녀가 공부하는 동안, 심지어 직장 생활을 시작한 후에도 집에서 뒷바라지해줄 수 있어서 행복해한다. 그들은 최고의 첫 직업은 월급만이 아니라 기술을 성장시키는 직업이라는 것을 안다. 처음 일을 시작할 때 직무에서 배우는 내용이 돈보다 더 중요하다고 여긴다.

취업으로 가는 길

학교를 졸업하고 나면 다양한 진로가 펼쳐진다. 평생의 친구를 사귀는 것부터 세상에 관한 지식과 경험을 넓히는 것, 발전하는 직업의 세계를 위해 준비하는 것까지 기회는 다양하다. 요즘에는 많은 학생이 직장에서 경험을 쌓으며 공부를 병행하는 방식을 선호한다. 이미 상당히 높은 비율의 졸업생들이 자기 전공이 아닌 분야에서 일한다. 그러나 공부하면서 또는 졸업 직후에 자기 분야에서 실용적인 경험을 많이 쌓을수록 전공 분야에서 취업할 확률이 더 높다. 그러므로 학습 추진력을 유지하고, 공부하는 동안 직업에 관해 미리 대책을 찾는 것이 중요하다.

세계적으로 현시점은 역사상 어느 때보다 교육이 발전했고, 교육에 쉽게 접근할 수 있으며, 교과과정이 유연하다. 이는 모든 개인에게 평생 학습에 전념할 기회가 있고, 기술을 계속 개발할 수 있으며, 완전히 다른 직종에서 재훈련을 받을 수 있다는 의미다.

알파 세대의 고등교육과 관련하여 그들이 어떤 길을 택하든 중요한 것은 결과라는 사실을 기억해야 한다. 그들이 열정적으로 추구하는 길이라면 그리고 사회에 기여하며 의미 있는 직업과 삶을 시작할 수 있는 길이라면, 응원할 가치가 있다.

회계 및 자문 기업 KPMG의 감사 담당관인 스티브 파커 Stephen Parker 교수는 다음과 같이 말했다. "결국 좋은 사회는 사람들이 성장할 뿐만 아니라 성취감을 느끼는 사회라는 것을 명심해야 합니다. 높은 수준의 교육이 그 자체로 더 큰 직업 만족도를 불러오진 않으며, 어쩌면 그 반대일지도 모릅니다."

대학교로 가는 길

대학교는 150년 이상 그리고 지난 몇십 년간 호주 교육에서 중요한 일부가 됐고, 고등학교 졸업생들에게 점점 더 인기 있고 접근 가능한 선택지가 되고 있다. X세대를 예로 보면 4명 중 1명가량이 대학교 학위를 습득했다. Y세대는 3명 중 1명으로 늘었고, 오늘날 고등학교를 졸업하는 Z세대 2명 중 1명은 대학교 진학을 선택한다.

호주 통계청은 사람들이 유례없을 정도로 고등교육을 추구함으로써 국가 전체적으로 고등교육이 증가했다고 발표했다. 15세 이상 호주인의 56%가 학교 졸업 이후 취득한 자격증을 보유하고 있는데, 2006년 46%에 비하면 크게 오른 수치다.

인구조사 분석 매니저인 빈디 킨더만Bindi Kindermann은 대학교 학위가 사람들이 달성하려고 노력하는 학력이라고 말했다. 2016년 인구조사에 따르면 학사 학위 이상을 취득한 사람이 4명 중 1명가량(24%)이었는데, 이는 10년 전 18%에 비해 상승한 수치다. 지난 5년 동안은 준석사 졸업장diploma, 준석사 수료증certificate, 전문 학사 학위와 레벨별 자격증을 취득한 사람이 상당히 많이 증가했다.

대학교 입학하기

가장 어린 알파 세대가 아직 태어나지는 않았지만, 다음 10년 안에 그들 중 최고 연장자는 대학교에 진학할 것이다. 그 과정은 오늘날과 어떻게 달라질까?

지난 10년간 대학교 진학은 훨씬 더 접근하기 쉬워졌다. 많은 학생이 호주대입등급지수ATAR(12학년의 성적을 바탕으로 서로 비교하여 학생들의 순위를 매긴 지수) 때문에 많은 스트레스를 받았지만, 어른들은 학교 졸업 후의 자신을 돌아보며 ATAR이 남은 인생을 결정짓지는 않는다고 조언한다.

배우이자 작가인 안나 맥가핸Anna McGahan은 2020년 졸업사에 이렇게 썼다. "친애하는 12학년 학생 여러분, 저는 12학년을 거의 마치지 못할 뻔했습니다. 학교가 극복할 수 없는 장애물처럼 여겨졌으니까요. 그해에 내 미래를 결정지어야 한다는 압박감이 컸고, 그래서 그 중요한 시간을 낭비하는 것 같다고 느낀 적이 많았습니다. 하지만 15년이 흘러 배우이자 작가, 사랑스러운 친구, 리더, 파트너, 엄마가 된 지금 그건 전혀 사실이 아니라고 말씀드릴 수 있습니다. 저를 믿으세요. 12학년은 여러분을 지구의 대기권 끝까지 데려갈 뿐입니다. 그 너머에는 여러분을 기꺼이 받아들이

려는 온 우주가 기다리고 있습니다."

대학교에 입학하려면 충족해야 하는 학업 요건이 있지만, 점점 더 많은 12학년생이 수시전형으로 대학교에 지원하고 있다. 수시전형은 정규 교과 이외의 성과나 학교 추천서, 기타 개인적 환경을 바탕으로 결정된다. 빅토리아대학교의 미첼연구소 Mitchell Institute가 발표한 최근 보고에 따르면 4명 중 1명의 학생만이 ATAR을 바탕으로 입학이 결정됐다고 한다.

교육학 학사 학위를 받은 엘리자베스는 우리에게 이렇게 알려줬다. "저는 정규 교과 이외의 활동 덕분에 대학교에 진학했어요. 점수를 잘 받았죠. 장애 아동들을 위한 스포츠클럽에서 자원봉사를 했고, 골드 에든버러 공작상도 받았으니까요. 최종 HSC(수능) 점수와 관계없이 우선순위 등급으로 제 입학이 결정됐다고 들었어요."

이는 전통적인 대학교 지원 과정의 변화를 보여준다. 대학교 지원은 이제 최종 점수뿐만이 아니라 학생의 성격과 교과 외 활동도 고려하는 방향으로 바뀌었다.

어떤 고등학교들은 한발 더 나아가서 대학교와 제휴를 맺어 입학 지원이 마감되기 한참 전에 학생들에게 캠퍼스를 경험할 기회를 준다. 이런 프로그램은 특히 가족 내에서 처음으로 대학교에 진학할 기회를 얻은 학생들(문화적으로 다양한 배경을 지닌 학생들, 토착민 학생들, 사회·경제적으로 불리한 계층의 학생들)이 대학교 진학을 더 접근하기 쉬운 선택지로 느끼게 해준다.

알파 세대가 대학교에 진학할 때쯤이면 어떻게 바뀌어 있을까? 지금의 트렌드가 계속된다면, 훨씬 많은 학생이 단지 성적만이 아니라 기술, 직업윤리, 성격까지 고려돼 입학이 결정될 것이다. 교육에서 그들이 직면할 장애에 어떻게 대처할지를 이 요인들이 설명해주기 때문이다. 많은 이들이 스트레스가 가장 크다고 꼽는 삶의 시기에 최종 시험이라는 스트레스에 직면하기 전에 대학교에 입학할 기회를 얻는다면 정신건강에도 큰 도움이 될 것이다.

미래의 대학교는 온라인과 캠퍼스에서의 학습을 통합하면서 계속 더 유연한 학습 경험을 제공할 것이다. 또한 더 짧은 기간에 수료할 수 있으면서 기존의 직종에도 적합한 자격증을 제공할 것이다. 대학교들이 알파 세대가 교육에 더 쉽게 접근해 빠르게 변화하는 세계와 노동력을 따라잡게 할수록 더 좋은 일이다.

과거의 대학교들은 이론에 너무 많이 집중하고 실행에는 충분히 집중하지 않는다는 비판을 받았다. 변화하는 세상에 대응하여 미래의 대학교는 산업 분야와 함께하면서 현실 세계의 문제를 해결할 프로젝트를 공동으로 연구하는 곳이 될 것이다. 대학교들은 연구를 적극적으로 적용해 사회에 영향을 미치는 혁신 구역이 될 것이며, 젊은 기업가와 멘토, 투자자들을 육성하고 서로 연결해주는 역할을 할 것이다. 산업 분야와 대학교가 더 깊은 동반자 관계를 형성할 때, 학생들은 대학교를 기반으로 하는 액셀러레이터 프로그램과 인큐베이터에서 이익을 얻을 수 있다. 거기서는 아이디어가 자극받아 더 빨리 상업화되기 때문이다. 이미 기업을 기반으로 한 인턴직, 기업에서 주최하는 그룹 프로젝트나 기타 직업 경험을 장려하고 요구하는 수업 과정이 많다. 이는 흥분되는 미래 교육의 특징으로, 학교와 직장 사이에 겹치는 영역이 점점 늘어나고 있다.

직업교육의 길

지난 몇십 년간 대학교는 고등교육과 직업으로 이어지는 지배적인 길이었지만, 현재는 기술전문대학TAFE에 관한 인식이 높아지고 있다. 현재 TAFE에서는 플로리스트 자격증 레벨 4부터 인적 자원 관리 학위, 배관과 서비스업 자격증 레벨 4까지 1,200개 이상의 과정을 제공하고 있다.

대학교 학위가 TAFE 자격증보다 더 가치가 큰지를 두고 뜨거운 논쟁이 벌어지고 있다. 그러나 노동시장으로 진입하는 길은 본질적으로 개인이 직업으로 어떤 일을 택하고 싶고, 어떻게 공부하고 싶은지로 요약된다. 예를 들어 교사나 공학자처럼 전문직에서 일하고 싶다면, 학업을 위해 대학교에 가야 할 것이다. 아니면 우선 간호사 과정 같은 TAFE 강의로 시작해서 차츰 단계를 높여갈 수도 있는데, 이 경우 TAFE 과정은 간호학사라는 고등교육을 위한 발판이 된다. 한편 목수나 기계공 같은 직업을 추구한다면, TAFE가 분명한 길이다. TAFE는 자격 요건으로 ATAR이 필요 없고, 고등학교 졸업장도 필요 없기 때문에 대학교보다 입학하기가 더 쉽다.

자녀에게 가장 적합한 진로로 안내하려면, 부모들은 직업훈련에 관한 잘못된 통념부터 깨트려야 한다. 호주 국립직업교육연구소가 대학교 졸업생과 VET 졸업생들의 임금에 관해 설문조사를 했는데, VET 졸업생들의 임금이 더 낮을 것이라는 통념과 반대인 것으로 드러났다. 보고서는 VET 졸업생의 정규직 임금 중윗값이 5만 6,000달러이고, 학사 학위가 있는 졸업생의 임금 중윗값은 5만 4,000달러라고 밝혔다. VET 졸업생 중에서 평균 초임이 가장 높은 직종은 위험 부문 수료증으로 평균 8만 5,400달러였다. 초임으로 가장 높은 임금을 받는 치과의사 학위 졸업생들의 8만 달러보다 높았다.

VET란?

직업교육훈련VET은 고등학교 졸업생들에게 노동시장에 필요한 기술을 준비시키려는 자격 훈련의 세트다. 대학교와 일부 겹치는 부분이 있지만, 실용적이고 업무 지향적인 기술을 제공한다. 고등교육 자격증들은 채점식 접근법으로 평가되지만 이곳에서 가르치는 기술들은 역량을 기반으로 평가된다.

또한 VET 졸업자보다 대학교 졸업자의 고용 가능성이 더 크다는 통념이 있다. 10명 중 3명의 응답자는 호주인들이 VET보다 대학교를 선택하는 주요 이유가 직장을 더 쉽게 찾기 때문이라고 대답했다. 그러나 조사 결과 VET 졸업생의 78% 이상이 이수 이후 6개월 이내에 고용되는 데 비해, 학사 학위자의 취업률은 69%에 불과했다. 더

욱이 직업 도제 과정의 일부로 훈련받는 VET 학생들은 92%의 취업률을 보였다. VET 부문은 앞으로 5년간 가장 큰 성장을 보일 것으로 예상되는 신종 직업 10개 중 9개 직업을 위한 훈련 과정을 제공하고 있다.

열일곱 살의 엘리스는 자신의 VET 경험을 가치 있게 여긴다. "제게 대학교는 길고 비싼 과정인 데다, 취업을 장담할 수 없는 길이었어요. 저는 부동산에 열정이 있었고, 그 밖에 필요 없는 것들을 배우느라 시간을 낭비하고 싶지 않았어요. 바로 일에 뛰어들고 싶었죠. 저는 사람들이 직장 생활과 직업을 실제로 경험해야 한다고 생각해요. 그래야 그 일이 좋은지 아닌지를 알 수 있잖아요."

최근에 보이는 호주 경제의 특징은 사람들이 미래에 갖게 될 직업 유형이 불확실하다는 것이다. 2040년쯤에는 21~65세의 근로자 중 87%가 적어도 한 번은 직업을 바꿀 것이다. 이는 대다수가 새로운 기술을 배우거나 재교육을 받아야 하고, 안 그러면 잠재적 실업에 직면할 것으로 예상된다는 뜻이다. 일반적으로 학사 학위를 이수하는 데 드는 시간은 3년이지만, 4년 과정이나 졸업 후 자격증을 요구하는 전문직이 늘고 있다. 다른 한편으로는 많은 학생이 복수 학위를 선택하거나 시간제 수업으로 학위를 이수하고 있고, 이런 경향 때문에 공부하는 햇수가 연장되고 있다. 그런데 만약 직업이 10~15년마다 바뀔 것으로 예상된다면, 매번 대학교에서 3년 이상 재교육을 받는 것은 불가능하다. 그러나 VET 과정은 이수 기간이 6개월에서 2년이다. 이는 VET 학생들이 새로운 기술을 배워 자격을 다시 갖추는 데 짧게는 6개월밖에 걸리지 않는다는 의미다.

그 밖의 길

알파 세대가 이런 의사결정을 해야 하는 시기에 도달할 때쯤이면 고등교육 수요가 줄어들지도 모른다. 구글과 애플을 비롯한 많은 회사가 지원자들에게 더는 고등학교 졸업 후의 자격 요건을 요구하지 않기 때문이다.

구글의 전직 인사 부문 수석 부사장인 라즐로 복Laszlo Bock이 말했다. "학교에 가지 않고 자기만의 길을 찾는 사람들은 특출한 사람들입니다. 우리는 그런 사람들을 찾기 위해 무엇이든 해야 합니다." 대형 회계법인 언스트앤영Ernst and Young의 인재 관리 파트너인 매기 스틸웰Maggie Stilwell 역시 같은 맥락의 이야기를 했다. "전체적으로 후보자를 평가할 때 학업의 자격 조건은 여전히 중요한 고려 사항이겠지만, 학력 때문에 진입조차 못 하는 일은 이제 더는 없을 겁니다."

고등학교 졸업자의 또 다른 선택은 여행과 일, 자원봉사 등을 하며 경험을 쌓는 갭이어gap year를 갖는 것이다. 고등학교 졸업생 5명 중 1명(20%)이 갭이어를 갖는다. 최고의 갭이어는 대학 교육을 잠시 연기한 채 다른 관심사를 탐구하고, 돈을 벌고, 직업 생활이 어떤 의미인지를 더 배우고, 고객의 요구를 만족시키고, 자원봉사를 하거나 자기가 번 돈을 관리하는 것이다. 그들은 그 1년이 인생에서는 짧은 시기이며, 인생의 다음 장이 이미 준비돼 있다는 것을 알고 있다. 정해진 계획과 분명한 체계가 없는 갭이어나 1년이 넘는 갭이어는 문제가 될 수 있다. 그러나 전체적으로 1년간의 갭이어는 귀중한 일과 여행, 삶의 경험을 제공할 수 있다. 호주 국립직업교육연구소의 연구는 학교를 졸업하고 5년 후에는 갭이어를 보낸 사람과 그렇지 않은 사람 간의 고용률에서 차이가 없다고 밝혔다.

> 알파 세대 자녀가 졸업 후 진로를 결정하도록 도울 때, 부모로서 할 수 있는
> 가장 좋은 일은 자녀의 선택에 관심과 응원을 보여주고,
> 자녀가 물어볼 때 당신의 의견과 관점을 솔직하게 들려주는 것이다.

미래의 노동시장을 위해 나라를 준비시키기

유연성은 미래 성공 비결에서 빼놓을 수 없는 요소다. 미래에 예상되는 난관을 뚫고 호주의 경제 안정성을 보장하려면, 평생 학습에 전념할 수 있는 적응력 있는 노동자들이 더 많이 필요하다.

글로벌 컨설팅 업체 알파베타AlphaBeta가 구글 오스트레일리아 Google Australia를 위해 만든 〈미래 기술 보고서Future Skills Report〉에서는 이렇게 말한다. "호주인들은 직업의 미래에 적응하려면 새로운 기술이 필요할 것이다. 이 추가적인 학습은 많은 부분 근로자가 변화하는 직업에 발맞추기 위해 새로운 기술을 배우고, 직장 내 업무의 변화에 대응하기 위해 기술을 향상시키면서 삶의 나중 단계에서 발생할 것이다. 현재 보통의 사람들은 자신의 지식과 기술의 80% 이상을 21세 이전에 얻는데, 21세 이후의 학습량을 현재 19%에서 41%로 2배 이상 늘려야 할 것이다."

그렇다면 이 기술 향상과 재교육에 대한 답은 무엇일까? 우리는 직장에서 정규 훈련과 기술 향상뿐만 아니라 짧고 아주 작은 규

모의 유연한 교과과정을 이수해야 하는데, 이는 알파 세대에게는 훨씬 더 현실적인 문제다.

미래의 알파 세대 근로자들은 고용주들의 눈에 띠려면 학업 이외에 성격 특징과 실제 근무 경험, 왜 자신이 그 역할에 적합한지를 보여줘야 한다. 호주 대학교 졸업자들이 졸업 6개월 후에 응답한 〈졸업자 성과 조사Graduate Outcomes Survey〉에서는 69%가 풀타임으로 고용됐고, 15%가 어떤 직업에도 고용되지 않았다고 밝혔다. 이는 대학교 학위가 반드시 취업을 보장하지는 않는다는 사실을 강조한다. 특히 컴퓨터 활용(81%), 인문학(83%), 환경학(84%)처럼 일반적인 영역에서는 더더욱 학위가 취업을 보장하지 못했다.

시사 평론가들은 현재 고등교육 시스템의 경직성 때문에 졸업생들이 직장에서 마주치기 쉬운 복잡함과 모호함에 대처하는 법을 배우지 못했다고 주장한다. 알파 세대는 재교육을 받고, 기술을 향상시키고, 직업을 바꿀 것이다. 또는 피고용인에서 자영업으로 바뀌다가 다시 피고용인이 되는 등 직업 인생에서 여러 차례 변화를 겪을 것이다. 따라서 정규교육에 지속적으로 접근해야만 끊임없이 변화하는 노동시장의 요구를 확실히 충족시킬 수 있다.

알파 세대는 어떤 일을 할까

직업이 없다?

우리는 디지털 파괴의 시대에 살고 있다. 직업으로 무엇을, 언제, 어디서, 어떻게 하는지를 포함해 기술이 우리 삶 대부분 영역에 미치는 영향을 보려면 멀리까지 갈 필요도 없다. 최근 몇십 년간의 트렌드는 기술로 대체될 수 있는 일은 무엇이든 결국 대체되리라는 것을 보여줬다. 슈퍼마켓 계산원, 공항 탑승 수속 안내원, 은행원, 사무실 비서 등은 지금까지 인간이 수행해왔지만 기술로 대체되고 있는 직업들이다. 낮은 수준의 기술과 자격 요건을 요구하는 직종들은 전산화로 대체될 확률이 가장 높다. 달리 말해 특화된 교육과 기술이 늘어나면 고용 보장 가능성도 커질 것이라는 의미다.

이런 변화는 아이들이 진입할 직업의 세계에 관해 알파 세대의 부모들 사이에 걱정을 낳았다. 직장과 직업의 미래에 관해 토론할 때 한 부모가 말했다. "기술이 가는 방향을 보면, 앞으로는 너무 많은 직업이 매우 빨리 로봇으로 대체될 것 같아요." 심지어 기술을 두려워하지 않는 부모들도 자녀의 미래 직업 전망에 기술이 미치는 걱정을 떨치지 못한다.

"미래가 어떻게 변할지 모른다는 게 걱정거리인 것 같아요. 미래가 멋지기를 바라지만, 미지의 것들과 통제할 수 없는 것들이 너무 많으니까요. 변화의 속도는 빠르고, 아이들은 너무 빨리 자라는 데다, 세대 차이도 전보다 더 커진 것 같아요. 현재는 존재하지도 않는 환경, 이슈, 직업들을 위해 아이들을 어떻게 준비시켜야 할까요?" - 한 살짜리 알파 세대의 엄마

새로운 직업들

기술은 직업을 대체할 뿐만 아니라 새로운 직업을 만들기도 한다는 사실을 명심하자. 앞서 봤듯, 세계경제포럼은 현재 초등학교에 입학하는 아이들의 65%가 아직 존재하지 않는 직업 유형에서 일하게 될 것으로 예측했다. 알파 세대가 직장 생활을 시작할 때쯤엔 어떤 직업이 존재할지 생각하는 것은 너무 버거울 수 있지만, 직업들의 방향을 분명히 보여주는 지표가 있다.

새로운 직업은 대개 기술에서 올 것이다. 오늘날의 고등학생들이 초등학생이었을 때, 고속도로에는 여전히 요금 징수원이 있었다! 이제 이 많은 학생이 로봇공학, 코딩, 소셜 미디어 마케팅, 앱 개발, 빅데이터 분석 기술을 배우며 그들이 발을 내디딜 새로운 직업과 직장을 위해 준비하고 있다. 이들이 직업을 고려할 때는 나노기술, 블록체인, 사이버 보안, 자율주행, 가상현실처럼 완전히 새로운 산업에서 선택할 수 있는 직업들이 존재할 것이다.

> "너무 많은 기회가 있기 때문에 저는 우리 아들이 결국 뭘 하게 될지 모르겠어요. 앞으로도 많은 일들이 펼쳐질 텐데 어떻게 예측할 수 있겠어요?" - 알파 세대 두 아이를 둔 부모

인간적인 직업들

미래가 이해하기 어려워 보이지만, 기술이 자동화 시스템과 반복적인 기능을 대체하는 데는 유용할지라도 복잡한 변화나 사람과 관련

된 일에 적응하는 데는 강하지 않다는 것을 기억해야 한다. 매우 반복적인 업무, 관리 업무, 저기술 직무와 관련된 직업들은 기술로 대체될 것이다. 이는 알파 세대가 더 가치가 높은 일에 집중할 수 있다는 의미이기도 하다. 기술 덕분에 알파 세대는 자신을 도전하게 하고 성장시키며, 번성하는 사회에 기여할 수 있는 직업과 직장에서 일할 것이다.

직업과 기술에서 경쟁력을 갖추기 위해 알파 세대는 기계 지향적이 아닌 인간의 강점을 부각하는 기술을 연마해야 한다. 앞서 살펴본 비판적 사고, 공감 능력, 리더십, 사회·문화적 인식 같은 이전 가능한 역량에 집중해야 한다는 의미다. 알파 세대는 지금 그리고 앞으로 몇십 년간 함께 작업하고, 대응하고, 혁신하면서 더 글로벌한 디지털 직업 세계에서 번성하기에 더 유리한 입장에 놓일 것이다.

한 엄마가 포커스 그룹에서 이렇게 심오한 말을 남겼다. "자기 관리, 비판적 사고, 연민이 없는 STEM은 세상 누구도 원치 않는 것이잖아요? 어떤 분야든 그 세 가지 요소를 빼버린다면, 말 그대로 최악의 인류가 될 겁니다." 다음 세대가 인간만의 독특한 특징을 계발하는 데 집중하는 것이 미래에 번성하는 데 필수적이라는 의미다. 한 교사는 이렇게 말했다. "초등학생인 아이들이 대학을 마칠 때쯤에는 어떤 직업이 사라질지를 이야기할 때, 기술 기반의 많은 직무가 기술의 형태로 대체될 거라고 하죠. 그러나 사람을 기반으로 하고 마음과 정신, 연민, 공감과 관련된 대면 직무는 사람들을 대하는 직업이라는 면에서 기술에 지배당하지 않고 더 오래갈 가능성이 있어요. 사실 바로 그런 직무에서 너무 많은 사람이 애를 먹고 있기도 하죠."

점점 더 기술이 주도하는 직업 세계에서는 직관에 반대되는 듯 보이지만, STEM 과목과 기술에 투자하는 것은 물론이고 다음 세대를 위해 독특한 인간만의 특징과 기술에 집중해야 한다. 알파베타 보고서에서는 다음과 같이 언급했다. "이렇게 독특한 인간만의 기술은 정규교육 환경 밖에서 발달하는데, 이는 더 넓은 사회가 동원돼야 한다는 의미다. 부모와 기타 가족 구성원들, 커뮤니티 단체, 스포츠클럽, 소셜 미디어의 롤모델들은 우리를 인간답게 만드는 기술들을 아이들에게 가르치는 역할을 맡아야 한다. 공감 능력, 독창성, 협조, 회복력, 윤리 의식, 진실성이 바로 그것들이다. 이런 기술을 갖춘 미래 세대는 인간의 일이 여전히 필수적인 세상에서 성공할 수 있을 것이다."

기술이 미래의 근로 환경에 커다란 영향을 미치리라는 점은 의심의 여지가 없다. 하지만 알파 세대와 그들이 물려받을 직업의 세계를 생각할 때 꼭 알아야 할 기타 메가트렌드도 있다.

인구학적 변화와 직업의 미래

기술이 직업 환경의 미래에 상당히 큰 영향을 미치는 한편, 미래의 직업이 인구학적 변화에서 오기도 한다. 호주의 인구 노령화는 새로운 직업을 창조하는 인구학적 트렌드로 노인 복지 부문뿐만 아니라 은퇴 서비스, 독립 거주, 이동 보조기구, 건강 관리 등의 분야에서 다양한 직업이 생겨나고 있다. 동시에 호주의 기록적인 출생자 수(여성당 출산율은 줄어들었지만, 인구 성장과 함께 연간 출생자 수는 계속 증가하고 있다)와 더 부유한 부모들이 새로운 보육 서비스와 직무를 만들고 있다. 문화적 다양성부터 변화하는 가족 구조까지, 인구 변화는 새로운 수요와 산업을 창조한다.

호주의 인구는 대부분의 선진국 이상으로 맹렬히 성장하고 있다. 코로나19 팬데믹으로 부득이하게 취해진 국제적 국경 봉쇄 이전에는 호주의 연간 인구 성장이 대부분 이민의 결과였다. 팬데믹 이전의 숫자로 돌아가는 데 몇 년이 걸리겠지만, 인구 증가는 2050년에 4,000만에 도달할 것으로 보인다. 인구 성장과 함께 불거질 난제는 대도시화, 수직 커뮤니티의 증가, 도시 외곽의 난개발 등이 있다. 이제는 코로나19가 이끈 재택근무의 시대로 집에서 일하는 사람들이 더 많아질 것이고, 따라서 더 많은 사람이 '트리 체인지tree change'나 '씨 체인지sea change' 같은 변화를 보게 되기를 기대한다. 이 용어들은 저렴한 물가와 느긋한 라이프스타일 등의 이유로 부산하고 붐비는 도시에서 시골 지역으로 이사하는 사람들을 가리킨다. 과거에는 도시를 떠나려는 이들에게 직장이 큰 장애물이었지만, 원격근무가 증가하면서 이런 걱정은 줄었다. 직장 생활을 시작할 때쯤이면 알파 세대는 지금보다 훨씬 더 글로벌하고 이동성이 커지고 디지털에 익숙해서 직업 선택이 훨씬 더 유연해질 것이다.

대부분의 선진국처럼 호주도 빠른 인구 고령화를 경험하고 있다. 10년 이내에 호주는 역사상 처음으로 65세 이상의 사람들이 18세 미만보다 더 많아질 것이다. 고령화는 고용 분야에 가장 큰 영향을 미친다. 노령화된 인구는 노령화된 노동력으로 직결되고, 이는 곧 숙련된 젊은 노동자로서 알파 세대가 더 많이 필요해진다는 의미다.

호주는 이민이 인구 성장의 주요 원동력이라서 세계 어떤 선진국보다 문화적으로 다양하다. 29%의 호주인이 외국 출신으로, 거주민 중 외국 출신의 비율이 미국(14%)과 영국(14%)의 2배에 달한다. 이 다양성이 오늘날 호주의 주요 특징이고, 근로자들은 자신의 고용으로 사회가 더 폭넓어지기를 기대한다. 문화적·성적·세대 면에서 훨씬 더 다양한 시대에 형성되고 있는 신생 세대에게는 더더욱 그렇다. 우리 연구에 따르면, Z세대 다수는 리더가 호주 밖에서 태어났거나, 여성이거나, 자신과 비슷한 나이이라고 해도 중요치 않다고 답했다(각각 75%, 67%, 66%였다). 게다가 '중요치 않다'를 선택하지 않은 사람들 대다수도 실제로 지도자에게 그런 특징은 긍정적이라고 대답했다.

　　더 폭넓은 관점에서 조언받을 수 있다는 다양성이 주는 이익(나이, 성별, 문화 같은 개인적 특징에서부터 교육, 재임 기간, 업계의 경험까지)이 존재하므로 조직이 적응하고 배우고 성장할 수 있다. 게다가 다양한 관점을 수용함으로써 더 많은 글로벌 고객과 더 쉽게 연결될 수 있다.

　　다양한 노동력에 대한 대응하려면 지능지수IQ만이 아니라 더 높은 감성지능EQ, 문화지능CQ, 세대지능GQ이 필요하다. 근로자를 대상으로 한 우리의 설문 결과도 이를 뒷받침한다. EQ가 매우 중요하다고 답한 사람은 72%였고, 매니저의 자질로 IQ가 매우 중요하다고 답한 사람은 71%였다. 그리고 67%의 근로자가 GQ가 매우 중요하다고 대답했고, CQ를 꼽은 사람도 62%에 달했다. 다양한 팀을 연결하고 화합과 공동의 방향을 만들어내기 위해 리더들에게는 이런 지능들이 필요하다.

이런 다양한 유형의 지능은 알파 세대가 직장에 들어갈 때쯤이면 더욱 중요해질 것이다. 따라서 직장은 현재의 Z세대보다 다양성에 훨씬 더 익숙한 이들 세대의 다양한 관점을 포용해야 할 것이다.

증가하는 직업 옵션

다음 세대의 고등학교 졸업자들이 이용할 수 있는 옵션이 점점 늘어나고 있다. 대학교 진학, 갭이어, 여행 등으로 다양하고 선택할 수 있는 직업의 숫자도 거의 무궁무진하다. 알파 세대는 글로벌한 관점으로도 이익을 얻을 것이다. 그들은 일하고 공부하고 여행하는 곳을 찾을 때 자기 지역, 자기 주, 자기 나라만 염두에 두진 않을 것이다.

현재는 긱 이코노미, 기간제 근로, 프리랜서, 기업가 정신의 시대다. 5명 중 2명의 호주인은 비전통적인 근로 방식으로 돈을 벌고 있고, 10명 중 3명은 정규직이 아닌 아르바이트나 비정규직 또는 독립 계약자들이다. 2018년 호주의 라디오 방송국 트리플 J_{Triple J}의 연구에서는 18~29세의 호주인 3명 중 1명이 부업을 하고 있는 것으로 나타났다. 그들은 취미를 부업으로 발전시키고, 자기만의 벤처 사업을 하거나 더 전통적인 직업 이외의 부수적인 일을 했다. 스물네 살의 아나이샤는 이렇게 말했다. "몇 년 전 방학 때 작은 부업을 시작해서 헤어밴드와 토트백, 그 밖에 만들 수 있는 것들을 만들어서 팔았어요. 제가 좋아하는 것들을 만드는 게 재미있기도 했고, 그걸 팔아서 돈도 번다는 게 좋았어요. 게다가 장사를 하면서 영업 기술도 조금 배웠죠."

이처럼 다음 세대는 피고용인이 되는 동시에 고용주가 될 수도 있다. 알파 세대는 이런 직장의 역학 또한 가장 많이 경험할 것이다. 알파 세대의 부모 중 한 사람은 이렇게 말했다. "이 아이들은 아마 풀타임으로 일하지 않고, 아르바이트나 비정규직 계약자 같은 형태로 많이 일할 거예요. 그때쯤이면 유연성이 커지고 기회도 더 많아질 테니까요."

알파 세대는 이전 가능한 역량을 다양하게 갖춰 여러 가지 직무에 적용할 것이다.

재정립된 직장 생활

21세기의 삶은 1차원적이지 않고, 예상대로 진행되지도 않는다. 과거에 우리는 교육 단계를 이수한 후, 직장 생활을 시작해 한두 가지 직업을 지속한 후 은퇴를 맞이했다. 알파 세대는 다양한 역할과 단계, 직업이 모자이크처럼 얽혀 삶을 이룰 것이다. 알파 세대의 교육 단계는 성인기로 연장돼 직장 생활 내내 계속될 것이다. 여러 직업을 가질 것이기에 나라나 주를 옮겨가면서 몇 번이나 재훈련을 받을 것이다.

근로자의 평균 근속 연수가 2년 9개월에 불과한 이 시대에는 10년 근속 후에 주어지는 장기 근속자 유급 휴가를 얻기가 불가능해 보인다. 근속 연수의 이 엄청난 감소는 젊은 직원들의 애사심이 부족해서가 아니고, 직업윤리가 부족해서도 아니다. 변화하는 시대에 대한 반응일 뿐이다. 그들은 직업 안정성이 거의 없고, 경쟁적 환경과 불안정한 고용, 빠르게 변화하는 산업과 직업의 시대에 성년이 됐다. 오늘날의 고용시장은 이런 경제적·인구학적 시대에 만들어지고 있어서 새로 출현하는 세대의 근로자들은 고용 세계의 새로운 규칙에 따라 제 역할을 하고 있다.

'제3의 장소'로서 직장

역사적으로 '제3의 장소'는 보통의 사회적 환경인 집(첫 번째 장소)이나 직장(두 번째 장소)과는 분리된 환경을 말한다. 교회, 공원, 카페, 도서관 등이 전통적인 예다.

오랫동안 스타벅스의 CEO를 지낸 하워드 슐츠Howard Schultz는 스타벅스 매장을 제3의 장소로 만들겠다는 비전을 세운 것으로 유명하다. 제3의 장소와 관련한 스타벅스의 비전은 이렇게 시작된다. "우리는 스타벅스 매장이 고객들이 모여 친목을 쌓을 수 있는 따뜻하고 안락한 제3의 장소가 되기를 원한다." 이 비전은 노트북과 스마트폰을 사용하거나 책을 읽는 사람들로 가득 찬 전 세계 수천 개의 카페와 식당에서 현실이 됐다. 고객들은 주변 사람들과 꼭 교류하고 있지는 않지만, 바쁘고 분열된 세계에서 간접적으로 커뮤니티와의 연결을 경험한다.

대면 소통보다 기기에 더 많은 시간을 보내는 '위대한 스크린 시대'에 사는 우리 대부분은 전통적인 커뮤니티 집단이나 활동에 덜 참여하는 경향이 있다. 알파 세대는 훨씬 더 그럴 것이다. 직장은 이제 사회적 욕구의 많은 부분을 해결하고, 우리의 목적의식과 삶의 의미를 높이고 사회에 기여하게 하는 데 중요한 역할을 한다. 직장이 두 번째 장소만이 아니라 세 번째 장소의 역할까지 한다고 볼 수 있다.

직장을 제3의 장소로 인식하면서 웰빙 프로그램, 자원봉사 기회, 휴게실, 탁구대 등을 제공하거나 사교 행사까지 개최하는 다양한 직장이 생겨났다. 예전에 사교 활동은 퇴근 후 금요일 밤에 일어났지만, 오늘날의 직장에는 일터, 사회성, 건강과 관련된 사항이 혼재돼 있다. 퇴근 후 음주라는 관행이 더 폭넓은 사회적 문화로 바뀌었는데, 근로자들이 직장에서 여러 가지 욕구를 만족시키려 하는 시대에는 중요한 변화다.

물론 직장은 직무를 수행하고 재정적 보상을 받는 곳이지만 사회적 유대, 훈련, 개인의 발전, 더 큰 성취감, 심지어 환경적 지속 가능성까지 이루는 곳이기도 하다. 이런 새로운 직장의 세계에서 고용주들은 이렇게 자문해야 한다. "특히 Z세대와 알파 세대 직원들이 입사하기 시작할 때, 우리는 어떻게 해야 선택받는 고용주가 될 수 있을까?"

Z세대와 알파 세대는 기업이 영리적 성과를 거두는 데에도 도움이 되고 싶겠지만, 환경적 배려와 사회경제적 관심이 높다는 그들의 특성을 고려할 때 직장에서도 변화를 기대하리라는 걸 알 수 있다. 그들은 재정적 결과보다는 더 많은 것을 성취하고 싶어 한다. 스물두 살의 Z세대인 조는 말했다. "저는 우리 세대의 많은 이들이 무례하다는 오해를 받는다고 생각해요. 우린 그냥 호기심이 많을 뿐이에요. 우리는 무언가를 다르게 느낄 때 거리낌 없이 말하죠."

기업은 새로 출현하는 세대를 인센티브로 장려한다. 전통적으로 기업은 단골 맞춤식 프로그램과 포인트 또는 할인으로 고객의 충성도를 사왔는데, 직원의 충성도도 비슷한 방식으로 관리한다. 직원들의 요구를 이해하고 만족시키는 전략, 적절히 보상하고 공로를 인정하는 전략으로 동기를 부여하는 것이다. 그러면 직원들은 자기 역할에 전념할 수 있다. 이 전략이 새로운 세대에게도 먹힌다면 자주 직장을 옮기는 경향도 누그러져 더 오래 일할 것이다.

직장에서의 웰빙

Y세대와 Z세대는 직장이 자신들의 웰빙에 기여하기를 기대한다. 그래서 전반적인 웰빙에 도움이 되느냐 아니냐를 바탕으로 어디에서 일할지를 결정한다. 취직이라는 삶의 단계가 아직 오지는 않았지만, 알파 세대에게 직장의 웰빙은 필수 고려 사항이 될 것이다. 이미 호주 직장인들은 웰빙이 직업의 미래에 영향을 미치는 중요한 요인이 되리라고 생각하고 있다.

한 조사에서 우리는 직장인들에게 질문했다. '다음의 것들이 직업의 미래에 얼마나 큰 영향을 미칠 것으로 생각하는가?' 우리가 테스트한 7개 요인 중에서 직장인 62%가 '근로자들의 정신건강과 스트레스'를 가장 큰 요인으로 꼽았다. 그다음으로 인구학적 트렌드, 물리적 작업 공간과 근무 장소, 자기 분야가 사라지는 경향, 로봇공학의 컴퓨터화, 세계적 노동시장의 트렌드, 긱 이코노미가 뒤를 이었다.

직장 웰빙의 근본적인 요소는 업무 현장의 안전이다. 좋은 소식은 대부분 선진국의 대부분 산업에서 신체적 부상의 비율이 계속 줄어들고 있다는 점이다. 훈련을 더 잘 시키고, 기술로 해결책을 모색하고, 고용주와 직원들의 경계심을 높인 결과 직장이 어느 때보다도 안전해졌다. 노동 환경 개선을 위한 호주 정부의 법정 기관 세이프워크 오스트레일리아Safe Work Australia의 자료에 따르면, 최근 3년간 직장 내 심각한 사고가 줄어든 것으로 나타났다. 아마도 알파 세대에게 직장과 관련해 가장 위험한 면은 일상적인 통근이 될 것이다.

직장이 신체적으로 더 안전한 곳이 되긴 했지만, 우리는 정신적·감정적으로 업무가 미치는 영향을 점점 더 많이 인식하고 있다. 직장의 건강과 안전 관리는 사람들의 관심을 정신적 웰빙으로 확실히 바꿔놓았고, 많은 기업이 직장의 건강과 안전 서비스를 '웰빙 서비스'라고 부르며 이미지를 쇄신했다.

직장 웰빙의 개념은 그저 명목상의 관행이나 작업장에서 네모 칸에 체크하는 관행을 넘어서는 의미가 있다. 직장 웰빙은 기업의 문화에 깊이 뿌리박힌 태도다. 직업에 대한 하나의 접근법으로, 직원을 직장에 일하러 오는 피고용인이 아닌 사람으로서 가치 있게 여기는 것이다. 기업과 그 리더들은 직장 웰빙 관행이 단순히 생산성과 직원들의 생산력을 높이는 것만이 아니라는 점을 유념해야 한다.

오늘날과 알파 세대가 노동시장에 진입하는 시대 모두, 직장 웰빙이 왜 직장 리더들이 다루는 어젠다에서 중요한 우선순위가 되어야 하는지 그 이유는 많다. 과로하고 스트레스받으며 번아웃 증후군을 앓는 사람들이 증가해서 서양 문화는 건강 문제를 상당히 걱정하고 있다. 번아웃 증후군은 개인의 건강과 성공 가능성에 영향을 줄 뿐만 아니라 그로 인해 결근이 늘고 갈등이 고조되며 생산성도 감소한다. 이 모든 문제는 기업의 성과에 영향을 미친다.

또한 직장은 외로움의 확산에도 직면하고 있다. 우리가 린지 맥밀런 박사와 함께한 공동 연구에서는 응답자의 거의 절반인 48%가 외롭다고 답했고, 37%의 직장인이 직장에서 외로움을 느낀다고 답했다. 직업의 미래에 관한 광범위한 조사에서 직장 내 외로움에 관한 맥밀런 박사의 연구 논문은 직장에서 이런 현상이 전염병처럼 퍼지고 있음을 밝혔다. 보고서에서 그는 이렇게 언급했다. "직장에서 사회적 유대감은 그냥 행복한 것 이상의 의미가 있다. 행복은 누구나 쉽게 꾸며낼 수 있다. 그러나 사회적 유대감은 만족을 느끼게 하고 일을 잘하게 한다. 사회적 유대감과 행복은 상호 배타적인 감정이 아니다."

보고서는 또한 외로움이 개인과 직장에 미치는 영향도 밝혔다. 직장에서 외로움을 느끼는 사람 중 40%는 덜 생산적이라고 느껴진다고 답했고, 38%는 실수를 더 많이 한다고 답했으며, 36%는 더 자주 아프다고 응답했다. 게다가 외로움을 느끼는 근로자는 12개월 내에 직장을 옮길 확률이 2배 높았다.

사람들의 하루에 체계를 만들고 활동과 사회적 교류를 불러온다는 점에서 업무는 정신건강과 웰빙에 중요하다. 우리가 《직장에서의 웰빙》이라는 책을 집필하기 위해 수행한 연구에서 직장인 57%가 직업에서 삶의 의미를 찾았다고 답했다. 그들은 자기 일이 흥미롭고 개인적으로 중요하기 때문에 열심히 일해야 한다는 동기를 부여받는다고 말했다.

한편 점점 더 많은 기업이 직원들을 위해 건강 계획을 시행하고 격려하는 정책을 마련하고 있다. 직장에서는 서서 일할 수 있는 책상과 자연광이 들어오는 업무 환경, 간식으로 과일을 제공하는 쪽으로 현저히 변화하고 있다. 우리 연구소도 우리 팀의 신체건강과 정신건강을 중요한 우선순위로 놓으려고 노력한다. 그래서 점심시간에 산책을 격려하고, 과일을 제공하며, 책상에서 물러나 규칙적으로 스트레칭하는 휴식 시간을 가진다. 건강한 직원을 두는 것이 건강한 조직을 만드는 길이다.

우리는 이런 관행이 계속 풍부해지기를 바란다. 하지만 웰빙은 긍정적인 신체적·정신적 건강 이상의 의미가 있다. 정의상 웰빙은 번성하고 잘 살기 위한 인간으로서의 능력에 관한 것으로, 일이 여기서 매우 중요한 역할을 한다.

우리는 근로자들에게 이렇게 물었다. '만약 로또에 당첨된다면, 여전히 일을 하겠는가?' 결과는 놀라웠다. 응답자의 77%가 직장에 남아 있겠다고 한 것이다. 그리고 27%는 현재 직업을 그만두겠다고 했고, 33%는 근무 일수를 줄이겠지만 현재의 직장에 남아 있겠다고 했으며, 17%는 현재의 역할이나 고용 상태에 변화를 주지 않겠다고 답했다. 이 결과로 사람들이 직장에서 성취감을 느낀다는 것을 알 수 있다. 그런데 한편으로 30%는 과로하고 스트레스를 받는다고 느꼈고, 그것이 직장에서 번성할 능력을 막고 있었다.

근로자들의 25% 이상은 직장에서 강한 공동체 의식을 느낀다. 이 결과에서 중요한 통찰력을 얻을 수 있다. 정신건강에 긍정적인 영향을 미칠 공동체 의식과 소속감을 높이기 위해 고용주들이 더 많은 일을 해야 한다는 것이다. 또 다른 흥미로운 사실은 임금을 받는 것 이외에도 직업이 삶의 여러 영역에 기여한다는 점이다.

내 직업이 삶의 다음과 같은 영역에 기여한다
목적의식 64%
자기 계발 59%
남들의 삶을 변화시킨다. 58%
더 나은 사회와 세상을 만든다. 55%
공동체 의식과 소속감 54%

이들 각각은 개인의 정신건강과 웰빙에 기여하는 요인이 며, 72%의 응답자는 직장의 웰빙이 자신들에게 매우 중요하다고 평가했다.

목적의식이 있는 일은 긍정적인 영향을 미치고 다른 사람들과 친해지게 한다. 이것이 웰빙과 번성하는 능력의 핵심이다. 고용주와 리더들이 이를 이해해서 직원들의 웰빙을 우선하기 위해 직장에 변화를 준다면, 알파 세대가 진입할 더 의미 있는 직업과 더 좋은 직장을 만들어낼 수 있을 것이다.

이 장의 핵심

알파 세대의 미래에는 많은 선택지와 교육의 기회가 있다. 이 장에서는 대학교, 직업교육과 훈련, 부업 등 고등학교 졸업 이후의 다양한 진로를 분석했다. 알파 세대는 정규교육을 가장 많이 받을 뿐만 아니라 새로운 방식으로 온라인 학습을 경험할 것이다. 또한 여러 가지 직업을 거치며 기술을 개발하고, 재정립된 직장 생활의 이익을 보게 될 것이다. 알파 세대가 하는 일의 유형도 이전 세대와는 달라지므로 기계의 도움을 더 많이 받는 세상에서 공감 능력과 대인관계의 기술을 개발하는 일이 중요해질 것이다. 직업이 삶의 큰 부분을 차지하면서 그들은 다른 세대보다 더 늦은 나이까지 일할 것이다. 따라서 부모들은 이 핵심 영역으로 알파 세대를 이끌어 그들이 졸업 후의 진로와 직업 노선을 따라가도록 도와야 한다. 그들이 선택하는 진로와 직업은 경제적인 안정감을 줄 뿐만 아니라 열정이 있는 분야여야 하고, 그들의 웰빙에 기여하며, 이를 기반으로 사회에 의미 있는 기여를 할 수 있어야 한다.

11

Leading Generation Alpha

알파 세대 리더십

모든 것의 흥망성쇠가 리더십에 달려 있다.

- 존 C. 맥스웰John C. Maxwell

리더에는 여러 유형이 있다. 대부분 사람에게 삶에서 가장 큰 영향을 미치는 사람은 부모님이다. 부모는 자녀를 이끄는 데 결정적인 역할을 하며, 그럼으로써 앞으로 자녀가 어떤 리더가 될지에 영향을 준다. 이 장에서는 변화하는 리더십 스타일, 부모와 리더들이 알파 세대를 어떻게 이끌지, 미래에 알파 세대가 어떻게 이끌지를 살펴보고자 한다.

알파 세대가 처음 태어나기 시작한 2010년 이후로 세계는 엄청난 변화를 겪었다. 알파 세대가 첫 10년간 봐온 변화의 정도를 묘사하는 데 '파괴', '메가트렌드', '변화 피로' 같은 단어가 쓰였고, '전례 없는'이라는 단어도 전례 없이 많이 사용됐다.

2020년대에 접어들었을 때, 우리는 지난 10년간 경험한 변화를 어떻게 느끼는지 평가하는 설문조사를 했다. 가장 많이 나온 응답은 '걱정스럽다'로, 3명 중 1명 이상이 이렇게 대답했다. 이는 '긍정적이다'라고 답한 4명 중 1명보다 훨씬 많은 수치다. 또 '힘을 부여받은 느낌'이라고 답한 사람의 2배가 '압박을 느낀다'라고 답했다. 마찬가지로 '활력이 넘친다'라고 한 사람들보다 '피로하다'라고 한 사람이 훨씬 더 많았다.

동기 부여가 잘된 리더들은 살아 있음에 감사하는 시기라고 생각하겠지만, 대다수 직원은 더 많이 가라앉아 있다. 세계적인 영향, 변덕스러운 경제, 새로 등장하거나 사라지는 직업, 가속하는 기술 변화의 소용돌이 속에서 거의 절반(45%)의 응답자가 불안하고 불확실한 기분이 든다고 답했다. 캐나다 총리 쥐스탱 트뤼도는 세계경제포럼의 한 연설에서 삭막한 현실을 이렇게 지적했다. "변화의 속도가 이렇게 빠른 적이 없었지만, 이렇게 느린 적도 다시없을 겁니다." 최신 트렌드를 이해하면 우리가 어디를 향하고 있는지 더 잘 볼 수 있고, 떠오르는 세대를 관찰하면 우리가 다음에 무엇을 준비해야 할지 통찰력을 얻을 수 있다.

알파 세대는 인쇄된 백과사전이나 전화번호부, 비디오 대여점, 팩스의 세계는 알지 못한다. 아마 그들은 데스크톱 컴퓨터나 아날로그 손목시계, 플라스틱 신용카드, 자동차 키도 사용하지 않을지 모른다. 전자면허증과 전자결제의 시대인 만큼 대부분은 지갑을 갖고 다니지 않을 것이다. 지금까지 살펴본 것처럼, 이런 변화를 인식할 때 미래를 내다보는 통찰력을 얻을 수 있다. 하지만 이 모든 것에서 리더의 역할은 무엇일까?

리더십 전문가인 존 C. 맥스웰은 자신의 전문 분야에 관해 유용한 정의를 내렸다. "리더십은 영향력이다. 그 이상도, 이하도 아니다." 그는 지구상의 모든 사람이 어느 정도의 영향력을 지니기 때문에 누구나 리더라고 말한다. 문제는 어떻게 영향력을 행사할 것이냐와 어떻게 리더십 능력을 발전시킬 것이냐. 누구나 리더인 한편, 누구나 추종자이기도 하다. 당신은 집에서 자녀를 이끌지만, 직장에서는 따라야 할 상사가 있다. 당신의 자녀가 농구팀의 주장이라고 해도, 그는 게임의 규칙과 심판의 판정, 코치의 지시를 따라야만 한다.

오늘날의 리더들은 변화하는 시대에 대응해야 한다. 우리가 살아가는 디지털 경제에서는 기기의 플레이 리스트가 인공지능으로 생성되고, 온라인 상점들은 예측 알고리즘을 사용해 우리에게 구매 제안을 하고, 초등학생들은 코딩과 로봇공학을 배우고 있다. 그 선두에 있는 알파 세대는 자신의 팀과 커뮤니티와 가족을 구성하면서 계속 변화하는 문화와 세대, 배경, 기대에 호응해야 한다. 위대한 리더가 되고 싶다면, 말하고 지시하기보다 듣고 이해하는 데 더 많은 시간을 써야 한다.

공감 리더십

위인 리더십

유명한 지도자 알렉산더 대왕의 리더십 스타일은 '위인 리더십great man leadership'이라는 이름으로 분류할 수 있다. 위인 리더십은 지명도와 지위와 권력에 관한 것이다. 이 리더십 스타일의 전형은 카리스마가 넘치는 우월한 남성으로, 리더십을 발휘할 목적으로 지위와 권력을 사용한다. 독특한 성격과 탁월한 의지, 넘치는 에너지, 뛰어난 웅변 기술이 결합해 큰 힘이 되어 주변 사람들이 일을 처리하게 한다. 이런 지도자들은 흔히 우상처럼 여겨지면서 변화를 일으키고, '지도자로 타고난' 사람처럼 보인다. 그러나 더 자세히 살펴보면 그런 특징은 지배욕 오만함, 조작과 관련된 이기주의 또는 노골적인 나르시시즘일 수 있다.

오늘날의 세대는 이전 세대만큼 독재적, 권위주의적 리더십 스타일을 받아들이지 않는다. 먼저, 오늘날의 세상은 훨씬 더 다양하다. 여자들이 리더로 인정받고, 의도적으로 여성 리더들을 위한 플랫폼을 강화하고 있기도 하다. 리더는 타고나는 것이 아니라 개발된다는 인식이 자리 잡았기 때문에 성격과 풍채만으로는 충분하지 않다. 사람들에게 리더십 자질을 심어주고 개발하는 시스템과 훈련 프로그램이 있고, 이런 프로그램이 학교와 스포츠팀, 알파 세대가 참가하는 기타 교과 외 활동에서 운용된다.

궁극적으로 사회는 바뀌어왔고, 알파 세대가 살아가는 동안에도 변화는 계속될 것이다. 리더십 역시 위에서 명령하며 권력을 행사하는 스타일에서 다른 사람들의 욕구를 충족시키며 공감하는 스타일로 변화했다. 우리는 직장을 연구하고 특히 Y세대와 Z세대를 연구하면서 사람들이 리더에게 용인하는 것과 바라는 것에서 큰 변화가 있음을 확인했다. 팀이든 개인이든, 사람들을 존중하고 인정하는 쪽으로 변하고 있다. 이는 리더에게 강한 대인관계 기술이 필요하다는 의미다. 알파 세대는 팀을 향상시키고, 커뮤니티를 발전시키고, 자신이 이끌어가는 개인들에게 힘을 부여하는 리더를 찾을 것이다. 이런 변화는 업무 중심적 접근이라기보다 팀 중심적 접근이다. 직장에서 이런 유형의 리더십은 직원들이 더 오래 머물게 해 고용의 안정성을 높임으로써 회사 평판도 높인다.

공감 리더십은 자기 팀을 이해하는 것부터 시작한다. 그들의 상황을 이해하고, 그들을 준비시키고, 그들에게 권한을 주고, 공익을 불러올 수 있게 정보를 주고, 발전시켜야 한다. 여기서 말하는 공익은 업무의 목표는 물론이고, 그들만의 개인적 목표도 포함한다. 업무에 초점을 두지만, 팀에서의 인간관계도 중시한다. 이런 유형의 리더십은 훨씬 더 매력적이다. 우리가 최근에 마케팅 테크닉을 더 잘 알아차리게 된 것과 마찬가지로, Z세대와 알파 세대는 진정성 없는 리더십 테크닉을 알아차릴 수 있을 것이다.

"서번트 리더십servant leadership은 먼저 하인이 되는 것이다. 권력·영향력·명예·부를 원하는 리더십과는 반대로, 먼저 섬기고 싶다는 자연스러운 느낌으로 시작한다. 그런 의식적인 선택이 이끌고 싶다는 열망을 불러온다. 그런 사람은 리더부터 되려고 하는

사람과는 현저하게 다르다." - 로버트 K. 그린리프(Robert K. Greenleaf)

> 리더에게 미래는 피할 수 없는 운명이 아니라 만들어가는 것이다.
> 이를 알파 세대가 물려받아 그들 스스로 다시 만들어갈 것이다.

위기의 시대의 리더십

코로나19 기간에 시행한 연구에서 우리는 사람들이 주와 연방 정부 지도자들에게 리더십을 원하고 있다는 사실을 알게 됐다. 사람들은 이용 가능한 정보를 바탕으로 결정이 빨리 내려지기를 바랐고, 자기가 내린 결정을 지도자들이 뒷받침해주기를 원했다. 팬데믹에는 국경 통제 정책부터 공공 보건 지침까지 긴박한 분위기가 감돌아 전시와 다름없는 위기였다. 팬데믹 이전에는 새로운 정책이 진척되는 데 몇 개월 심지어 몇 년이 걸렸지만, 코로나19 덕에 국가 지도자들은 단 며칠 만에 법률을 제정했다. 이렇게 빨리 결정하고, 바꾸고, 집행하는 능력은 아마 알파 세대의 리더십을 나타내는 특징 중 하나일 것이다.

호주 사람들은 팬데믹 기간에 지도자가 갖춰야 할 두 가지 가장 중요한 자질로 정보를 공유하며 완전히 개방적이고 솔직해야 한다는 것(50%)과 힘든 결정을 빨리 내리고 국민을 지원해야 한다는 것(50%)을 꼽았다. 3명 중 1명은 지도자들이 강하게 이끌고 자신감 있게 소통하는 것이 중요하다(36%)고 답했고, 전문가들에게 힘을 실어

주고 그들의 인도와 조언을 따라야 한다(33%)고 답한 사람도 비슷한 비율이었다. 지도자들이 강하고 자신감 넘치고 정보에 개방적이기를 기대하면서도, 연민과 공감을 보이는 것이 중요하다(27%)고도 말했다.

새로 등장한 세대를 어떻게 이끌 것인가

> 리더십은 단지 소수에게만 부여된 직책이나 역할이 아니라
> 긍정적 결과를 얻으려는 모든 이들에게 열린 기회다.
> 리더십은 보편적인 테크닉이 아니라 상황에 대응하는 능력이다. 그것은 과학이라기
> 보다 기술이고, 강압이 아닌 수용을 만들어낸다.
> 드와이트 아이젠하워와 해리 트루먼 같은 리더들이
> 분명히 표현한 대로, 리더십은 누군가는 해야 할 일을 기꺼이 하게 하는 기술이다.

리더십은 앞으로도 우리 세상과 사회의 발달에 중요하면서도 근본적인 부분이 될 것이다. 우리는 미래를 우리가 나아가는 장소이자, 전략대로 따르면 우리가 닿을 곳으로 생각했다. 하지만 요즘에는 변화의 속도가 너무 빨라 미래가 우리에게 다가오고 있고, 종종 미지의 방향에서 점점 더 빠른 속도로 다가오기도 한다.

리더들에게 핵심 이슈는 자신이 이끄는 시기와 상황을 이해하는 일이다. 당신은 이 책을 통해 최근 사회가 어떻게 발전해왔는지를 알게 됐을 것이다. 10년 전만 해도 지금 우리가 매일 의존하는 기기, 태블릿, 앱, 프로그램들이 없었다는 걸 되돌아보면 놀랍기 그지

없다. 그러므로 이 시대에는 민첩성과 짧은 반응 시간, 디지털 능력이 필요하다. 새로 등장한 세대는 세계적으로 연결된 빠른 변화의 세상에서 리더가 될 유리한 입장에 놓여 있다. 알파 세대는 정보가 시각적으로 전달되고 짧은 시간 안에 처리돼 자신의 욕구가 충족되기를 기대한다. 이는 곧 이 새로운 세대를 이끌고 그들과 소통하려면 민첩해야 함을 의미한다. 사실 신생 세대는 새로운 기술과 빠른 변화를 특징으로 글로벌하게 연결된 이 세상을 헤쳐나가고 이끌 준비가 더 잘돼 있다. 디지털 시대가 그들을 글로벌하게 연결하면서 계속 영향을 미치고 있다.

새로운 세대의 언어

여기에 당신을 위한 작은 테스트가 있다. 다음 문장을 읽고 무슨 뜻인지 유추해보기 바란다. 새로 등장하는 세대의 언어를 얼마나 알고 있는지 진단해볼 수 있을 것이다.

'BAE, 내 긱 일이 legit해. 근무 시간이 defs cray, 하지만 YOLO'

기술, 문자 메시지, 모바일 통신은 새로운 세대가 말하는 방식을 바꿨다. 따라서 이 세대를 이끌려면, 먼저 그들을 이해해야 한다! 짧은 문자 메시지에 영향을 받은(속도가 중요하기 때문에) 이 문장은 새로운 언어의 등장을 알리는 것 같다. 이런 문자 메시지식 표현이 이제는 대세가 됐다.

어쨌든, 이게 대체 무슨 뜻일까? BAE는 '다른 누구보다 먼저Before Anyone Else'의 줄임말로, 절친이나 남자친구 또는 여자친구처럼 중요한 사람을 의미한다. 긱 일은 긱 이코노미를 말한다. legit는 '합법적인legitimate'의 줄임말이지만, 이 문맥에서는 '굉장한'이라는 의미다. 빠른 소통을 위해 단어를 줄인 또 다른 예다. 비슷한 줄임말로는 probs(probably, 아마도), whatevs(whatever, 무엇이든) 등이 있다. defs는 definitely(확실히), cray는 crazy(기막히게 좋은)라는 의미다. 또한 인기 있는 줄임말 YOLO는 'You Only Live Once(한 번뿐인 인생)'라는 의미다!

새로 등장하는 세대와 소통하려면, 그들을 규정하는 요인들을 이해해야 한다. 우리 사회의 최근 기술적 변화가 알파 세대의 소통 방식과 정보 처리 방식을 규정한 것은 틀림이 없다.

우리는 Z세대와 가장 잘 소통하는 방법을 알아내려고 포커스 그룹 연구를 한 적이 있다. 그 포커스 그룹은 노령연금 상품 안내서를 보고 있었지만, Z세대가 이해할 수 있는 내용은 어디에도 없었다. 1시간 정도 심층 면접을 하던 도중 한 젊은이가 단호하게 말했다. "저기요, 우리가 일부러 집중을 안 하는 게 아니에요. 그냥 집중이 안 되는 거라고요." 그 말은 우리 모두를 깨우쳐줬다. 만약 젊은이들이 우리가 하는 말을 듣고 있지 않다면, 관심을 끌기 위해 소통하는 방식을 바꿔야 한다. 더 효과적인 방식으로 그들의 관심을 끌려고 노력해야 한다.

시대 변천에 따른 메시지의 의미 변화

미국에는 호수 주변에 다음 그림과 같은 안전 표지판이 있었다. 한때는 효과가 좋았지만, 지금은 전혀 다른 의미로 먼저 받아들여진다. 보다시피, 표지판 위쪽에는 '물에 빠진 사람을 보시면…'이라고 쓰여 있고 가운데에는 두 팔을 위로 든 사람 이미지가 있다.

당신 눈에는 이 이미지가 어떻게 보이는가? 혹시 알파벳 3개, 그러니까 lol로 보이지 않는가? lol은 '크게 소리 내어 웃는 laugh out loud'라는 의미의 문자 메시지식 줄임말로 보통 대문자 'LOL'로 쓴다. LOL은 누군가 물에 빠져 허우적거릴 때 보일 올바른 반응은 아니지 않은가! 언어와 의사소통 방식을 선택할 때, 변화에 대응하는 것이 얼마나 중요한지를 보여주는 사례다.

리더십 스타일

관리하고 이끌기 전에, 먼저 이해하고 친해져야 한다. 그러려면 세대 사이의 관심이 필요하다. 새로운 세대는 우리와 다른 삶의 단계에 있을 뿐만 아니라, 매우 다른 시대에 양육되고 교육받았다. 그들의 상사에 대한 기대, 직업에 대한 태도, 선호하는 직업 스타일은 모두 우리 시대가 아닌 그들의 시대에 영향을 받았다.

우리의 연구에서 Z세대 직원의 절반 이상(53%)은 용기를 주고 다가가기 쉬운 리더십이 직장에서 매우 중요하다고 답했다. 연구 결과는 분명하다. 우리는 포용력 있는 참여적 리더십으로 이끌어야 하고, 기술적 능력뿐 아니라 대인관계 능력도 보여야 한다.

교실에서든 집에서든 직장에서든, Z세대와 알파 세대에게 이상적인 리더는 의사소통을 가치 있게 여기며 투명하고 존중하는 환경을 만들어내는 사람이다. 이 세대가 선호하는 리더십 스타일은 명령보다는 합의에 초점을 두고, 독재보다는 더 참여적이며, 조직적·계급적이 아닌 더 유연하고 유기적인 스타일이다.

새로 등장하는 세대와 이야기하면서 그들의 이상적인 리더는 등을 토닥이며(비유적이든, 글자 그대로든) 긍정의 힘을 불어넣는 사람임을 분명히 알게 됐다. 이런 리더는 직원들의 이름과 관심 분야를 기억하고, 정서적으로 안전하고 친근하며, 합의를 끌어내는 환경을 만들어 사람들이 자유롭게 의견을 말하게 한다.

만약 늘 그렇게 해왔다는 이유로 오래된 방식으로 이끌려 한다면, 항상 존재했던 세대 차이가 더욱 두드러질 것이다. 전통적 리더십은 통제를 강조하지만, Z세대는 관계 맺기를 원한다. 이전 세대의 리더들이 구조에 초점을 맞췄다면, 오늘날 떠오르는 세대는 협업 스타일을 선호한다. 구세대가 틀을 생각할 때, 그들은 자유를 생각한다. 이런 차이를 극복할 답은 시간을 들여 그들을 더 잘 이해하는 것이다. 그렇게 한다면 우리는 떠오르는 세대를 더 효과적인 방식으로 이끌고, 훈련하고, 사로잡을 수 있을 것이다.

알파 세대의 리더십

21세기 리더십은 적응과 관련돼 있지만, 다음 세대가 리더십을 스스로 발휘해야 할 때 그들을 돕는 것에 관한 것이기도 하다. 우리는 그들이 더 회복력을 갖추도록 도울 수 있다. 알파 세대는 이전 세대보다 더 많은 트렌드와 더 많은 직업, 더 많은 변화를 겪을 것이다.

회복력을 북돋워라

오늘날 부모들은 젊은이들이 회복력을 기르는 것이 중요함을 인식하고 있다.

> "우리 아들에게서 제가 제일 좋아하는 점은 몇 번이나 넘어졌다는 사실을 개의치 않는다는 거예요. 다시 할 수 있어서 마냥 행복하니까요. 사람들은 그런 녀석을 보고 웃지만, 아들은 왜 자기를 보고 웃는지 이해하지 못해요. 그냥 같이 웃으면서 다시 일어나 계속 시도하죠. 우리 사회도 남들의 반응이 어떻든 아무렇

지 않게 흘려버린다면, 많은 교훈을 얻을 수 있지 않을까요? 우리는 자신에 대한 남들의 생각에 너무 자주 상처받으니까요. 남들의 생각을 그냥 흘려버릴 수 있다면, 사회가 전체적으로 더 나아질 거예요." - 알파 세대 자녀를 둔 부모

즉각적인 만족을 추구하기 때문에 요즘 젊은이들이 과거 세대만큼 회복력이 없다고 걱정하는 사람들도 있다. '회복력'이라는 단어는 글자 그대로 '다시 튕겨 나온다'라는 의미다. 다시 튕겨 나오려면 충격이 필요하다. 코로나19라는 쓰라린 경험에서 기대치 않았던 긍정적인 면이 바로 이것이다. 팬데믹이 가져온 즉각적이고 장기적인 어려움은 이 세대에게 오히려 도움이 됐다. 아이들은 코로나19가 불러온 어려움을 극복하기 위해 회복력을 발달시킬 수 있었다. 호주인들을 대상으로 한 우리 연구에서 78%의 응답자는 코로나19의 경험이 오늘날 아이들을 더 회복력 있게 만들 것이라고 답했다.

요즘 아이들에겐 이끌어주고 격려해줄 리더가 필요하다. 우리는 아이들을 보호하거나 애지중지하기보다 회복력을 발달시키도록 도와야 한다. 또한 실수해도 괜찮다는 것을 아이들이 알게 해줘야 한다. 모두가 그런 과정을 거치면서 배우고 성장하기 때문이다.

이것이 오늘날 리더가 해야 하는 주요 역할이다. 즉, 사람들이 새로운 아이디어를 시도하고 실패를 두려워하지 않는 문화를 만들어서 다음 세대가 번성하도록 돕는 것이다. 이것이 왜 중요할까? 회복력이 있으면 실패를 혁신으로 이어갈 수 있기 때문이다. 훌륭한 리더와 부모들은 아이들이 편안하게 새로운 아이디어를 공유하게 함으로써, 창의적이며 혁신적인 사람이 되도록 돕는다.

"창의력과 혁신에 가장 중요한 장애물이 무엇일까? 아이디어를 소개했다가 사람들에게 조롱과 비웃음을 당하고 자신이 하찮게 느껴질까 봐 두려워하는 마음이다. 문제는 위대한 아이디어도 터무니없게 들릴 때가 많고, 우리에게는 실패가 필요하다는 것이다. 배우고 창조하는 일은 본질적으로 상처받기 쉽다." - 브레네 브라운(Brené Brown), 《마음 가면》

통찰력을 발달시켜라

위대한 리더는 통찰력도 갖춰야 한다. 통찰력을 얻으려면 상황이 어디를 향해 흘러가는지 관찰하고, 우리가 무엇을 준비해야 하는지를 알아내야 한다. 리더가 리더인 이유는 어디로 가야 할지를 알고, 상황이 어떤지뿐만 아니라 어떻게 변할지도 알기 때문이다. 미래에 맞닥뜨릴 변화에 직면하려면 알파 세대에겐 그런 통찰력이 필요하다. 부모들은 자녀에게 학구열을 불러일으키고, 이런 자질을 보여주는 이야기를 공유해서 통찰력을 키울 수 있다. 실제 사례도 좋고, 캐릭터들이 상황에 힘 있게 대처하여 변화를 일으키는 소설도 좋다.

예측 불허의 변화 속도

넷플릭스가 주로 우편으로 DVD를 발송해서 돈을 벌었던 것이 불과 10년 전이다. 2008년에는 그 방법이 그들의 수입원이자 사업 모델이었다. 시계를 빨리 돌려 오늘날로 와서 보면, 넷플릭스는 세계 최대의 디지털 오락물 유통 회사이자 세계 최대 콘텐츠 제작사다. 이것이 변화의 속도이고, 10년 안에 발생할 수 있는 일이다. 알파 세대는 그런 수준의 변화에 적응해야 할 것이다. 미래가 그들에게 다가오고 있으니 말이다.

변화를 받아들여라

지금까지 알파 세대의 삶에서 세상은 급격하게 변했다. 앞서 우리는 기술 변화뿐만 아니라 사회적 트렌드, 세계 경제 변화, 환경 변화와 인구통계학적 변화까지 살펴봤다. 10년 전에 호주의 인구는 막 2,100만 명을 돌파했는데, 오늘날엔 2,600만 명이 넘는다. 1970년 호주의 인구는 현재의 절반이었는데, 이는 호주 성인 대부분의 생애에 인구가 2배로 늘었다는 얘기다. 코로나19 때문에 국제적으로 국경이 봉쇄된 결과 인구 성장의 속도가 크게 느려졌지만, 다음 50년간 인구 성장은 지난 50년을 크게 앞지를 것이다. 그것이 우리가 현재 보고 있는 성장의 속도이자 규모다.

　　이 모든 것이 제시하는 어려움은 우리 중 변화를 좋아하는 사람이 많지 않다는 점이다. 우리는 변화에 자주 피로감과 중압감을 느끼는데, 특히 변화를 이해하지 못할 때는 더더욱 그렇다. 몇 년 전, 새 아이폰이 출시됐을 때를 예로 들어보겠다. 변화를 받아들이는 일부 얼리 어답터는 이 신상 기기를 사려고 애플 매장 앞에서 줄을 서서 기다렸다. 하지만 나머지 대다수는 변화를 수용하는 데 느리고, 약간 회의적인 시각을 보이며 받아들이기를 주저했다. 신기술은 우리가 사용하던 스마트폰보다 기능이 복잡해서 신제품을 구매하면 완전히 새로운 사용법을 익혀야 했기 때문이다. 하지만 알파 세대의 부모로서 우리는 아이들이 변화를 두려워하지 않도록 이끌 책임이 있다. 아이들이 자주 안전지대에서 벗어나도록 격려하고, 새로운 도전을 시도하게 하고, 실패의 성장할 기회로 삼도록 도와야 한다. 아이들이 어릴 때 이런 정신을 불어넣으면, 이후의 삶에서 변화에 대처할 준비가 더 잘될 것이다. 나아가 변화를 두려워하고 저항해야 할 대상이 아니라 성장하고 배울 기회로 여기게 될 것이다.

정서지능과 문화지능을 발달시켜라

알파 세대는 문화적으로나 세대적으로 또한 성적으로 어느 때보다 다양한 세상에서 자라고 있다. 부모들은 알파 세대가 유대감을 쌓을 수 있도록 정서지능과 문화지능을 키워줘야 한다. 다양성은 현재 알파 세대의 학교와 스포츠팀에서 발생하고 있는데, 미래에는 직장과 기타 장소들로 점점 확산될 것이다. 부모들은 스스로 모범을 보이고, 자신과 확연히 다른 이들과 친해지고, 다양성을 수용하는 언어와 행동은 긍정적이라는 것을 확신시킴으로써 알파 세대 자녀의 정서지능과 문화지능을 발달시킬 수 있다.

오늘날 알파 세대가 존경하는 리더, 닮고 싶어 하는 리더를 다양하게 볼 수 있다는 점도 중요하다. 예를 들어 오늘날에는 많은 여성이 리더의 역할을 맡고 있다. 일단 그들에게 이전보다 길이 더 많이 열렸기 때문이다. 알파 세대 여성 리더들을 생각해보고, 몇십 년 후에 그들의 경험이 어떨지를 생각하는 것은 흥분되는 일이다. 다음 세대는 그들처럼 되기를 열망하고, 마침내 훨씬 더 많은 것을 만들어낼 것이다.

조 바이든이 미국 대통령으로 당선되면서 부통령 카멀라 해리스Kamala Harris에게 이목이 집중됐다. 그녀는 근래 어떤 부통령보다 많은 관심을 받았는데, 그 이유를 찾기는 어렵지 않다. 최초의 여성 부통령일 뿐 아니라, 최초의 흑인이자 아시아계 미국인 부통령이며, X

세대(또는 적어도 전환점에 태어났다) 부통령이기 때문이다. 취임식에서 젊은 Z세대 흑인 시인인 어맨다 고먼_{Amanda Gorman}이 인상적인 시 〈우리가 오를 언덕_{The Hill We Climb}〉을 낭독했을 때, 우리는 더 많은 장벽이 무너지는 것을 목격했다. 그녀가 거기 있었다는 사실 자체가 매우 큰 영향력을 미쳤음은 의심의 여지가 없다. 그 후 2021년 슈퍼볼에서 그녀는 다른 시를 낭독해달라는 요청을 받았다. 미식축구 경기에서 시 낭독이 세계 최초는 아닐지라도 미국에서는 단연코 처음 있는 일이었고, 떠오르는 세대에게 여성 리더들이 미치는 영향력을 분명히 보여줬다. 세계적인 상호작용과 함께 자녀를 격려하려고 부모들이 다양한 리더의 사례를 제공하면서 알파 세대는 리더십을 위한 훌륭한 기반을 갖게 됐다.

격려의 힘

"걸출한 리더들은 직원들의 자부심을 높이려고 비상한 노력을 기울인다. 사람들이 자신을 믿는다면, 놀라운 성취를 할 것이다."
- 샘 월튼_{Sam Walton}, 월마트 설립자

부모들을 위해 이 말을 고쳐봤다.
"걸출한 부모들은 자녀의 자부심을 높이려고 비상한 노력을 기울인다. 아이가 자신을 믿는다면, 놀라운 성취를 할 것이다."

확장 리더십

부모, 교사, 리더로서 우리는 각자 새로운 세대를 긍정적인 방향으

로 이끌거나 그들에게 영향을 미칠 기회가 있다. 리더십을 발휘할 때는 세대를 신중하게 고려해야 한다. Z세대와 알파 세대를 이해하기 위해서는 그들과 친해지고, 그들의 언어를 말하는 방식으로 소통해야 한다. 베이비붐 세대에게 효과가 있었던 방법이 Y세대에게 반드시 효과를 보이는 것은 아니고, 20세기에 효과적이었던 리더십 스타일이 21세기에는 덜 효과적일 수도 있다.

리더에게 똑똑함은 바람직한 자질이겠지만, 공감 능력은 필수적인 자질이다. 이성과 감성을 갖춘 리더들은 파괴의 와중에도 혁신할 수 있고, 다양성을 수용할 수 있다.

변화를 가장 많이 일으키는 리더십 스타일과 떠오르는 세대가 가장 잘 대응하는 스타일은 '확장 리더십'이다. 우리의 연구에서는 자신이 이끄는 사람들의 능력만이 아니라 그들의 성격까지 확장하는 문화를 만들어내는 리더십 스타일에 Y와 Z세대(지금 노동인구의 대다수를 이룬다)가 가장 긍정적인 반응을 보였다. 단순히 일을 잘하게 하는 것이 아니라 최고의 모습을 보이도록 돕는 것이기 때문이다. 아이들에게도 마찬가지다. 오늘날 부모의 핵심 역할은 자녀에게서 자질을 발견하고 그 자질을 확장시키는 것이다. 이런 일은 학교와 스포츠팀과 직장까지, 우리가 사람들을 이끄는 어디에서나 일어나야 한다.

확장 리더십은 자신이 위대한 리더가 되는 것을 넘어 위대한 리더를 키우는 것이다. 이런 리더십 스타일은 임무와 책임을 모두 위임해서 리더십을 발달시키는 문화를 만들어낸다. 이런 리더들은 그들이 이끄는 사람들에게서 자신에게서는 보지 못했던 자질을 발견하고, 자신감 없는 사람들을 받쳐준다. 인간으로서 우리는 불안해지기 쉬워서 누군가가 우리를 믿어줄 때 그 믿음이 우리의 삶과 직업에 변화를 일으키는 힘이 될 수 있다.

1단계: 아이들을 격려해라

확장하는 리더가 되는 첫 단계는 격려하는 것이다. 격려는 사람들을 더 강해지게 하고, 새로운 것을 시도하거나 안전지대 밖으로 발을 내딛도록 용기를 준다. 부하 직원들에게 명령을 내리는 전통적 리더십 스타일은 사람들을 번영하게 하지 못한다. 리더가 시간을 들여 팀을 격려하고 건설적인 피드백을 제공할 때, 사람들이 직업적으로나 개인적으로 성장할 환경이 만들어진다.

　　이는 알파 세대를 이끌 때, 특히 그들이 어릴 때 매우 중요하다. 이 책을 위해 연구를 하면서 우리는 믿음과 격려의 힘에 관해 부모, 교사, 리더들에게 수많은 이야기를 들었다.

> "저는 우리 아이들에게 의도적으로 사랑과 관심을 보이려고 노력해요. 정신없이 바쁠 때도요. 무슨 일이 있든, 제가 옆에서 응원하고 격려한다는 걸 아이들이 항상 알았으면 좋겠어요." - 알파 세대 자녀를 둔 엄마

너희는 독특하고 놀라운 존재란다

Z세대와 알파 세대 학생들과 함께한 브렛 머리의 '괴롭힘을 과거의 역사로 만들자' 세미나에서 핵심 메시지는 아이들이 독특하다는 것이다.

"우리는 어떤 문장에서 '독특한'이라는 단어 대신 다른 단어를 사용해야 하는 게임

을 해요. 아이들 입에서 '형언할 수 없는', '기막히게 좋은', '대단한', 'GOAT Greatest Of All Time(역대 최고)' 같은 단어들이 나옵니다. 그러면 잠시 멈췄다가 내가 말해요. '좋아, 얘들아. 방금 너희가 뭘 설명했는지 아니? 바로 너희 자신이야. 왜냐고? 너희는 독특하니까. 그리고 난 그걸 증명할 수 있어. 의학적으로, 과학적으로, 생리적으로, 형이상학적으로, 역사적으로 말이야. 너희를 독특하게 만들어주는 지문이나 DNA 가닥, 망막을 가진 인간은 이전에도 없었고, 앞으로도 없을 거야. 이 세 가지 속성은 너희만의 것이라서 아무도 가질 수 없어. 이것들이 너희를 독특하게 만드는 것인데, 너희는 방금 독특하다는 것이 대체 불가능하고, 비할 데가 없고, 형언할 수 없고, 기막히게 좋은 거라고 말했잖아.' 아이들이 그 의미를 이해하면 신이 나죠. 많은 아이가 꿈과 목표와 열망이 없었던 데다가 그럴 자격이 없다는 말까지 들었으니까요. 우리는 아이들이 저마다 가치 있고, 중요하며, 긍정적인 강화를 받을 만하다고 말해야 합니다. 부모와 주요 교사로서 아이들의 삶에서 가장 긍정적이고, 가장 지속적이고, 가장 안전한 사람이 돼야 해요. 우리가 그렇게 할 수 있다면, 세상에서 부정적인 힘이 가해질 때도 아이들은 실제로 붙잡고 있어야 할 진실이 무엇인지 알 거예요. 이것이야말로 아이들이 가치 있고 소중하고 놀라운 존재라는 것을 이해하도록 돕는 방법이죠."

2단계: 아이들을 준비시켜라

다음으로 우리는 알파 세대를 준비시켜야 한다. 다시 말해, 아이들에게 이 시대에 성공하고 번성할 수 있는 기술과 능력을 주어야 한다. 인터뷰에서 한 초등학교 교사는 이렇게 말했다. "교사의 업무에는 큰 노력이 필요하지만, 기대 이상의 보람이 있어요. 아이들이 반응을 보이고, 그 수업이 자기들을 준비시키려는 것임을 알고, 배워야 할 흥미롭고 가치 있는 것들이 있다는 걸 아니까요. 아이들이 무엇을 할 수 있는지를 자신에게나 남들에게 증명할 기회가 많다는 것을 확인시켜줘야 해요. 그런 일이 일어나는 게 정말로 중요하죠."

　　다시 말하지만, 우리가 이 세대를 어떻게 준비시킬지는 과거에 우리가 했던 방식과는 다를 것이다. 지금은 더 협력적인 시대이므로 과거와 같은 권위적 구조는 필요치 않다. 아이들에게 준비시켜야 할 영역은 대인관계 기술이다. 알파 세대는 지금까지 디지털에 가장 익숙한 세대지만, 미래에 "난 사람들과 잘 어울리는 유형은 아니야"라고 말한다면 문제가 될 것이다. 리더들은 로봇이나 기술이 아닌 사람을 이끌기 때문이다. 물론 우리는 로봇이 더 많아지는 세상으로 이동하고 있지만, 로봇들은 같이 얘기하면서 공감과 관심을 보여줄 사람을 필요로 하지 않는다. 하지만 사람들에겐 그런 것들이 필요하다. 그래서 우리는 이 세대가 대인관계 기술을 갖추도록 미리 준비시켜야 한다. 이 이전 가능한 역량이 미래 리더의 주요 특징이 될 것이다.

이것들은 단지 개인적 차원에 그치지 않는 매우 중요한 기술이다. 기술은 기술적 결과를 내는 데 적합하지만, 긍정적인 인간적 결과를 가져오는 것은 감성지능과 문화적 이해력, 의사소통 능력을 갖춘 사람들이다.

초등학교 교사인 어니타는 학교들이 각자의 문화에서 여기에 더 집중하기를 바란다. 그녀는 이렇게 말했다. "학교가 직원과 부모님과 학생들에게 알릴 가치관을 확립한다면 도움이 될 거예요. 아이들이 수학 점수를 잘 받았을 때만이 아니라 친구에게 공감을 보였을 때도 보상을 하는 거죠. 학업만이 아니라 소셜 스킬을 발휘했을 때도 축하하고 보상하는 문화가 필요합니다."

3단계: 아이들에게 맡겨라

알파 세대를 리더로 키우는 세 번째 방법은 아이들에게 맡기는 것이다. 다음 세대를 훈련하는 사람들은 궁극적으로 아이들에게 책임을 넘겨주고, 앞으로 나아갈 기회를 의도적으로 주어야 하며, 아이들을 믿어야 한다. 가족회의에서 아이들이 의견을 제시할 기회를 만들어주는 것이 그 예다. 반드시 나이가 많거나 경험 많은 사람들이 먼저 말할 필요는 없다. 오히려 더 어린 사람들이 말할 여지를 주면, 그들에게 성장하고 배울 기회를 줄 수 있다. 의견을 요청받은 아이들은 그 상황이나 눈앞에 직면한 어려움을 극복하는 데 기여하고, 자기 몫을 다할 기회를 받는다. 이는 아이들에게 말할 기회뿐만 아니라 자기 생각을 평가할 기회를 제공하는 것이다. 모든 논평이나 제안이 처음부터 성공을 거두지는 않겠지만, 우리 모두 그렇게 성장했다!

떠오르는 세대를 격려하고 책임을 맡김으로써 미래의 리더십을 위해 그들을 잘 준비시킬 수 있다. 예를 들어 어떤 리더가 떠난 후 그 조직이 약해진다면, 그것은 성공의 척도가 아닌 실패의 지표다. 훌륭한 리더는 승계 계획만이 아니라 승계자 후보 명단을 만들고 그들을 훈련한다. 부모도 마찬가지다. 우리는 자녀가 항상 우리를 의존하기를 원치 않고, 그들이 스스로 세상 밖으로 나가 훗날 번성하는 데 필요한 기술과 성격과 리더십을 갖추기를 원한다. 궁극적으로 리더십은 그것이 만들어낸 문화와 그것이 발달시킨 사람들에 의해 규정된다.

진정한 리더 되기

신뢰

진정한 리더의 근본적 특징 중 하나는 신뢰다. 지난 10년간 우리는 기관 내에서 계속 약화되는 신뢰를 강조했다. 노조부터 정당, 종교 단체, 정부 기관까지 신뢰에 금이 가고 있었다. 이 기간에 우리는 왕립위원회 세 곳을 살펴보면서 가장 취약한 이들을 대상으로 하는 기관들의 주요 결함을 밝혔다. 아동 성 학대에 대한 제도적 대응을 다루는 왕립위원회, 노인 요양의 질과 안전을 다루는 왕립위원회, 장애인에 대한 폭력·학대·방치·착취를 다루는 왕립위원회다. 우리는 그 기관 리더들의 배임만이 아니라 자신들이 돌봐야 할 사람들에게 어떤 끔찍한 일을 저질렀는지도 밝혀냈다.

오늘날에는 어느 때보다 진실한 리더들과 부모들이 필요하다. 말한 대로 실천하면서 투명하게 자녀와 가족을 이끄는 부모, 자녀의 요구에 즉각 반응하고 가족을 중심에 두는 부모, 관계를 중시하는 부모들이 필요하다. 부모가 이런 방식으로 소통하고 이끈다면, 자녀는 부모를 더 많이 신뢰할 것이다. 부모가 자기 이익에 따라 행동하지 않는다는 것을 알기 때문이다. 리더는 자신의 승리나 성공을 위해 행동하지 않는다. 오로지 자기가 이끄는 사람들을 위해 행동하고, 그들을 더 앞선 우선순위로 놓는다.

리더는 진심이어야 한다. 리더가 실수했을 때 실수를 바로잡고 앞으로 나아가는 데 진심이라면, 또한 자신이 한 실수나 효과가 없었던 방법을 솔직하게 인정한다면, 사람들은 다시 한번 기회를 줄 것이다. 가족 안에서도 마찬가지다. 만약 부모가 실수했을 때 사과할 수 있다면, 아이들도 똑같이 행동할 것이다. 신뢰를 쌓는 것은 완벽함에 관한 문제가 아니다. 잘못했을 때, 인정하고 책임을 지고 같은 실수를 다시 저지르지 않겠다고 확실히 다짐하는 것이다.

진정성

연결된 기기로 정의되는 시대에, 온라인 공간을 효과적으로 감시하기란 거의 불가능하다. 온라인은 정보가 뒷받침되지 않거나 치우친 의견으로 가득 차 있다. 특히 지난 몇 년간 '가짜 뉴스'와 허위 정보가 급증했다. 이런 시대에 팩트와 진실은 이전보다 중요해졌고, 진정성 있는 리더를 향한 욕구도 강해졌다.

브레네 브라운 박사는 《리더의 용기》에서 미국 문학 교수인 조지프 캠벨Joseph Compbell의 말을 인용하며 끝맺는다. "들어가기 무서워하는 동굴에 당신이 찾는 보물이 있다." 브라운 박사는 독자들에게 동굴을 찾고, 두려움을 인정하고, 새로운 결말을 추구하라고 격려하며 이렇게 말한다. "편안함보다는 용기를 택해라. 갑옷보다는 진심을 택해라. 또한 용감하게 위대한 모험을 선택하되 동시에 두려워해라." 알파 세대를 이끌려면 불확실한 시기에 용기가, 실망과 곤경의 시기에 회복력이 필요하다.

성공적이고 훌륭한 리더와 부모의 대표적인 특징이 진정성이다. 진정성은 요즘 유행한다고 해서 가볍게 여기거나 내뱉을 만한 단어는 아니다. 단어의 정의 그대로 진지하게 받아들여야 한다. 진정성을 핵심 가치로 삼는 부모는 자신들이 선언하는 대로 살기 때문에 신뢰할 수 있고, 믿을 만하고, 정직하고, 확실하고, 의지할 수 있다.

작가 사이먼 시네크Simon Sinek는 리더십을 이렇게 적절히 표현했다. "리더십은 책임을 지는 것이 아니라 당신이 책임진 사람들을 돌보는 것이다." 우리가 이끄는 사람들, 책임진 사람들을 진심으로 돌본다면 자기도 모르게 진정성이 몸에 밸 것이다.

이것은 알파 세대의 리더로서 우리가 명심해야 할 비결이다. 이 아이들은 가상의 세계에서 성장하고 있다. 인공적인 세상이기에 거기서는 진정성이 최소화될 수 있고, 누군가의 하이라이트 동영상이 현실로 묘사되기도 한다. 만약 우리가 진정성 있는 알파 세대를 이끌 수 있다면, 삶이 어떻게 작동하는지(항상 완벽하지는 않다)를 더 현실적으로 이해하도록 도울 뿐만 아니라 미래에 진정한 리더가 되도록 준비시킬 수 있을 것이다.

진정성 있는 양육은 알파 세대에게만이 아니라 부모에게도 이롭다. '엄마로서의 죄책감'이 만연한 세상에, 우리의 고군분투를 솔직하게 털어놓으면 힘들어하는 다른 이들과 유대감을 느낄 수 있다. 또한 아이들은 부모의 솔직한 모습을 보고 항상 완벽해야 한다는 압박감을 덜 수 있다. 캐서린 쇼리Katharine Schori 박사는 이렇게 말했다. "완벽한 양육이란 존재하지 않고, 오히려 양육의 결함이 아이들을 회복력 있게 한다."

리더십이 바뀌고 있다

다행스럽게도, 우리는 훌륭한 리더가 어떤 사람인지에 관한 변화 과정을 보고 있다. '명령과 통제', '하기 싫은 일을 하게 하는 것'처럼 과거에 받아들여졌던 전통적인 리더십 형태는 이 세대와 이 시대에는 도움이 되지 않는다. 이런 리더십 스타일은 매우 조직적이었고, 최종 결과만을 중시했다. 협력적 리더십 스타일은 사람들과 추종자들을 중시하고, 팀에서 최선을 끌어내는 데 초점을 맞춘다.

코로나19 팬데믹 덕분에 인플루언서들의 의견에 휩쓸리던 트렌드에서 전문가의 조언을 찾는 쪽으로 바뀌었다. 호주에서는 최고의료책임자CMO들을 전면에 내세웠다. 실제로 이 CMO들은 연단에 서서 정치인들보다 방송에 더 많이 노출됐다. 호주인들은 CMO들의 전문적인 의료 조언을 따랐고, 정부의 규제에 절대적으로 순응했다. 그 결과 커뮤니티 내에서 전염이 최소화되는 성과를 거뒀다. 이런 역사적인 사건에서 우리는 의견과 과대 선전보다는 더 탄탄한 전문지식과 근거를 갖춘 리더십으로의 변화를 봤다.

팬데믹은 여러 학문 분야와 관할권을 넘나드는 협력과 양당의 리더십을 불러와 재난에 확고하면서도 다방면으로 접근하게 했다. 호주에서는 코로나19 이후에도 계속될 팬데믹의 영향에 대처하기 위해 거국내각을 구성했다. 이 변화는 알파 세대에게 필요한 리더십을 반영한다. 바로 정치와 문화, 배경, 세대를 아우르는 리더십이다. 이제 리더들은 복잡성과 다양성을 고려하면서 더 미묘한 해결책을 찾아 이끌어야 한다. 리더십 팀들은 알파 세대를 만들어가는 세계 각국과 커뮤니티들을 반영하기 위해 다양한 리더들을 포용하고 임명해야 한다.

"우리 아이들은 '나는 누구든지 내가 되고 싶은 대로 될 수 있어'라고 생각해요. 이 아이들에게는 기회가 있고, 모든 문이 열려 있으니까요." - 알파 세대 두 아이의 엄마

미래는 항상 불확실하지만, 미래를 두려워해야 한다는 뜻은 아니다. 왜일까? 더 나아지리라는 희망이 있기 때문이다. 알파 세대의 미래는 희망으로 가득 차 있다. 그들이 물질적으로 더 많이 부여받고 기술을 갖춰서가 아니라, 이전 세대보다 더 많은 정보에 접속할 수 있고 더 다양한 지식과 지혜와 롤모델이 있기 때문이다. 그들이 이미 우리 어깨 위에서 미래를 바라보고 있으므로, 이제 그들을 어떻게 이끌지가 중요하다.

이 장의 핵심

알파 세대가 번성하게 도울 때 리더십이 얼마나 중요한지를 살펴봤다. 지금은 아이인 알파 세대가 자라서 성공적인 리더가 되려면 어려서부터 그런 자질을 키워야 한다. 그들의 미래를 위해 공감하는 리더십이 필요하다는 것과 위기의 시대에 그들을 어떻게 이끌지도 살펴봤다. 통찰력과 공감 능력으로 이끌고, 변화를 포용하고, 문화지능과 정서지능을 촉진함으로써 이 세대의 회복력을 발달시킬 수 있다. 우리가 알파 세대를 격려하고 준비시키고 책임을 맡겨서 확장 리더십을 갖추게 한다면 그리고 신뢰와 진정성으로 이끈다면, 그들을 효과적으로 이끌 수 있고 미래에 특출한 리더가 되도록 도울 수 있다.

감사의 글

이 책이 세상에 나오는 데 피오나 해저드Fiona Hazard를 비롯하여 호주와 영국의 아셰트 출판사 팀이 보여준 전문지식과 비전, 개척정신에 큰 감사를 표합니다. 여러분은 같이 일하는 내내 믿을 수 없이 친절했고, 엄청난 지지를 보내주셨습니다. 세계적인 팬데믹 와중에도 우리 프로젝트를 열렬히 환영해주셔서 감사드립니다!

우리의 설문조사 응답자들, 포커스 그룹의 참가자들과 깊이 있는 인터뷰에 응해주신 모든 분의 통찰력과 이야기에 감사드립니다. 이 책을 위해 기꺼이 전문지식을 공유해주신 다음의 전문가 그룹에도 깊이 감사드립니다. 앤드루 톨버트, 앤 노크, 브렌던 코어, 브렛 머리, 콜레트 스마트, 그레임 어윈, 제이 앤더슨, 린지 맥밀런, 매릴린 콕스, 멜라니 커래카, 모니카 드레거, 스콧 마시, 스티븐 해리스, 토니 조지 님, 이 책이 여러분의 기여 덕분에 훨씬 풍부해졌습니다. 원고를 검토하고 아낌 없는 조언과 격려를 주신 휴 매카이 님께 특별히 감사드립니다. 그는 오래전부터 우리의 멘토였고, 호주에서 사회 연구 분야를 개척해나가고 계신 그분과의 인연을 영광스럽게 생각합니다.

이보다 좋은 팀은 찾아볼 수 없을 만큼 대단한 매크린들연구소 팀에게 무한한 감사의 인사를 전합니다. 여러분이 없었다면 어떤 책도 나올 수 없었을 겁니다. 여러분이 제공한 연구 자료, 분석한 데이터, 확인해준 출처, 검토해준 원고만이 아니라 우리가 함께 일하지 못하는 동안 기꺼이 업무를 맡아주신 점까지 오랫동안 기억할 것입니다. 마음속 깊이 존중하고 존경하는 친구들로 구성된 팀과 함께 하루하루 열정적으로 의미 있는 연구를 해나가는 것이 우리에게는 영광이자 특권이었습니다. 벤, 제프, 그랜트, 해나, 헨드릭, 제나, 조시, 케빈, 커스틴, 루크, 마르셀로, 내털리, 피터, 섀넌, 소피, 스테프, 서머에게 감사드립니다.

그리고 부모, 양육자, 교사, 매니저, 리더인 독자 여러분께 감사의 말씀을 올립니다. 우리는 알파 세대를 양육하는 데 저마다 중요한 역할을 하고 있습니다. 이 책을 통해 떠오르는 새 세대를 더 잘 이해해서 그들이 번성하도록 도움을 줄 수 있기를 바랍니다.